**Edición:** Primera. Enero de 2019

**Catalogación IBIC:** KCLF [Finanzas internacionales]
KCM [Economía del desarrollo y economías emergentes]
KFFH [Gestión financiera de las sociedades]

**Catalogación Thema:** KCL [Economía internacional]
KCM [Economía del desarrollo y economías emergentes]
KFFH [Gestión financiera de las sociedades]

**ISBN:** 978-84-17133-47-4

**Producción editorial:** Eduardo Rosende.
**Diseño:** Gerardo Miño

## MIÑO y DÁVILA
◆ E D I T O R E S ◆

**dirección postal:** Tacuarí 540 (C1071AAL)
Ciudad de Buenos Aires, Argentina
**tel-fax:** (54 11) 4331-1565
**e-mail producción:** produccion@minoydavila.com
**e-mail administración:** info@minoydavila.com
**web:** www.minoydavila.com
**redes sociales:** @MyDeditores, www.facebook.com/MinoyDavila

colección

/ Nuevas teorías económicas

dirigida por Julio C. Neffa y Héctor Cordone

PABLO I. CHENA y PEDRO M. BISCAY (coords.)

# El imperio de las finanzas

## Deuda y desigualdad

MIÑO y DÁVILA
EDITORES

# Índice

# Introducción

*Pablo I. Chena y Pedro M. Biscay*

La dinámica socioeconómica actual obliga a pensar la cuestión financiera, con sus efectos sobre el crecimiento económico, sus vínculos con el poder, las consecuencias legales y el impacto social de la eliminación de criterios regulatorios sobre la vida cotidiana. La supremacía de las prácticas financieras hace imposible pensar los problemas de la economía política de este tiempo, sin colocar en el centro de la escena las transformaciones que tienen lugar en este campo. El proceso de endeudamiento público, pasando por la circulación de flujos de capital, el freno que produce la restricción externa en el caso de las economías dependientes y las limitaciones a la soberanía monetaria, generadas detrás de visiones hegemónicas acerca del rol de los bancos centrales, enlazan un hilo conductor común en torno a la pregunta por la politicidad de las finanzas que recorre toda la obra.

Concebido en el horizonte de una reflexión en la que convergen economistas, abogados, sociólogos, antropólogos y especialistas en políticas públicas, este libro parte de identificar diferentes órdenes de transformación propias de la financierización de la economía. Donde se pueden identificar desde modificaciones estructurales en las formas de acumulación del sector empresario, a partir de un mayor vínculo con los mercados de capitales, a la proliferación de prácticas culturales ligadas al endeudamiento familiar como alternativa al deterioro del salario real. En paralelo se observa también un desplazamiento de la actividad clásica de intermediación financiera hacia estructuras de "shadow banking", en cualquiera de sus diferentes manifestaciones.

Esta mirada, compartida con parte de la literatura actual sobre el tema (Lapavitsas, 2016), ofrece un prisma amplio para estudiar el devenir de una no tan nueva racionalidad financiera, cuya fuerza expansiva plantea problemas y desafíos tanto desde el punto de vista regulatorio, como en el plano de la subjetividad social y de las transformaciones necesarias para construir una sociedad más justa.

Partimos de reconocer que el concepto de financierización, que hilvana las discusiones de este libro, es teóricamente viscoso y hace referencia a diferentes fenómenos económicos y políticos que actúan como causa y efecto de los procesos de desregulación financiera impulsados en los años setenta y consolidados en los noventa. En términos económicos, el término sintetiza un cambio de paradigma en el comportamiento de las grandes corporaciones no financieras, que sustituyeron sus tradicionales metas de crecimiento en ventas y participación de mercado, acompañado de incrementos en las plantas de personal y gastos en innovación; por la maximización del valor de cotización de sus acciones en el mercado financiero, a través de la distribución de dividendos y la restructuración empresaria basada en tercerizaciones, achicamiento de personal y recortes de costos operativos (Lazonick y O´Sullivan, 2000). Este cambio de paradigma trajo como consecuencia una caída estructural de la inversión productiva, mayor desigualdad social, menores niveles de empleo y una acumulación creciente de capital ficticio en búsqueda de rentabilidades financieras (Stockhammer, 2004). Lo que otorgó un poder hegemónico a sus administradores: los ejecutivos financieros.

En este contexto, los países periféricos fueron obligados, a través del control de sus monedas y procesos políticos, a garantizar el ingreso libre de estos capitales y su rentabilidad por medio de un incremento explosivo en la deuda externa. De esta forma, lo que se pregonaba como el inicio de un ciclo de crecimiento liderado por las finanzas (globalización) terminó por consolidar, desde la dinámica de un endeudamiento insostenible, un imperio financiero que ahogó a los sistemas productivos locales y, partir de allí, instaló un mecanismo de acumulación por desposesión (Harvey, 2003) similar al que otrora definiera Marx como "proceso de acumulación originaria" (Marx, 1867).[1]

Esta nueva fase de acumulación, montada en una intrincada ingeniería monetaria y financiera, comparte con su antecesora la mercantilización y expropiación de los derechos de las mayorías por consenso o coerción, a través de las privatizaciones de las empresas públicas y de los sistemas de seguridad social, el ajuste del gasto público primario, la corrupción y los fraudes corporativos, el extractivismo transnacional, la privatización del acceso a los bienes y servicios

---

1 Donde, "a sangre y fuego" las clases dominantes expropiaron a las mayorías trabajadoras de sus medios de producción, para obligarlos a venderse como asalariados en la producción capitalista.

EL IMPERIO DE LAS FINANZAS

básicos, como agua, energía, salud y educación, y la usura financiera, entre otros (Harvey, 2003).

La presente obra aborda dichas complejidades desde la mirada científica plural de reconocidos académicos, para arribar a un diagnóstico apropiado sobre el devenir de un capitalismo financiero cuyas prácticas concretas en el ámbito micro y macro social definimos bajo el término de financierización. En este sentido, el abordaje propuesto no se agota en un análisis del poder financiero y sus consecuencias económicas; sino que coloca particular énfasis en estudiar y ponderar alternativas que permitan sortear el escenario de inestabilidad financiera, fragilidad jurídica y desigualdad social en que vivimos.

Como se puede apreciar, la obra se nutre de estudios teóricos y abordajes empíricos realizados en diferentes países, tanto desarrollados como subdesarrollados, con el objetivo de comprender mejor la lógica de funcionamiento del poder financiero a nivel nacional e internacional. En este sentido, el estudio simultáneo de la dinámica macroeconómica local y global (primera parte), junto con el análisis de la modificación de reglas institucionales en el ámbito monetario-financiero y laboral (segunda parte); permiten arribar a la arqueología profunda de una racionalidad financiera, que luego observamos en prácticas monetarias que penetran en los sectores más vulnerables de la sociedad (tercera parte).

## Un breve repaso por los capítulos

La obra comienza con el enfoque macroeconómico de Stockhammer y Gouzoulis, donde afirman que bajo el régimen de crecimiento neoliberal la redistribución del ingreso a favor del capital se logró a través de la liberalización comercial y financiera, lo que permitió la emergencia de dos modelos de crecimiento inestables posibles: uno impulsado por exportaciones (*export-led growth*) y otro por deuda (*debt-led growth*). El primero se sustenta en la capacidad de generar saldos comerciales superavitarios. El segundo se caracteriza por estar asociado a un estímulo permanente al consumo, teniendo como contrapartida un creciente endeudamiento y una mayor fragilidad de los hogares. Es importante destacar que el *export-led growth* también recurre a la deuda como instrumento de financiación, ya que su sostenimiento requiere la toma de deuda externa por parte de los socios comerciales de los países que adoptan este paradigma de crecimiento.

En este contexto, los países que por momentos crecieron en las últimas cuatro décadas, lo hicieron, en general, impulsados por burbujas financieras y de crédito o por superávits en cuenta corriente; lo que implica que cuando la participación del salario en el ingreso cae, la economía se torna propensa al estancamiento debido a la insuficiencia de demanda. Como consecuencia, los autores destacan la necesidad de una estrategia de crecimiento impulsada por salarios que permita alcanzar un sendero de crecimiento y estabilidad macroeconómica. Los tres pilares centrales sobre los que debería erguirse este modelo *alternativo* son la expansión del gasto por parte del Estado, el fortalecimiento de los sindicatos y la regulación del sector financiero.

En esta misma línea, Marcó del Pont y Cecilia Todesca destacan que, contrariamente al enfoque económico convencional, la liberalización de la cuenta capital y la desregulación financiera en economías en desarrollo (dos pilares centrales sobre los que se fue consolidando el proceso de financierización) han desatado episodios de crisis con implicancias muy negativas para la estabilidad financiera y bancaria en las últimas décadas (América Latina fue pionera en esto a mediados de los setenta, mientras que en el resto de los países en vías de desarrollo la apertura fue más tardía y se aceleró a principios de la década del noventa).

De esta manera, las autoras sostienen que el subdesarrollo es la versión "subordinada" de la financierización. La progresiva desregulación de los flujos de capital, la dependencia respecto a una moneda de reserva de valor extranjera y las iniciativas "globalizantes" como los tratados de libre comercio, tratados bilaterales de inversión y otras institucionalidades condicionan la posibilidad de instrumentar políticas económicas distintas a las que "dictan" los mercados. Cristalizando de esta manera la dependencia y las asimetrías existentes con las economías centrales.

En la historia reciente de la Argentina, Marcó Del Pont y Cecilia Todesca Bocco distinguen tres periodos de financierización de la economía. Durante la segunda mitad de la década del setenta, en la década de los noventa y a partir de diciembre de 2015. A contramano de esas experiencias –así como también de las tendencias a nivel global– la estrategia económica impulsada a partir de 2003 es un contraejemplo donde el eje de la acumulación de capital volvió a estar en la esfera de la economía real. En este contexto, las autoras destacan la importancia de la fuga de capitales como fenómeno persistente desde mediados de los setenta y su carácter disruptivo al desarrollo económico: "la fuga de capitales (…) herencia crítica de las políticas neoliberales desenvueltas desde mediados de la década del setenta, fuertemente exacerbadas por el régimen de la Convertibilidad (…) ejerce una enorme capacidad desestabilizadora (…) un rasgo estructural que no puede ser subestimado, (…) una manifestación "autóctona" del fenómeno de la financierización".

Con la mirada puesta en la Argentina del siglo XXI, Chena y Buccella indagan en las particularidades del proceso de financierización en los países periféricos, a los que caracterizan por sus estados nacionales débiles en sus formas institucionales (particularmente la moneda, la relación fiscal y la salarial). Situación que los vuelve particularmente vulnerables a los movimientos financieros internacionales y a sus exigencias de reproducción acelerada. Para comprender la inestabilidad endógena que generan dichos procesos y su derivación en crisis económicas periódicas, recurren al desarrollo conceptual de Minsky (1975, 1982, 1986, [2008]) y las fases del ciclo financiero, aplicado luego al caso argentino.

Los autores observan un correlato empírico, primero, entre el superávit de cuenta corriente y la fase cubierta del ciclo financiero de Minsky (fase 2006-2009); segundo, entre el paso al déficit en la balanza comercial y el fin de la fase especulativa (2010-2014); y tercero, un período Ponzi caracterizado por el déficit creciente de balanza comercial y de cuenta corriente, a partir de 2015. Como conclusión, Chena y Buccella señalan que la financierización del capital se acelera en momentos en los cuales la restricción externa (característica de este país) se acentúa. Por otra parte, destacan que las políticas de regulación estatal de los flujos financieros y comerciales, especialmente en el campo de las relaciones internacionales, demoran el pasaje de una fase a otra del ciclo financiero, mientras que las políticas de liberalización financiera profundizan la inestabilidad macroeconómica que desencadena la crisis.

Con el foco puesto en los movimientos internacionales de capital, Kaltenbrunner y Bortz analizan los cambios cualitativos que han ocurrido en el sistema financiero internacional desde los años setenta referidos a la relación de los agentes económicos con los mercados financieros internacionales. Los autores sostienen que dichas transformaciones han llevado a una reconfiguración de la integración de las economías subdesarrolladas (ESs) en tales mercados, con repercusiones globales y domésticas; lo que ha exacerbado la posición subordinada de estas economías en el sistema económico y financiero internacional y, por ende, contribuyeron a intensificar el desarrollo internacional desigual. A grandes rasgos, los autores destacan entre los principales cambios, primero, crecientes flujos de capitales denominados en moneda extranjera, los cuales han sido muy volátiles y predominantemente determinados por la política monetaria de Estados Unidos y las percepciones globales de riesgo. Segundo, la posición dominante del dólar que obliga a estas economías a ofrecer mayores tasas de interés. Lo que, ligado a la sustancial volatilidad cambiaria, convierte a los activos y monedas de las ESs en blancos predilectos para operaciones de *carry-trade*, tanto por inversores internacionales como domésticos. Y tercero, que las grandes firmas del sector privado no financiero de ESs han replicado las prácticas de las *non-financial corporations* de países avanzados al aumentar su endeudamiento externo. Sin embargo, en contraste con países desarrollados que tienen mercados domésticos de capital relativamente grandes y líquidos, este endeudamiento tuvo lugar en centros financieros 'off-shore' y en moneda externa. Por último, Kaltenbrunner y Bortz señalan que ha habido una amplia acumulación de reservas de efectivo, tanto por parte de actores privados como de bancos centrales, cuya motivación más importante ha sido la defensa contra la incertidumbre macroeconómica. La necesidad de protegerse de volatilidad macroeconómica y (principalmente) cambiaria ha sido también un factor importante del creciente involucramiento de las *non financial corporations* en los mercados de derivados.

La segunda parte del libro comienza con el estudio de Wray sobre la Reserva Federal de Estados Unidos (Fed), como caso empírico para reflexionar sobre las implicancias de la famosa "independencia" del Banco Central, con la que se hace referencia a un aislamiento de dicha institución de las presiones políticas para "imprimir dinero" con el fin de financiar los déficits presupuestarios. Como en muchas otras naciones, en Estados Unidos esta prohibición fue incluida en la ley desde la fundación de la Fed en 1913. Sin embargo, a lo largo de la historia esta restricción al financiamiento fue dejada de lado en reiteradas oportunidades y la crisis financiera mundial de 2007/08 hizo resurgir el debate en torno al sentido de su validez, tanto en Estados Unidos como en la Unión Europea.

En este sentido, el texto de Wray afirma que la Fed no es independiente, al menos en el contexto en que se usa normalmente ese término. Dicha institución es una "criatura del Congreso" creada por ley en 1913 pero sus facultades fueron cambiando a lo largo del tiempo. El autor concluye que la Fed está claramente sujeta a la voluntad del Congreso y que, además, no puede ser independiente del Tesoro, porque es el banco del gobierno federal y, como tal, no existe una "independencia operativa" que le permita negarse a que este gaste los fondos que le son asignados.

Por otra parte, desde un clivaje histórico global, Wierzba realiza una revisión de los paradigmas vigentes en materia de regulación y supervisión del sistema bancario/financiero que promovieron, o al menos permitieron, una toma excesiva de riesgo de los distintos agentes del mercado. En este sentido, el autor señala que, previo a la estructuración de los sistemas bancarios funcionales a la globalización financiera, los bancos centrales tenían como parte de sus objetivos velar por la estabilidad financiera y evitar la insolvencia y quiebras de las entidades bancarias. Esto se complementaba con la regulación macroprudencial que, desde una concepción de las fluctuaciones y problemáticas de liquidez como cuestiones sistémicas, proporcionaba a los bancos centrales herramientas de intervención para resolver y evitar situaciones de crisis provenientes de las fragilidades propias de las finanzas.

Los acuerdos de Basilea, sostenidos en un Comité no resolutivo sobre el conjunto de los países, constituidos como acuerdos de supervisión bancaria o recomendaciones sobre regulación bancaria de la actividad de entidades de carácter internacional, avanzaron en sustituir el paradigma regulatorio anterior por uno nuevo de carácter básicamente microprudencial. De acuerdo con el autor, los nuevos criterios regulatorios vienen a habilitar la participación de las entidades financieras de actuación internacional, casi exclusivamente pertenecientes a los países centrales, en un funcionamiento de las finanzas globales sin barreras de desplazamiento de unas economías a otras. Este objetivo condujo a transitar de regulaciones dispuestas por los Estados, de carácter macroeconómico, a regulaciones sobre las entidades que tendían a ser uniformes a escala global.

Estos capítulos abren una ruta de discusión en torno a las funciones que corresponden a las agencias de regulación monetaria y ponen en cuestión los instrumentos que suelen utilizarse para alcanzar el objetivo de asegurar la estabilidad financiera y cambiaria. En el caso especial de los bancos centrales, se destaca la importancia de un mayor deslinde conceptual respecto de los problemas implícitos en la noción de independencia, especialmente frente a las persistentes presiones que bancos y financieras ejercen para controlar el proceso de regulaciones prudenciales en la materia.

Bajo esa misma línea de preocupación, Biscay reconstruye el proceso de desregulación cambiaria y financiera que tuvo lugar en el seno del Banco Central de la República Argentina desde Diciembre de 2015, dando lugar a un escenario de una fragilidad financiera y jurídica que no guarda precedentes en el país. Como parte de esa proceso, surge la necesidad de re-pensar nuevas propuestas de política pública orientada a fortalecer las condiciones jurídicas e institucionales para evitar la fuga de divisas de la economía nacional.

La tercera parte del libro está destinada a analizar los efectos de la financierización en el tejido social y comienza con el análisis de Julio Neffa de las interrelaciones entre el régimen de acumulación, la relación salarial y el modo de desarrollo argentino. Para ello el autor recorre, desde el andamiaje teórico de la Teoría de la Regulación, el período que transcurre desde la crisis económica de 2001/02 hasta la firma del acuerdo con el Fondo Monetario Internacional en junio de 2018, a fin de brindar una perspectiva histórica de la nueva relación salarial en el marco de una economía financierizada.

En este capítulo Neffa destaca que entre fines de la Segunda Guerra Mundial y hasta mediados de los años setenta, la relación salarial ocupaba una posición dominante sobre las demás formas institucionales; pero desde entonces ha quedado subordinada a los procesos de mundialización y de financierización. En este escenario global, la estabilidad del nuevo modo de desarrollo neoliberal implementado en la Argentina desde 2015 está especialmente condicionada a que se transforme la relación salarial heredada, lo que implica una reducción del salario real, de los costos laborales y una flexibilización del uso de la fuerza de trabajo, a fin de hacer más competitiva la economía argentina. Para dicho autor, el resultado previsible del funcionamiento de este modelo es un aumento de la fragmentación social deformando la estructura socio-productiva. Aunque destaca que la extraordinaria dinámica coyuntural que ha mostrado el sistema productivo argentino en otros momentos históricos vuelven aventurado sacar conclusiones definitivas sobre el devenir económico y social del país.

Por otro lado, Gago y Roig analizan la financierización de los sectores populares y el tipo de relación que esta conlleva bajo el concepto de "explotación financiera". De esta manera los autores intentan pensar cómo las finanzas, bajo el modo en que incluyen en su dinámica heterogénea a la economía popular, protagoniza un nuevo tipo de una dinámica extractiva. Luego de conceptualizar esta relación, la caracterizan a partir de la constatación del creciente endeudamiento de los sectores populares en Argentina en los últimos años. El cual describen como un tipo de endeudamiento particular, que se vuelve generalizado en la población beneficiaria de subsidios sociales; donde el salario deja de ser la garantía y la mediación fundamental para devenir en sujeto de crédito. Por otra parte, los autores hacen un particular esfuerzo por romper con la dicotomía entre la economía "financiera" y "real", como obstáculo y como síntoma político de una imposibilidad de atribuir a lo financiero un carácter real, no ficticio.

El mismo fenómeno es abordado desde la sociología moral del dinero por Wilkis y Hornes. Aquí los autores proponen un análisis conjunto de la expansión de las transferencias monetarias y de las estrategias financieras de los sectores populares. De esta manera, se aproximan a la intersección de estas agendas de investigación al observar que el dinero estatal se enraíza en la economía de los hogares pertenecientes a los sectores populares como una forma de acceso al consumo. De acuerdo con los autores, la conexión de dichas agendas señala la emergencia de una nueva infraestructura monetaria de pago en los sectores populares: "Los hogares titulares de transferencias monetarias reacomodan sus relaciones sociales y sus prácticas monetarias para adaptarse de forma activa y creativa a las nuevas posibilidades de inclusión al mercado del consumo. Las transferencias monetarias no contributivas juegan un rol central en el desarrollo de esta nueva infraestructura monetaria –considerando el ingreso de un dinero regular, la estabilidad del beneficio y la posibilidad del pago a través de un sistema bancario– como un mecanismo que conecta familias, mercado y estado". A partir del concepto de capital moral, los autores concluyen que el enraizamiento de los programas de transferencias monetarias en los hogares de los sectores populares promueve oportunidades de consumo que producen nuevas relaciones sociales de género e intergeneracionales.

Por último, Arias y Ruete estudian el rol de la seguridad social bajo regímenes de acumulación impulsados por las finanzas y por los salarios. Si bien es ampliamente reconocida la importancia de los sistemas de seguridad social para promover la inclusión social y la redistribución del ingreso, en los debates sobre su reforma también aparece la cuestión de su relación con el sistema financiero y con la capacidad de crecimiento de la economía en el largo plazo. Desde la visión dominante, se afirma que los regímenes de capitalización promueven el ahorro y una mayor profundidad de los mercados de capitales. En este capítulo, los autores afirman que, partiendo de un modo de acumulación liderado por la demanda, son los regímenes de reparto con prestaciones de alta cobertura y fuerte componente redistributivo los que brindan mayor impulso al crecimiento económico en el largo plazo. Esta discusión, que se analiza a la luz de las políticas llevadas a cabo en los últimos 25 años en la Argentina, resulta particularmente relevante para el diseño de futuras reformas del sistema.

## Referencias bibliográficas

HARVEY, D. (2003) *The New Imperialism.* Oxford: Oxford University Press.

LAPAVITSAS, C. (2016) *Beneficios sin producción. Cómo nos explotan las finanzas.* Ed. Traficantes de Sueños.

LAZONICK, W. y O'SULLIVAN, M. (2000) "Maximizing Shareholder Value: A New Ideology for Corporate Governance". *Economy and Society, 29* (1), 13–35.

MARX, K. (1993 [1867]) *Le capital. Critique de l'économie politique.* Tome I. Quadrige. Paris.

STOCKHAMMER, E. (2004) "Financialisation and the slowdown of accumulation". *Cambridge Journal of Economics, 28* (5). Oxford: Oxford University Press.

# PARTE I

## La financierización
## y sus efectos macroeconómicos

# 1 / Agenda de políticas de recuperación del crecimiento impulsado por salarios para economías desarrolladas y en desarrollo más allá de la era neoliberal

*Engelbert Stockhammer[1] y Giorgos Gouzoulis[2]*

## 1. Introducción[3]

La Gran Recesión desencadenada a partir de la crisis de las hipotecas *subprime* en 2007-2008 ha sido la crisis más profunda luego de la Gran Depresión de los años treinta, y se ha convertido en una larga fase de estancamiento económico comúnmente referenciada como estancamiento secular. Si bien la desregulación del sector financiero es ampliamente identificada como una de las principales causas de la crisis, los intentos de regular las finanzas han sido modestos hasta el momento. La política de flexibilización cuantitativa ha evitado el colapso del sistema financiero a nivel global, pero no ha conducido a una reestructuración de la industria financiera que permita garantizar inversiones socialmente útiles en lugar de actividades de tipo especulativas.

El presente capítulo si bien reconoce la necesidad de una reestructuración del sistema financiero como medida indispensable para superar el estancamiento económico, propone contribuir al debate acerca de la importancia del desarrollo de una agenda de política económica que se erija sobre medidas más audaces, que reconsidere tanto el rol de los salarios como del Estado en la economía. En este sentido, resulta necesaria una nueva estrategia de crecimiento impulsado por salarios, que asigne un rol central a la distribución equitativa del ingreso.

El estancamiento secular es la expresión de agotamiento de un modelo de crecimiento neoliberal socialmente polarizante y económicamente inestable.

---

1   Profesor de Economía Kingston University.

2   Profesor de Economía King's College.

3   Traducción realizada por Emilia Buccella. Licenciada en Economía (UBA). Becaria doctoral CEIL-CONICET. Información de contacto: emilia.buccella@gmail.com

El auge progresivo del neoliberalismo a principios de la década de 1980 trajo consigo una profunda caída de la participación de los salarios en el ingreso y un incremento de la desigualdad, dando lugar al surgimiento de dos paradigmas inconsistentes de crecimiento: el modelo de crecimiento impulsado por exportaciones (*export-led growth*) y el modelo de crecimiento impulsado por deuda (*debt-led growth*).[4] En ambos modelos, la insuficiencia de demanda efectiva debido a salarios reales decrecientes o estancados obstaculizó la posibilidad de las economías de alcanzar un sendero sostenido de crecimiento.

Los patrones de crecimiento de economías como Estados Unidos, Reino Unido, Irlanda o España, entre otras, estuvieron impulsados por deuda. El *debt-led growth* se caracterizó por estar asociado a burbujas inmobiliarias y actuar como un modelo de estímulo permanente al consumo. Esto condujo a un creciente endeudamiento y, consecuentemente, una mayor fragilidad de los hogares. Con el estallido de las burbujas inmobiliarias los precios de las viviendas colapsaron; muchos hogares se vieron imposibilitados de hacer frente a los servicios de la o las deudas contraídas, por lo que sobrevino la crisis del sistema bancario.

El modelo alternativo es un patrón de crecimiento impulsado por las exportaciones (*export-led growth*), cuyo eje se centra en la capacidad de generar saldos comerciales superavitarios. Si bien es un modelo menos financiarizado que el primero, también recurre a la deuda como instrumento de financiación. Su sostenimiento requiere la toma de deuda externa por parte de los socios comerciales de los países que adoptan tal paradigma de crecimiento. Alemania o Japón son ejemplos de países que han adoptado esta trayectoria de crecimiento.

Ambos modelos neoliberales de crecimiento resultan insostenibles, dado que se sustentan sobre la base de progresivos niveles de endeudamiento. Una estrategia de crecimiento impulsada por salarios (*wage led-growth*) es un prerrequisito vital para la promoción de la estabilidad macroeconómica y la superación del estancamiento secular actual. Mediante el incremento de los salarios puede iniciarse un sendero de crecimiento sostenido sin necesidad de inducir desequilibrios comerciales o condicionar los niveles de endeudamiento de los países. En palabras de Adam Smith: "*Ninguna sociedad puede florecer y ser feliz si la mayor parte de sus miembros son pobres y miserables*" (Smith 1776 [1981], p. 96).

El salario real cumple una doble función en la economía: es a su vez un costo de producción para las firmas y la principal fuente de ingresos de los hogares. Un

---

4    Paradójicamente, el crecimiento económico neoliberal no se sostuvo en ningún caso en un crecimiento liderado por ganancias.

incremento en los salarios puede crear dos efectos de crecimiento opuestos, un efecto negativo en la inversión y un efecto positivo en el consumo. La revisión de la literatura empírica permite concluir que, en la mayoría de los casos, el crecimiento de las economías domésticas está impulsado por el efecto positivo que tiene el aumento del salario real en el consumo, el cual resulta mayor que el impacto negativo sobre la inversión (Onaran y Galanis, 2014).

Tal como se mencionó previamente, puede observarse como hecho estilizado la tendencia decreciente de la participación de los salarios en el ingreso en la economía mundial desde la década de 1980 (FMI, 2017), cuyas causas responden principalmente a un debilitamiento del poder sindical, una retracción del Estado de bienestar, la globalización del comercio y la liberalización financiera (OCDE, 2015; Stockhammer, 2017). Un informe reciente del Fondo Monetario Internacional (FMI) (2014) señala la desigualdad creciente en la distribución del ingreso como la causa principal del actual estancamiento económico, por lo que soslaya la necesidad de contemplar una agenda de política económica orientada a la redistribución del ingreso (FMI, 2015). En esta línea, un paso esencial hacia una senda de crecimiento sostenible es empoderar a los trabajadores e incrementar los salarios reales, lo cual a su vez generará un mejor desempeño macroeconómico. Un ejemplo exitoso de una agenda de política económica de tipo *wage-led* es el caso de Brasil, bajo la gestión de Lula Da Silva, durante la cual la redistribución del ingreso y los mayores beneficios sociales (el programa "Bolsa de Familia") condujeron a reducciones notables en las tasas de pobreza y los niveles de desigualdad, lo que permitió un mejoramiento del escenario macroeconómico hasta cierto punto (Filho y Paula, 2015).

El resto del capítulo se estructura de la siguiente manera. En la segunda sección se discuten los principales hallazgos de la literatura empírica acerca de los determinantes de la participación de los trabajadores en el ingreso, con el fin de esbozar los principales factores que han impulsado su tendencia a la baja en la etapa neoliberal. La tercera sección esquematiza el modelo de crecimiento poskeynesiano impulsado por la distribución del ingreso destacando, en base a estudios empíricos relevantes, que la mayoría de las economías desarrolladas y en desarrollo son efectivamente economías traccionadas por salarios. La cuarta sección exhibe la incapacidad de las economías financierizadas de generar las condiciones necesarias para el crecimiento dada la tendencia declinante de los salarios reales, lo que permitió la emergencia de dos modelos de crecimiento inestables: el modelo impulsado por exportaciones (*export-led growth*) y el modelo impulsado por deuda (*debt-led growth*). La quinta y última sección describe brevemente una agenda de políticas de recuperación económica con foco en el restablecimiento de los salarios como motor propulsor de la economía; haciendo hincapié en la búsqueda de reducción de las asimetrías de poder de negociación entre el trabajo y el capital y abogando por una participación activa del Estado en la esfera económica.

## 2. ¿Cuáles son las causas de la declinación de la participación de los salarios en el ingreso total?

La dramática caída en la participación de los salarios en el ingreso en todo el mundo desde el surgimiento del neoliberalismo ha despertado el interés de muchos economistas, tanto neoclásicos como heterodoxos,[5] en la investigación acerca de los determinantes de este fenómeno. Existe un amplio cuerpo de estudios empíricos que abordan el fenómeno desde múltiples enfoques, tales como el carácter globalizador del intercambio comercial, el debilitamiento del poder sindical, el retroceso del Estado de bienestar y la financierización de la economía.[6] La creciente literatura empírica que analiza la participación de la remuneración de los trabajadores en el ingreso nacional brinda valiosos resultados que contribuyen al debate acerca de las causas de los crecientes niveles de desigualdad.

La narrativa del cambio tecnológico supone que, conforme avanza el desarrollo tecnológico, una menor cantidad de trabajadores son requeridos para producir la misma cantidad de bienes en determinado periodo de tiempo. La automatización de la producción conduce a una menor demanda de trabajo, lo que se traduce en una disminución de los salarios. Diversos estudios han examinado la validez de este argumento (Bentolia y Saint-Paul, 2003; FMI, 2007; Comunidad Europea, 2007), analizando si el desarrollo tecnológico y el incremento de la utilización de capital en el proceso productivo en relación con el factor trabajo conducen efectivamente a una caída de la demanda de mano de obra, impactando negativamente en los salarios. Los resultados de las investigaciones varían sustancialmente, por lo que resulta cuestionable si la automatización ha generado un impacto significativo en la distribución funcional del ingreso.

Un aspecto central para explicar la caída en la participación de los salarios es la globalización del comercio, fenómeno cuyos efectos despiertan grandes controversias. En 1941, Stolper y Samuelson postularon que el intercambio internacional tiende a reducir las brechas salariales entre países desarrollados y en desarrollo. De acuerdo con esta idea, el factor productivo relativamente

---

5 Al interior de la heterodoxia, la corriente poskeynesiana cuenta con una innumerable cantidad de estudios acerca del comportamiento de los salarios en las últimas décadas.

6 Los tres últimos considerados resultados directos de las políticas de desregulación neoliberal.

más abundante en cada país resultaría beneficiado con el comercio a escala global: el capital ganaría en los países ricos y el trabajo en los países pobres. Autores agrupados en torno a la corriente de pensamiento de Economía Política (Rodrik, 1997; Hein, 2015) sostienen que la disposición de los inversores a invertir por fuera de las fronteras nacionales puede resultar una amenaza contra los propios trabajadores de la economía doméstica. La preocupación que genera la pérdida de empleo si la producción se traslada al exterior otorga mayor poder de negociación al capital, que presiona los salarios a la baja, hasta hacerlos converger a los niveles internacionales. Investigadores como Harrison (2002), Jayadev (2007), y Stockhammer (2017) han estudiado el fenómeno en la era neoliberal evidenciando que, cuanto mayor es la apertura comercial y menores las barreras a la libre movilidad de capitales, la participación de los salarios en el ingreso nacional tiende a reducirse. Esto se verifica tanto para países avanzados como para países emergentes, en contraste con lo enunciado por Stolper y Samuelson. Organizaciones internacionales como la Organización Internacional del Trabajo (OIT) (2011) han publicado informes que proporcionan evidencias similares para economías en desarrollo, los cuales soslayan que el poder de negociación del trabajo –y consecuentemente el salario– han sido socavados debido a la liberalización del comercio internacional. La evidencia provista por la literatura empírica permite concluir que la tendencia global a la liberalización del comercio ha provocado una convergencia hacia abajo de los salarios entre las economías desarrolladas y emergentes.

Otras implicancias importantes de la política neoliberal que explican en parte este patrón de comportamiento de los salarios desde comienzos de los años ochenta son el achicamiento del Estado de bienestar y un menor nivel de sindicalización. Uno de los argumentos económicos detrás de estas políticas es que los trabajadores se sienten más respaldados en la lucha por las demandas salariales cuanto mayor es el gasto social. Otra de las explicaciones señala que la negociación colectiva impacta de manera negativa en los incentivos de los propietarios del capital a invertir. Una amplia variedad de estudios empíricos (Checchi y García-Peñalosa, 2010; Kristal, 2010; Hancké, 2012; Bengtsson, 2014) demuestran que los recortes en gasto social y la desregulación de instituciones de negociación salarial durante el neoliberalismo han debilitado a los trabajadores, contribuyendo a la caída en el salario real.

La última, pero no menos importante dimensión del neoliberalismo es la financierización de la economía mundial, la cual ha modificado drásticamente la lógica de funcionamiento de los mercados. Tal como es señalado por la corriente poskeynesiana, el cambio hacia este nuevo régimen de acumulación tiene un impacto crucial en la distribución del ingreso (Stockhammer, 2012), ya que la financierización reorienta la inversión de las firmas productivas hacia el sector financiero, lo que supone una mayor rentabilidad y una menor demanda de fuerza de trabajo en relación con la inversión real. Otro aspecto de la financierización de la economía desde principios de los años ochenta es el crecimiento dramático en los niveles de endeudamiento de los hogares, cuya situación se ha vuelto mucho más vulnerable ya que a los costos básicos de vida se adicionan los pagos de deuda. Esto implica que hasta que las obligaciones no hayan sido totalmente canceladas, los miembros activos de la familia deberán conservar sus empleos y evitar demandas salariales conflictivas que pongan en peligro su puesto de trabajo. En los últimos años ha habido un desarrollo creciente de estudios que testean el impacto de la financierización en los salarios reales; mediante estudios empíricos para el periodo 1986-2007, Dünhaupt (2017) evidencia que mayores pagos de intereses están asociados con caídas en los salarios reales. Guschanski y Onaran (2016) y Wood (2016) demuestran que, desde fines de la década de 1970, los altos niveles de deuda familiar o hipotecaria tienen importantes efectos negativos en los salarios en países avanzados como Estados Unidos y Reino Unido, resaltando que la financierización actúa en perjuicio del poder de negociación de los trabajadores e induce una redistribución del ingreso en favor del capital.

## 3. El estancamiento secular como resultado de la caída de la participación de los salarios en el ingreso

Las políticas de corte neoliberal conciben, de manera implícita, al salario únicamente como un costo de producción. Como consecuencia, un aumento de la participación salarial es considerado perjudicial para la economía en su conjunto, en la medida en que conduce a un achicamiento de la rentabilidad empresaria, una suba de los precios y una pérdida de competitividad a nivel internacional. Desde esta perspectiva, el foco está puesto exclusivamente en el lado de la oferta e ignora que en gran parte de los hogares el salario es una fuente importante de ingreso y, por consiguiente, una fuente potencial de demanda. Esto da cuenta que el paradigma neoliberal es incapaz de brindar una explicación al actual estancamiento secular: en la mayoría de los países, los salarios reales han permanecido estancados o han manifestado una tendencia a la baja por más de una década.

Autores de la escuela keynesiana sostienen –bajo el supuesto de que los trabajadores consumen todos sus ingresos[7]– que el aumento de los salarios

---

7    Lo cual fue postulado tempranamente por Kalecki en 1954.

dinamiza la economía vía una expansión de la demanda agregada. Desde finales de la década del noventa, varios modelos de crecimiento poskeynesianos han sido desarrollados siguiendo esta línea de interpretación;[8] el modelo macroeconómico ampliado de Bhaduri y Marglin (1990) impulsado por la distribución del ingreso (*distribution-led model*) ha sido aceptado como el modelo de referencia por esta parte de la literatura, ya que permite examinar la magnitud de la reacción de los componentes de la demanda agregada de manera tal de determinar la naturaleza del régimen de demanda. Por lo tanto, estudiar el efecto sobre la demanda agregada requiere un análisis parcial y comparativo de los efectos relativos de una variación en la participación de los salarios (o los beneficios) en el consumo, la inversión y las exportaciones netas. Con tal finalidad, se considera una versión simplificada de la identidad macroeconómica básica de la composición de la demanda agregada:

$$Y = C + I + G + XN$$

Donde $Y$ es el PBI, $C$ el consumo, $I$ la inversión, $G$ el gasto del gobierno y $XN$ las exportaciones netas. Para simplificar se supone que el gasto de gobierno depende solamente del producto, por lo que resulta indiferente a modificaciones en la participación del salario en el mismo. De igual manera, los cambios en la participación del salario en el ingreso se consideran exógenos, focalizando solo en sus efectos sobre la demanda.

La demanda interna de una economía se define como *wage-led* si el efecto positivo sobre el consumo de un incremento en la participación de los salarios es relativamente superior al efecto negativo sobre la inversión. Por el contrario, si el incremento salarial provoca un efecto en el consumo de menor magnitud que el provocado en la inversión, la economía doméstica es de tipo *profit-led*.

El estudio de los regímenes de demanda adquiere mayor complejidad cuando se incorpora al sector externo en el análisis. Tal como sostiene Blecker (1989), ya que la mayoría de las economías desarrolladas y en desarrollo funcionan en un estado de subutilización de su capacidad productiva –y bajo el supuesto de que la demanda interna es de tipo *wage-led*– es posible incrementar los salarios, el empleo y posteriormente la rentabilidad sin que ello cause mayores conflictos sociales. La suba del salario real en un escenario de economía abierta obliga a los capitalistas a tener que equilibrar entre una compresión de las ganancias a nivel local y una suba de precios para sostener los márgenes de rentabilidad, en simultáneo con una pérdida de competitividad a nivel internacional. En este

---

8    Por ejemplo, Rowthhorn (1981) y Dutt (1984).

caso, la demanda total será de tipo *wage-led* si el efecto positivo en el consumo producto de una mayor participación de los salarios en el ingreso más que compensa los efectos negativos sobre la inversión y las exportaciones netas. Cuando ocurre lo contrario, la demanda total es de tipo *profit-led.*

A modo de conclusión, una economía puede ser domésticamente *wage-led*, pero *profit-led* a nivel agregado. Esta distinción es particularmente importante para economías abiertas y pequeñas, en las cuales la participación del sector externo en la demanda total es mayor que en economías grandes y desarrolladas, donde el efecto sobre las exportaciones netas puede dominar el régimen de demanda interna.

Dicho marco teórico ha inspirado una amplia variedad de estudios empíricos que exploran los efectos de los salarios reales en el consumo, la inversión y las exportaciones netas.[9] Más allá de ciertas controversias, existe un amplio consenso en que la mayoría de las economías desarrolladas son de tipo *wage-led*, al menos a nivel doméstico. Esta idea es respaldada por los estudios empíricos de Hein y Vogel (2008), Stockhammer y Stehrer (2011) y Onaran y Galanis (2012), los cuales examinan gran cantidad de países de la zona del euro y otras economías desarrolladas (Estados Unidos, Reino Unido y Japón, entre otros) para el periodo posterior a 1970 y demuestran que el efecto positivo del consumo producto de una mayor participación de los salarios supera el efecto negativo en la inversión, lo que estimula el crecimiento. Resultados similares se obtienen cuando se incorpora el sector externo en el análisis (Hein y Vogel, 2008; Onaran y Galanis, 2012), lo que indica que economías grandes y desarrolladas son menos sensibles a *shocks* en el comercio internacional, sosteniendo a nivel agregado un régimen de crecimiento de tipo *wage-led.* El trabajo de Hein y Vogel (2008) testea el caso de Austria, cuyo régimen de crecimiento en el plano doméstico es *wage-led* pero *profit-led* a nivel agregado. Dicho estudio permite dar cuenta de la mayor vulnerabilidad al intercambio por parte de economías pequeñas y abiertas. Los regímenes de crecimiento de economías en desarrollo han sido estudiados por Onaran y Galanis (2012) y Onaran y Stockhammer (2005) quienes analizan los casos de Corea y Turquía, arribando a la conclusión de que incrementos en los salarios reales permitirían impulsar la demanda agregada en ambos casos. Onaran y Galanis (2012) testean también la hipótesis para México, Argentina, India, China y Sudáfrica, concluyendo que el aumento de la participación de los salarios mejora el crecimiento doméstico, pero cuando se considera el impacto en el sector externo la pérdida de competitividad debido a los aumentos de precios parece dominar el efecto total, afectando el crecimiento.

---

9 Si bien la literatura ha examinado mayormente el caso de economías desarrolladas, cabe destacar algunos trabajos que centran su atención en economías emergentes.

A modo de síntesis, un amplio cuerpo de estudios empíricos coincide en que la mayoría de las economías, ya sean avanzadas o emergentes, son de tipo *wage-led* a nivel doméstico. Al tomar en consideración las exportaciones netas, el régimen de crecimiento en el agregado puede no ser el mismo. En particular, en las economías pequeñas y abiertas los incrementos salariales pueden tener efectos positivos en la demanda interna, pero perjudican la demanda externa debido al encarecimiento de los precios en relación con los competidores internacionales. De esta manera, incrementos salariales en economías pequeñas orientadas a las exportaciones pueden implicar una pérdida de competitividad y convertir el régimen de demanda en uno de tipo *profit-led* a nivel agregado. Si bien economías pequeñas pueden, en forma individual, estimular la demanda reduciendo los salarios para aumentar sus excedentes exportables, la estrategia falla si todos los países la adoptan en simultáneo. Si todas las economías recortan salarios al mismo tiempo los efectos exportadores resultan neutralizados, pero los efectos negativos de la demanda interna continúan operando, lo que termina afectando la demanda global. Consecuentemente, la restricción salarial es una política de empobrecimiento del país vecino que tiene externalidades negativas en términos de demanda global.

La globalización ha creado incentivos para que los países participen en una carrera constante hacia la fijación de salarios más bajos. La actual era de estancamiento económico es producto de la demanda insuficiente creada por la caída de los salarios reales, conclusión acorde con el trabajo de la OECD (2015) que destaca una fuerte relación entre el estancamiento y la creciente desigualdad de ingresos. Tal como fue mencionado en la sección anterior, la tendencia decreciente de la participación de los salarios en el ingreso a nivel mundial desde comienzos de los ochenta (FMI, 2017) es el resultado de la agenda de reformas neoliberales que incluye la globalización del comercio, un achicamiento del Estado de bienestar, la disminución de la participación sindical y la financierización de la economía. De aquí surge el interrogante de cómo el capitalismo ha logrado evitar el estancamiento en las últimas décadas en un contexto de caída sostenida del salario.

## 4. La frágil recuperación neoliberal: modelos de crecimiento impulsados por exportaciones y modelos de crecimiento impulsados por deuda

Tal como se concluyó en la sección anterior, si la mayoría de los regímenes de demanda son de tipo *wage-led*, ¿cómo se explica el crecimiento de las últimas décadas bajo un régimen neoliberal que ha fomentado la redistribución del ingreso en favor del capital? La respuesta a esta pregunta se halla en dos de los principales pilares de la agenda de política neoliberal: la liberalización comercial y financiera. La promoción de regímenes de *"laissez faire"* en ambos sectores desde principios de la década de 1980 dio lugar a dos patrones de crecimiento insostenibles: un modelo de demanda impulsado por deuda y un modelo impulsado principalmente por superávits comerciales (Stockhammer, 2015).

Respecto al primer modelo, el endeudamiento –y particularmente la deuda de los hogares– ha mostrado un sostenido crecimiento en varios países, en su mayoría anglosajones. El proceso de crecimiento en economías con ratios de deuda en constante aumento se vuelve insostenible; la expansión económica en dicho escenario se torna dependiente del acceso a fuentes de financiamiento externas, tales como la toma de deuda o la emisión de acciones. Minsky (1986) ha enfatizado en la insostenibilidad de este esquema al señalar que ratios de deuda crecientes están asociados con mayores pagos de deuda futuros por parte de las firmas y los hogares, lo cual obstaculiza la demanda y termina desencadenando crisis financieras.

En relación con el segundo modelo, un régimen basado en excedentes de exportación como estímulo al crecimiento económico resulta a primera vista insostenible ya que no es posible esperar que la demanda externa se mantenga siempre en niveles altos. Sin embargo, el mecanismo por el cual sobreviene la crisis no resulta tan evidente. Bajo este patrón de crecimiento, es más probable que la crisis económica tenga lugar en países con déficit de cuenta corriente que en aquellos con cuentas superavitarias. En cierta medida, economías impulsadas por exportaciones que gozan de superávits tienden a externalizar la crisis debido a la interdependencia con las economías receptoras de sus bienes y/o servicios, deficitarias por definición. Alemania es un claro ejemplo de una economía de tipo *export-led* que también es *wage led*; el impulso al crecimiento requiere cada vez mayores estímulos a la exportación basados en el aumento de los déficits y la vulnerabilidad de los países receptores de sus exportaciones, cuya demanda se sostiene en el consumo financiado con deuda.

Hein y Mundt (2012) proporcionan una clasificación empírica exhaustiva de las economías de tipo *debt-led* y *export-led*, basada en cómo reacciona la demanda ante incrementos de la deuda y las exportaciones netas. Las principales conclusiones muestran que el patrón de crecimiento en la era neoliberal en una cantidad considerable de países desarrollados (tales como Australia, Reino Unido, Estados Unidos, Francia e Italia, entre otros) y países emergentes (entre los cuales se destacan México, India, Sudáfrica y Turquía) es impulsado por consumo financiado con deuda. Por el contrario, Alemania, Canadá, Japón y Corea del Sur muestran una demanda liderada por excedentes de exportación, lo mismo para el caso de países en desarrollo como Argentina, Brasil, Rusia, Arabia Saudita, China e Indonesia. Estos resultados sugieren que el proceso de crecimiento de los países anglosajones puede tener como posible desenlace una crisis financiera (como ha ocurrido en 2007), mientras que aquellos países que dependen de exportaciones quedan condicionados al desempeño económico y las restricciones que impongan sus principales socios comerciales.[10]

## 5. ¿Es posible alcanzar un proceso de crecimiento sostenible mediante un modelo impulsado por salarios?

La literatura empírica sobre modelos de crecimiento ha proporcionado importantes evidencias de que la mayoría de las economías avanzadas y emergentes cuentan con regímenes de demanda impulsados por salarios, al menos a nivel doméstico. Sin embargo, el neoliberalismo no se ha caracterizado por ser un periodo de crecimiento saludable, sino una etapa de aumento de la desigualdad y caída de la participación de los salarios en el ingreso. En aquellas economías que han mostrado crecimiento, éste ha estado en general impulsado por burbujas financieras y expansión del crédito o por superávits en cuenta corriente. No se han encontrado evidencias empíricas de países en donde el neoliberalismo se haya desarrollado sobre la base de la inversión real; lo que implica que cuando la participación del salario en el ingreso cae, la economía se torna propensa al estancamiento debido a la insuficiencia de demanda. Dado que la caída de los salarios reales en los países desarrollados y en desarrollo después de la crisis de estanflación de finales de 1970 se ha convertido en un fenómeno ampliamente aceptado (FMI, 2017), los hacedores de política que pretenden impulsar el crecimiento y alcanzar la estabilidad macroeconómica deben centrarse en los principales factores que acarrearon la disminución de las participaciones salariales, tal como lo indica una amplia variedad de estudios empíricos.

La expansión del gasto por parte del Estado y el fortalecimiento de los sindicatos son pilares de política centrales para alcanzar la estabilidad macroeconómica. Proporcionar subsidios al consumo aumentará directamente el gasto total en consumo, dada la mayor proporción marginal a consumir de los sectores de menores ingresos. Asimismo, contar con fuentes adicionales de ingresos por fuera del mecanismo de mercado empodera la posición de negociación salarial de los trabajadores, lo que lleva a salarios reales más altos cuyo impulso al consumo se traduce finalmente en inversión. Otra dimensión decisiva para lograr un crecimiento estable a través de una recuperación económica impulsada

---

10 Por ejemplo, los países del sur de la Unión Europea en el caso de Alemania.

por los salarios es fortalecer los sindicatos. Organizar el movimiento obrero y mejorar su representación en el lugar de trabajo permitiría a un número cada vez mayor de trabajadores participar activamente en el proceso de negociación salarial. Así lo evidenció el periodo posterior a la Segunda Guerra Mundial, en el cual el poder sindical y un mayor poder adquisitivo del salario estuvieron acompañados por una mejora sustancial del escenario macroeconómico.

El último pilar político necesario para volver a dinamizar la economía mediante un esquema de tipo *wage-led* es la regulación del sector financiero. Diversos estudios de economías avanzadas y en desarrollo han demostrado que la movilidad del capital, los crecientes pagos de intereses y la deuda de los hogares han debilitado a la clase trabajadora. Limitar la movilidad del capital financiero especulativo requiere una política tributaria diferente. Siguiendo lo planteado por James Tobin, un impuesto a las transacciones financieras desalentaría el cortoplacismo e induciría a los inversores a orientarse hacia la inversión real, en lugar de actividades especulativas. El aumento de la inversión real aumentaría el empleo y, por lo tanto, mejoraría la fuerza de negociación de los trabajadores. Los fondos impositivos recaudados tendrían un efecto de demanda adicional, ya que podrían ser destinados a gastos o inversión estatal.

En el diseño de políticas de regulación financiera también deben incluirse el gravamen a los bancos comerciales en función del tamaño de su balance, la regulación de las actividades especulativas que estos ejercen, así como también combatir la ingeniería financiera que sirve a la evasión fiscal.

La experiencia reciente de la crisis de las hipotecas *subprime* en Estados Unidos ha evidenciado que la deuda de los hogares ha contribuido de manera importante a la actual depresión económica. Los trabajadores endeudados deben hacer frente al pago de intereses lo que desencadena, en primer lugar, una reorientación de los gastos en consumo hacia el pago de deuda, obstaculizando el crecimiento. Por otra parte, los trabajadores endeudados necesitan conservar sus empleos casi a cualquier costo para poder hacer frente a sus obligaciones y evitar consecuencias no deseadas (por ejemplo, perder la casa que compraron a través de una hipoteca), lo que implica que su poder de negociación salarial se torna aún más limitado. El impuesto a las transacciones financieras también podría extenderse a las ganancias de la banca comercial, a fin de disminuir la especulación en la provisión de préstamos a los hogares.

En líneas generales, la regulación del sector financiero disminuiría efectivamente las asimetrías del poder de negociación entre el trabajo y el capital, y también promovería una inversión productiva e intensiva en mano de obra, lo que impulsaría aún más los salarios reales y, por lo tanto, el crecimiento sostenible.

El análisis de una estrategia de recuperación basada en los salarios se ha enfocado hasta ahora en el plano nacional, debiendo complementarse con una estrategia a nivel internacional. Tal como muestran estudios empíricos sobre los regímenes de crecimiento, cuando se incluye el sector externo muchas economías pequeñas y abiertas se convierten en tipo *profit-led* en el agregado, a pesar de estar impulsadas por salarios a nivel doméstico. La fragilidad que exhibe este escenario plantea fuertes desafíos de política para una recuperación económica promovida por una mejora en la participación de los salarios en el ingreso. Si bien es necesario atacar los principales impulsores de la caída de la remuneración al trabajo como medio para garantizar la igualdad social y el buen desempeño macroeconómico, se requieren medidas de política adicionales que garanticen un crecimiento sostenible en el mediano plazo. Más precisamente, deben contemplarse también el gasto gubernamental contracíclico, un plan nacional de desarrollo industrial y la generación de fuentes de energía renovables.

Promover una agenda de crecimiento impulsada por salarios puede ser considerada un primer paso hacia el desarrollo sostenible en el mediano plazo, al sugerir un modelo de crecimiento que evita el endeudamiento desmedido a futuro. En el corto plazo, esa agenda debe complementarse con políticas fiscales y monetarias activas a fin de restablecer el pleno empleo[11] e impulsar el crecimiento. En el mediano plazo, cada país debe desarrollar políticas industriales específicas sobre sectores estratégicos para superar la trampa del ingreso medio y dirigir la inversión hacia sectores donde el crecimiento es socialmente deseable. El diseño de políticas debe contemplar la cuestión ambiental promoviendo el pleno empleo a través del crecimiento verde, es decir, fomentar la utilización de recursos renovables y desalentar la contaminación. Tal estrategia no solo mejorará la viabilidad del proceso de crecimiento en el largo plazo, sino también garantizará la preservación del medio ambiente y los recursos naturales para las generaciones futuras.

### Referecias bibliográficas

BENTOLILA, S. y SAINT-PAUL, G. (2003) "Explaining movements in the Labor share". *The B.E. Journal of Macroeconomics, 3* (1), 1-33.

BHADURI, A. y MARGLIN, S. (1990) "Unemployment and the real wage: the economic basis for contesting political ideologies". *Cambridge Journal of Economics, 14*, 375-93.

---

11  Tal como señala Kalecki (1943), el hecho de que las políticas de pleno empleo tengan sentido desde el punto de vista económico no significa que obtendrán el apoyo político necesario. Con respecto al pleno empleo sostenido, la participación activa del gobierno en la actividad económica puede lograr socavar el poder de la elite sobre las clases trabajadoras.

BLECKER, R. (1989) "International competition, income distribution and economic growth". *Cambridge Journal of Economics*, *13*, 395-412.

BOWLES, S. y BOYER, R. (1995) "Wages, aggregate demand, and employment in an open economy: an empirical investigation". En: EPSTEIN, G. y GINTIS, H. (eds): *Macroeconomic Policy after the Conservative Era. Studies in Investment, Saving and Finance* (pp. 143-171). Cambridge: Cambridge University Press.

CHECCHI, D., y GARCIA-PENALOSA, C. (2010) "Labour market institutions and the personal distribution of income in the OECD". *Economica*, *77*(307), 413-450.

DÜNHAUPT, P. (2017) "Determinants of Labour's income share in the era of financialisation". *Cambridge Journal of Economics*, *41*(1), 283-306.

DUTT, A. (1984) "Stagnation, Income Distribution and Monopoly Power". *Cambridge Journal of Economics*, *8*, 25-40.

FILHO, F. F. y DE PAULA, L. F. (2015) "A critical analysis of the macroeconomic policies in brazil from Lula da Silva to Dilma Roussef (2003-2014)". *Brazilian Keynesian Review 1*(2), 218-227.

GUSCHANSKI, A. y ONARAN, Ö. (2016) "Determinants of the wage share: A cross-country comparison using sectoral data". *Greenwich Papers in Political Economy*, n° 41.

HARRISON, A. (2002) "Has globalization eroded Labor's share? Some cross-country evidence". *National Bureau of Economic Research.*

HEIN, E. y MUNDT, M. (2012) "Financialisation and the requirements and potentials for wage-led recovery: A review focussing on the G20". *ILO Working Papers.*

HEIN, E. (2015) "Finance-dominated capitalism and re-distribution of income: A Kaleckian perspective". *Cambridge Journal of Economics*, *39* (3), 907-934.

HEIN, E. y VOGEL, L. (2008) "Distribution and growth reconsidered – empirical results for six OECD countries". *Cambridge Journal of Economics*, *32*, 479-511

FMI (2007) "The globalization of labor". *World Economic Outlook*, Abril 2007. Washington, DC: FMI.

FMI (2015) "Inequality and labor market institutions". *IMF Staff Discussion Notes.*

FMI (2017) "Understanding the Downward Trend in Labor Income Shares". *World Economic Outlook*, April 2017. Washington, DC: IMF.

JAYADEV, A, (2007) "Capital account openness and the labour share of income". *Cambridge Journal of Economics*, *31*, 423-443.

KALECKI, M. (1943) "Political aspects of Full Employment". *The Political Quarterly*, *14* (4), 322-330.

KALECKI, M. (1954) *Theory of Economic Dynamics*. London: Allen & Unwin.

KIM, Y.; LIMA, T., y SETTERFIELD, M. (2016) "Political aspects of household debt". *Working Papers 2017*, 02, University of Massachusetts Boston, Economics Department.

KRISTAL, T. (2010) "Good times, bad times: Postwar labor's share of national income in capitalist democracies". *American Sociological Review, 75* (5), 729-763.

OECD (2015) "Finance and inclusive growth". *OECD Economic Policy Papers*, n° 14.

OIT (2011) "The labour share of income: Determinants and potential contribution to exiting the financial crisis". *World of Work Report*, n° 55.

ONARAN, Ö, y STOCKHAMMER, E. (2005) "Two different export-oriented growth strategies: accumulation and distribution a la Turca and a la South Korea". *Emerging Markets Finance and Trade, 41* (1), 65-89.

ONARAN, Ö. y GALANIS, G. (2012) "Is aggregate demand wage-led or profit-led? National and global effects". *ILO Working Papers, Conditions of Work and Employment Series* n° 40, Geneva.

RODRIK, D. (1997) *Has Globalization gone too far?* Washington, DC: Institute for International Economics.

ROWTHORN, R. (1981) "Demand, Real Wages and Economic Growth". *Thames Papers in Political Economy*, Autumn 1-39, reimpreso en *Studi Economici*, 1982, (18), 3-54.

SMITH, A. (1776 [1981]) *An Inquiry into the Nature and the Causes of the Wealth of Nations.* CAMPBELL, R. H. & SKINNER, A. S. (eds.), Indianapolis: Liberty Fund, Inc.

STOCKHAMMER, E. y STEHRER, R. (2011) "Goodwin or Kalecki in Demand? Functional Income Distribution and Aggregate Demand in the Short Run", *Review of Radical Political Economics, 43* (4), 506-522.

STOCKHAMMER, E. (2012) "Financialization, income distribution and the crisis". *Investigación Económica 71* (279), 39-70.

STOCKHAMMER, E. (2015) "Rising inequality as a cause of the present crisis". *Cambridge Journal of Economics 39* (3), 935-958.

STOCKHAMMER, E. (2017) "Determinants of the wage share: A panel analysis of advanced and developing economies". *British Journal of Industrial Relations, 55* (1), 3-33.

STOLPER, W. F. y SAMUELSON, P. A. (1941) "Protection and real wages". *The Review of Economic Studies, 9* (1), 58-73.

WOOD, J. D. G. (2016) "The effects of the distribution of mortgage credit on the wage share: Varieties of residential capitalism compared". *Comparative European Politics*, 1-29.

# 2/ Límites al desarrollo nacional en un contexto global de financierización: notas sobre el caso argentino *

*Mercedes Marco del Pont[1] y Cecilia Todesca Bocco[2]*

## 1. Deslocalización productiva y financierización

El proceso de financierización que actualmente hegemoniza el funcionamiento de la economía mundial representa, para las economías subdesarrolladas, el principal obstáculo al desenvolvimiento de estrategias autónomas de desarrollo económico y social. La financierización constituye una fase del capitalismo, que se ha ido consolidando en los últimos cuarenta años, que ha reconfigurado la escena económica mundial a partir del rol creciente de los objetivos de los mercados y los actores financieros. Este fenómeno ha impulsado un cambio en el centro de gravedad de la actividad económica desde la producción hacia las finanzas.

Todos los abordajes sobre el fenómeno de la financierización coinciden en destacar que las finanzas se están quedando con una parte creciente del excedente generado por el capital industrial, en la esfera de la producción, con impactos regresivos sobre el mercado de trabajo y la distribución del ingreso. La integración de las empresas industriales en los mercados financieros internacionales, las ganancias récord de los bancos surgidas de sus operaciones como banca de inversión y el aumento del endeudamiento de los hogares, no constituyen manifestaciones aisladas sino características sistémicas que reflejan una transformación estructural en las relaciones entre las empresas, los bancos y los trabajadores.

---

* Este artículo se elaboró en base al trabajo "Los límites al Trabajo decente en un contexto global de financierización" realizado en conjunto entre FIDE y CETyD para la Asociación Bancaria.

1 Ex Presidenta del Banco Central de la República Argentina. Presidenta de FIDE.
2 Consejo Asesor FIDE o Investigadora de FIDE.

El proceso de deslocalización productiva por parte de las empresas multinacionales constituye un fenómeno íntimamente vinculado al auge de la globalización financiera. Este cambio en el paradigma productivo no hubiera sido posible sin una serie de factores que se sucedieron a partir de fines de la década del sesenta y transformaron el sistema económico y social mundial. En un periodo equivalente apenas a cuatro décadas se combinaron una serie de transformaciones de gran impacto, entre ellas, la reducción de la tasa de ganancia en los países centrales que empujó hacia la búsqueda de nuevas formas de producción para revitalizarla; el colapso del sistema de tipos de cambios fijos establecido en Bretton Woods, y su influencia en la tendencia a la desregulación financiera internacional; el desarrollo tecnológico creciente; el aumento (duplicación) de la fuerza de trabajo mundial producto del ingreso al mercado de los países en desarrollo (en particular India y China) y la caída del bloque soviético.

Con el quiebre del sistema de Bretton Woods, que había logrado durante casi treinta años mantener una notable estabilidad en las cotizaciones de las monedas (basada en controles estrictos sobre los flujos de capital entre países y regulaciones sobre los mercados financieros nacionales), se inicia una etapa de tipos de cambio flexibles. El dólar estadounidense consolida su papel hegemónico, como cuasi moneda global, a la vez que el riesgo de las fluctuaciones cambiarias, que hasta entonces soportaban los estados nacionales, se transfiere al sector privado.

Esta suerte de "privatización del riesgo" tuvo como consecuencia un estímulo a la movilidad internacional del capital, necesaria para instrumentar la creciente demanda de operaciones de cobertura cambiaria (Eatwell y Taylor, 2005). El capital privado, en particular las empresas multinacionales, reclama a partir de ese momento la liberalización del movimiento transfronterizo de capitales y la desregulación de los mercados financieros para desarrollar un conjunto de instrumentos que le permitan cubrir el riesgo de las fluctuaciones entre monedas, un riesgo que cobraba una gravitación creciente no solo por la proliferación de regímenes de tipo de cambio flexible sino por la intensificación de los flujos de fondos asociada a la conformación de las cadenas globales de valor. Este cambio representa un punto de inflexión para la economía mundial y la puesta en marcha de un periodo diferente que trajo aparejado, en todos los países, un peso creciente de las finanzas.[3]

---

3 En esos mismos años arrecian las críticas contra la famosa *Glass Steagall Act* (la Ley de Bancos de los EE.UU.) que fue sancionada en 1933 con el objeto de introducir –luego de la crisis del 30– una serie de reformas destinadas a controlar la especulación, entre ellas el establecimiento de una separación estricta entre la banca de depósito y la banca de inversión. Se trata de una crítica central para el funcionamiento de la

Como mencionamos, esta transformación se ha producido de la mano de la expansión de las empresas multinacionales, sus cadenas globales de valor y la creciente importancia de los mercados, las instituciones y las elites financieras que actúan tanto sobre las realidades nacionales como sobre la economía global. Aunque analíticamente se presenten como dos esferas escindidas (la producción real y la valorización financiera) se trata de un único fenómeno por el cual la economía en su conjunto queda sometida a la lógica del capital financiero.

El proceso de financierización tiene su epicentro en las economías centrales donde reside la mayor parte del capital. Pero se extiende y propaga al funcionamiento global de la economía, incluyendo la periferia donde –como resultado de las necesidades del proceso de relocalización productiva impulsada por las empresas multinacionales y el accionar de los bancos globales– se generan grandes oportunidades para la internacionalización de la producción y las ganancias del capital.

En la búsqueda de ganancias y con la tecnología a su favor, el capital fue produciendo un relajamiento de las fronteras entre países. La relocalización de la producción hizo posible el arbitraje entre los distintos esquemas tributarios, estándares laborales y regulaciones ambientales de los países. Paralelamente, durante esta etapa del capitalismo, el financiamiento de las empresas dejó de provenir mayoritariamente de los bancos para captarse en un mercado global de liquidez, también promovido por la desregulación financiera.

Esta fusión o interdependencia entre el mundo productivo y el mundo financiero y la dominancia del último sobre el primero sucede a escala global: se prioriza la ganancia de los inversores (accionistas), se acortan los plazos de las decisiones de inversión, se reduce la capacidad de negociación de los trabajadores en los países avanzados (forzándolos a endeudarse de manera compensatoria), y se limita severamente el margen de maniobra de las políticas nacionales en los países en desarrollo.

En el caso de las familias el fenómeno de la financierización se manifiesta en varios aspectos. Por un lado, un porcentaje muy reducido de la población total (el 1% más rico) ha generado una demanda por instrumentos financieros que le han permitido invertir sus crecientes excedentes en distintos tipos de

---

economía norteamericana –que más tarde tendrá implicaciones globales– a través de la expansión que se produce a partir de los 80 de los grandes bancos globales. Estos bancos se conocen en la literatura económica como instituciones financieras grandes y complejas (*Large and Complex Financial Institutions* –LCFI–) y su actividad ha tenido consecuencias macroeconómicas crecientes como bien pudo observarse durante la crisis financiera originada en los EE.UU. en 2007 con las hipotecas. De hecho, la *Glass Steagall Act* fue derogada para fines de 1999 en el contexto de la constitución del Citigroup.

activos en el mercado global (y no necesariamente en su propio país, adoptando estrategias cada vez más sofisticadas para maximizar rentas financieras o eludir impuestos). A este fenómeno los bancos respondieron con la creación de enormes unidades dedicadas a la reinversión financiera de su excedente (banca de inversión). Al mismo tiempo, la pérdida de participación de los salarios en el ingreso fue "compensada" a través del acceso masivo de las familias al crédito, como paliativo a la reducción de los ingresos laborales.

El endeudamiento de los hogares introdujo un canal de riesgo adicional en las economías (el caso de la crisis *subprime* con epicentro en la economía norteamericana es un buen ejemplo de esta lógica[4]), pero también ha sido funcional al discurso neoliberal en favor de los emprendedores como forma superadora de la relación laboral. En las últimas décadas, las crisis financieras recurrentes han dejado claro que la financierización de la vida de las familias constituye un nicho de ganancias fabulosas para el capital internacional al tiempo que representan una fuente de vulnerabilidad económica y social con consecuencias macroeconómicas. Con la tendencia a la participación decreciente de los salarios en el ingreso total, los trabajadores tienden a relacionarse de forma cada vez más independiente (flexibilizada) respecto al capital, sus ingresos constituyen una porción decreciente del costo mientras que el endeudamiento a la vez que los reincorpora al circuito del consumo los somete a una lógica de inestabilidad creciente.

## 2. Lecciones sobre integración financiera: inestabilidad, crisis y pérdida de autonomía

La liberalización de la cuenta capital y la desregulación financiera constituyen dos pilares sobre los que se fue consolidando el proceso de financierización. El enfoque económico convencional siempre argumentó que una mayor integración financiera permitiría mayores tasas de crecimiento de largo plazo. El supuesto era que, a través de la libre circulación del capital financiero, los países (particularmente aquellos en vías de desarrollo) podrían beneficiarse de un mayor nivel de ahorro (imprescindible para financiar proyectos de inversión), un aumento de

---

4    La crisis financiera conocida como la crisis *sub-prime* con epicentro en los EE.UU. está relacionada con el fenómeno del endeudamiento de las familias y la aparición de un gran conjunto de instrumentos financieros que, de acuerdo con la literatura económica convencional, permitirían distribuir mejor los riesgos y aumentar la disponibilidad de financiamiento y así colaborarían con el crecimiento. En la práctica los nuevos instrumentos financieros funcionaron como herramientas poco transparentes que introdujeron niveles elevados de inestabilidad en el sistema financiero internacional.

la productividad y un acceso más rápido a la frontera tecnológica que vendría asociada con las corrientes de inversión extranjera directa.

Desde las usinas de pensamiento neoliberal también se reivindica la liberalización de la cuenta capital como un mecanismo de "disciplinamiento" de las políticas nacionales, ya que los mercados pasan a tener poder de veto sobre aquellas decisiones que se apartan de su credo (desde la política tributaria a la regulación laboral o financiera). En esta misma línea de pensamiento se inscribe la idea de la independencia de los bancos centrales respecto al resto del poder ejecutivo. En la lucha contra la inflación, los bancos centrales –independientes del poder político soberano– podrán avanzar con las medidas necesarias para contenerla sin miramiento respecto a la marcha de otras variables como el crecimiento, el empleo, la estabilidad financiera y la distribución del ingreso.

La realidad, sin embargo, ha resultado opuesta a los postulados de la ortodoxia. La aplicación de la agenda neoliberal dio lugar a una cantidad creciente de episodios de crisis con implicancias muy negativas para la estabilidad financiera y bancaria en las últimas décadas. Estas experiencias pusieron de manifiesto que, lejos de dinamizar el crecimiento y promover el desarrollo, la libre movilidad del capital había resultado sumamente disruptiva para el crecimiento con implicancias muy regresivas en materia distributiva.

América Latina fue pionera en el impulso de este tipo de estrategias. Los primeros ensayos de liberalización financiera y apertura de la cuenta capital se pusieron en marcha, durante la segunda mitad de la década del setenta, bajo dictaduras militares y culminaron en los años ochenta con las crisis de la deuda e hiperinflación. Los países centrales ingresaron más tardíamente a esta lógica. Hasta mediados de los 80 la cuenta capital estaba regulada de manera estricta. A diferencia de lo ocurrido en América Latina, en el resto de los países en vías de desarrollo la apertura fue más tardía y se aceleró recién en el inicio de la década del noventa.

La integración financiera del Sudeste Asiático, avanzada la década de los ochenta, repitió los resultados negativos que ya se habían experimentado en América Latina. La ocurrencia de crisis financieras y bancarias de magnitud a lo largo de la década del noventa (México en 1994, Sudeste asiático en 1997, Rusia en 1998, Brasil en 1999, la Argentina en 2001) dio lugar al surgimiento de una serie de estudios teóricos y empíricos, muchos de ellos de autores ortodoxos (Díaz Alejandro, 1984; Krugman, 1996; Rodrik, 1998; Kaminsky y otros, 2004; Stiglitz y otros, 2006; Furceri y Loungani, 2015) que volvieron a resaltar la importancia de la regulación al libre movimiento de capitales.

La motivación más importante en favor de la regulación de los flujos de capitales se refiere a la recuperación de la autonomía en el ejercicio de la política económica, en particular la política monetaria. Se reafirma la plena vigencia del postulado de la "trinidad imposible" desarrollado por Mundell y Fleming en la década de los sesenta: en un contexto de libre flujo internacional de capitales resulta prácticamente imposible administrar simultáneamente la tasa de interés interna y la dinámica cambiaria. Estas variables quedan entonces sujetas a la evolución de la liquidez internacional (en la práctica están atadas a la política de la Reserva Federal de los Estados Unidos) más que a las decisiones de la autoridad monetaria local.

Una regulación débil favorece, asimismo, el ingreso masivo de capitales especulativos de corto plazo que, de acuerdo con las regulaciones del sistema financiero nacional, pueden retroalimentar procesos de endeudamiento en moneda extranjera. Ante cambios repentinos en el contexto internacional se acumulan tensiones que amplifican el shock externo y pueden gatillar crisis cambiarias, bancarias o de deuda, con impacto sobre la economía real.

La evidencia empírica también demuestra que la liberalización de la cuenta capital aumenta la fragilidad financiera. En las economías periféricas, estos ciclos de inestabilidad financiera presentan algunas particularidades dada la relevancia de la dinámica del sector externo: durante la fase alta del ciclo se combinan expansión de la demanda interna, endeudamiento externo y el aumento de precios de activos reales y financieros mientras que en la fase descendente se verifica un deterioro vertiginoso de la cuenta corriente, reducción de las reservas internacionales y subas en la tasa de interés local.

La integración financiera también contribuye a acentuar el perfil de especialización primaria de los países subdesarrollados. En momentos de elevada liquidez internacional la entrada de capitales genera un cambio en la estructura de la producción, favoreciendo una mayor participación de sectores de servicios (no transables, generalmente no exportables) y productos primarios. Este resultado proviene de la fuerza apreciatoria que el ingreso de capitales ejerce sobre el tipo de cambio real que, a su turno, perjudica la estructura de precios relativos del sector industrial.

En términos generales, las experiencias de las últimas cuatro décadas han dejado claro que en el caso de los países periféricos la libre movilidad del capital amplifica los ciclos de liquidez internacional, generando desequilibrios en la fase de auge que dan lugar a ajustes fuertemente regresivos en la fase de retracción, exacerbando más que contribuyendo a resolver los problemas del subdesarrollo. El impacto de estos ciclos es muy severo sobre la economía real y el empleo y constituye, en la práctica, un limitante de primer orden para la implementación de una agenda de transformación estructural que permita el desarrollo de las potencialidades nacionales.

En términos del impacto distributivo, la libre movilidad del capital tampoco ha resultado neutra. De acuerdo con un estudio de la Organización Internacional del Trabajo (OIT) con datos para 71 países en el periodo 1970-2007, la libre movilidad de los capitales representa el factor que mayor peso ha tenido en la reducción de la participación de los salarios en el ingreso. El cambio tecnológico también ha tenido impacto en la distribución funcional del ingreso, en particular en el caso de los países desarrollados, pero esta variable, de acuerdo con el estudio de la OIT, no logra explicar la magnitud del aumento observado en los niveles de desigualdad en las principales economías industrializadas (Stockhammer, 2013).

En el mismo sentido, un estudio realizado por el Fondo Monetario Internacional (FMI), que toma 149 países en el periodo 1970-2010, demuestra que la liberalización de la cuenta capital está asociada a un incremento estadísticamente significativo y persistente en la desigualdad (Furceri y Loungani, 2015).

## 3. Subdesarrollo: la versión "subordinada" de la financierización

El panorama es más complejo y heterogéneo en la periferia. La falta de una moneda que pueda funcionar como reserva de valor condiciona a la mayor parte de estos países a una situación de dependencia estructural respecto del capital internacional. Se trata de una *"financierización subordinada"* (Kaltenbrunner y Painceira, 2016) donde la lógica del capital global se impone determinando y cristalizando un tipo de inserción asimétrica y dependiente, con el dólar funcionando como una cuasi-moneda mundial (Powell, 2013).

El fenómeno adquiere en los países en desarrollo algunas características distintivas relacionadas justamente con su retraso relativo. La integración productiva y financiera de los mercados emergentes sucede a través de las empresas multinacionales y sus cadenas globales de valor, con un sesgo hacia la generación de rentas vinculadas con la explotación de los recursos naturales o la mano de obra barata, y a través de las inversiones financieras que se benefician de niveles de rendimiento superiores a los que pueden obtenerse en las economías centrales, producto del diferencial de riesgo entre el centro y la periferia. La aceleración del cambio tecnológico, por su parte, complica aún más el panorama como consecuencia de la ampliación de la brecha entre las condiciones de producción en la periferia y en el centro.

Una inserción global con estas características tiende a anclar y reproducir la condición misma del subdesarrollo a través de capacidades productivas incompletas, bajos niveles de productividad, mercados de trabajo con una presencia abrumadora de informalidad y una dependencia, también creciente, del financiamiento externo que solo se consigue si se profundiza la agenda neoliberal.

La inversión extranjera directa ha jugado un rol central en esta lógica. La producción se presenta entremezclada con la actividad especulativa o financiera. La evidencia indica que una parte importante de las inversiones realizadas por las empresas multinacionales tienen una finalidad especulativa, es decir, se invierten en distinto tipo de instrumentos financieros lo que produce una filtración de excedente desde las actividades productivas. Estos resultados representan un ejemplo estilizado de la dinámica de la financierización por la cual los mismos agentes que explican la globalización de la producción funcionan, al mismo tiempo, como agentes financieros constituyéndose en una "nueva" fuente de vulnerabilidad para las economías en desarrollo.

En el mundo de las empresas trasnacionales se verifica una creciente participación en las ganancias a partir de los activos intangibles –marcas, patentes, licencias, derechos de autor, etc.– que se corporizan como canales de valorización financiera. En el caso de los países en desarrollo, estas prácticas constituyen canales adicionales que retroalimentan las condiciones estructurales de restricción externa inherentes al subdesarrollo.

En resumen, en la periferia la financierización adopta un formato "subordinado", es decir, sujeto al tipo de relación y dependencia que los países en desarrollo tienen respecto a las economías centrales, dependencia que en las últimas décadas se vio exacerbada con la progresiva desregulación de los flujos transfronterizos de capital y las distintas iniciativas "globalizantes" como son los tratados de libre comercio, los tratados bilaterales de inversión y otras institucionalidades que limitan el margen de maniobra nacional, cristalizando las asimetrías existentes. En el mismo sentido, la dependencia respecto a una moneda de reserva de valor extranjera que, en las últimas décadas ha sido ejercida por el dólar estadounidense, condiciona severamente las posibilidades de instrumentar políticas económicas que no se atengan a la "tradición y buenas costumbres" según dictan "los mercados".

## 4. La experiencia argentina de financierización "periférica"

El caso argentino representa un ejemplo de las dificultades crecientes que enfrentan los países en vías de desarrollo, en un contexto de *financierización*, para poder desplegar una estrategia de desarrollo nacional. La visión convencional de la economía siempre les asignó a los países en desarrollo el rol de productores de materias primas, o de manufacturas intensivas en mano de obra barata, minimizando la importancia del desequilibrio comercial externo y la centralidad del desarrollo de capacidades industriales. De acuerdo con esta lógica, los límites estructurales característicos del subdesarrollo pueden sortearse a través de la integración comercial y financiera por la vía de la desregulación financiera, el endeudamiento en los mercados internacionales y el abastecimiento de bienes industriales más complejos en el mercado internacional.

En la historia reciente de la Argentina se pueden individualizar por lo menos dos periodos en los que se implementaron programas económicos inspirados en este tipo de cosmovisión. Durante la segunda mitad de la década del setenta, la Argentina constituyó una de las denominadas "experiencias liberalizadoras del Cono Sur", conjuntamente con Chile y Uruguay. A partir de 1989, sin que hubiera transcurrido una década desde el estallido de la crisis de la deuda en América Latina producto de aquel primer ensayo, la Argentina se embarcó en un segundo programa de corte neoliberal. Esta experiencia –legitimada por el voto popular– fue más ambiciosa e incluía (además del establecimiento de una caja de conversión entre el peso y el dólar norteamericano) un conjunto mucho más amplio de reformas, entre ellas: la privatización de gran parte de las empresas públicas, la seguridad social y la empresa petrolera estatal, la desregulación del mercado laboral, una apertura al comercio exterior prácticamente irrestricta y la liberalización total de los flujos financieros internacionales.

La dramática culminación de estas dos experiencias en crisis financieras, bancarias, productivas y sociales de magnitud se inscribe en la evidencia empírica observada en otros países y constituye un ejemplo acabado de los efectos de la vulnerabilidad externa de los países en vías de desarrollo en un contexto de apertura comercial y libre movilidad de capitales (Kaminsky, Reinhart y Vegh, 2004). Al mismo tiempo, en estos dos periodos de la historia, la dinámica de la participación del salario en el ingreso pone de manifiesto la relación entre la apertura de la cuenta capital y la regresividad distributiva: tanto durante el último gobierno de facto como durante la Convertibilidad, la participación asalariada en el ingreso total de la Argentina sufrió una notable disminución.

En retrospectiva, el caso argentino representa un ejemplo práctico de los efectos de la financierización en una economía pequeña que decide integrarse pasivamente al mundo y, por lo tanto, se convierte en un espacio de valorización financiera del capital internacional que se beneficia del diferencial de tasa de interés entre el centro y la periferia. La dinámica que prevalece en un esquema macroeconómico de este tipo hace imposible cualquier tipo de desarrollo productivo nacional y por lo tanto resulta incompatible con la industrialización y la generación de empleo decente.

A contramano de esas experiencias –así como también de las tendencias predominantes a nivel global– la estrategia económica impulsada en la Argentina, a partir de 2003, representa un buen contraejemplo donde el eje de la acumulación de capital volvió a estar en la esfera de la economía real. En esta experiencia se pueden observar con claridad tanto los aciertos como aquellos temas en los que el impulso no fue suficiente como para generar los cambios estructurales necesarios. Los resultados alcanzados en materia de crecimiento económico y redistribución progresiva del ingreso hubiesen sido de difícil concreción de no haber mediado una serie de regulaciones de la cuenta capital que impidieron la plena integración financiera a los mercados internacionales. Con marchas y contramarchas, y un mayor o menor nivel de efectividad, los controles a la movilidad del capital constituyen el elemento más relevante –y revulsivo para las élites locales, junto con la imposición de retenciones al agro– del entorno macro financiero del periodo 2002-15.

El menú de regulaciones en el frente externo fue amplio; encaje al ingreso de capitales financieros, registro de todas las operaciones del mercado cambiario, obligación de liquidar en el mercado de cambios la totalidad de los ingresos de dólares, tope a la cantidad de pesos que una empresa o un particular podía convertir a dólares sin uso específico, es decir, simplemente para ahorro o atesoramiento.[5] Estas regulaciones permitieron ampliar los espacios de la política monetaria y cambiaria para sostener un régimen de flotación administrada del tipo de cambio, acumular reservas internacionales y definir niveles de tasa de interés consistentes con la rentabilidad de la actividad productiva.

El desendeudamiento constituyó otra decisión que amplió los grados de soberanía de la política económica y confrontó con los intereses de la financierización. En el mediano plazo, la reducción del peso de los intereses de la deuda pública sobre el gasto también jugó a favor de cierto grado de independencia para las políticas nacionales respecto al mandato estándar.

En ese período también se diseñaron normas que, a partir de la experiencia traumática de la convertibilidad, buscaron minimizar el descalce de divisas entre los activos y pasivos del sector público y privado. La re-nacionalización

---

5    El monto máximo establecido para la formación de activos externos de libre disponibilidad (es decir, la cantidad de dólares que se podían comprar en el mercado para su atesoramiento sin destino específico) fue variando durante el periodo 2002-2015 desde un mínimo equivalente a US$ 100.000 por mes hasta un máximo de US$ 2.000.000. Hacia fines del 2011, el gobierno introduce un nuevo paquete de regulaciones, en una primera instancia a través de la revisión de los excedentes canalizados por esta vía por parte de la agencia tributaria para luego avanzar en una prohibición total de esta operatoria efectivizada a mediados del 2012, que no autorizaba la compra de dólares para "ahorro" sin un destino específico determinado: viaje al exterior, pago de manutención, gastos en salud, agregados a las categorías tradicionales como son el pago de importaciones, intereses, amortización y servicios reales, entre otros.

del sistema de seguridad social –que había sido parcialmente privatizado en 1994 con la creación de las AFJP en un esquema perverso donde el estado continuaba financiando el déficit (estructural y el de la transición) mientras las administradoras ganaban comisiones extraordinarias– también fue a contrapelo de la lógica de la financierización. Los procesos de privatización de los sistemas de pensión han generado a nivel global un fuerte impulso a la lógica de valorización financiera otorgándole creciente dominancia a los fondos de inversión institucionales dentro de las estructuras financieras. La administración privada de los fondos de la seguridad social, conjuntamente con distintos formatos de oferta de servicios, también gerenciados en forma privada, de salud y educación constituyen los nichos predilectos de la lógica de la financierización. Se trata de prestaciones que siguen financiadas mayoritariamente a través de fondos estatales en los cuales se introduce una fase de "administración privada" que sin asumir riesgos extrae una porción significativa de rentabilidad (Palley, 2018).

En el año 2012, el gobierno tomó otra decisión relevante para este análisis: se impulsa una reforma de la Carta Orgánica del Banco Central, que recupera su mandato múltiple.[6] Con su nuevo mandato el Banco Central queda obligado a cooperar en el diseño y la implementación de las políticas económicas con el Poder Ejecutivo (limitando de hecho su grado de independencia operativa) y a desarrollar todas sus políticas tomando en cuenta la estabilidad de precios conjuntamente con la necesidad de coherencia entre sus políticas y los objetivos de la estabilidad financiera, el desarrollo económico y el empleo[7]. Esta iniciativa implicó que el Banco Central recuperara su capacidad para regular las condiciones del crédito, atribución que había sido eliminada en el año 1992 en pleno régimen de la convertibilidad.

En conjunto, el control de la cuenta capital, el desendeudamiento, la recuperación del sistema de seguridad social, una política monetaria y cambiaria que desestimuló el arbitraje financiero, constituyeron un conjunto de iniciativas que habilitaron un relativo desacople de la economía nacional respecto al pro-

---

6   A lo largo de toda su historia el Banco Central de la República Argentina había tenido distintas versiones de mandato, todas ellas incorporando el seguimiento del crecimiento y el empleo. Solo en 1992, con la puesta en marcha de la Convertibilidad, el mandato pasa a ser único y se refiere a la estabilidad monetaria.

7   En los años siguientes, la nueva Carta Orgánica también permitió direccionar una parte de los préstamos bancarios a las empresas productivas, en especial a las pequeñas y medianas empresas. Esta facultad recuperó, aunque en un nivel diferente, otro espacio de política ganado por el desacople de la política económica nacional respecto al contexto global de financierización que se caracteriza por el sesgo de la actividad bancaria hacia la banca de inversión y los préstamos al consumo, en detrimento de las actividades de financiamiento de la producción.

ceso de financierización global. Este desenganche permitió ampliar el margen de maniobra de la política pública priorizando la acumulación productiva y la redistribución progresiva del ingreso.

## 5. Lo nuevo y lo viejo de la restricción externa: la "pulsión argentina" a la dolarización

El problema del estrangulamiento externo como el límite objetivo que enfrentan los países subdesarrollados para sostener el crecimiento económico y los niveles de empleo se ha complejizado mucho en la actual fase de financierización de la economía mundial. En ese contexto, la fuga de capitales puede ejercer la misma capacidad disruptiva que genera la persistencia de una inserción internacional primaria, los requerimientos de dólares originados en los servicios del endeudamiento externo o los múltiples canales de transferencia de divisas en cabeza de las empresas multinacionales.

Generalmente cuando en la literatura económica se aborda la problemática de la regulación de los movimientos de capital, se hace referencia al ingreso y salida de capitales transfronterizos que arbitran permanentemente en búsqueda de una ganancia financiera. En ese marco, los controles de capital tienen como sujeto principal los movimientos de fondos externos. En el caso de la Argentina, sin embargo, una eventual regulación de los capitales en cabeza de no residentes solo involucra a una porción menor del fenómeno de la fuga. En nuestro país, desde hace más de cuatro décadas, el dólar se ha transformado en el principal activo financiero de los actores económicos locales con capacidad de ahorro. Una parte de ese ahorro se transforma en depósitos en moneda extranjera en cuentas aquí y en el resto del mundo, mientras que otra parte muy significativa se destina a la compra de dólares billete para su atesoramiento fuera del sistema financiero. Esta fuente de demanda de dólares representa un canal adicional y relevante de presión sobre la balanza de pagos. Este aspecto constituye otra herencia crítica de las políticas neoliberales desenvueltas desde mediados de la década del setenta, fuertemente exacerbadas por el régimen de la Convertibilidad.

Durante el período 2003-2015, aún en un contexto de fuerte desendeudamiento público y privado y de restricciones al ingreso y salida de capitales externos de corto plazo, persistió el proceso de fuga de divisas en cabeza de los residentes argentinos. La punta del iceberg de este proceso –materializado a través de la adquisición de moneda extranjera con fines de ahorro– alcanzó, en términos netos, un monto superior a 100.000 millones de dólares, lo que representa un valor equivalente al 80% del superávit comercial generado durante todo ese período. La fuga durante los gobiernos kirchneristas tuvo una dimensión que, en relación al

PIB, no fue muy diferente a la verificada en la década del noventa. La diferencia cualitativa es que no se financió con endeudamiento externo sino con las divisas generadas a través del superávit de nuestro comercio con el resto del mundo.

La enorme capacidad desestabilizadora que genera el elevado grado de dolarización que caracteriza a la economía argentina constituye un rasgo estructural que no puede ser subestimado. La demanda de dólares para atesoramiento por parte de los argentinos se suma a la presión ejercida por la necesidad creciente de divisas del sector industrial y constituye una manifestación "autóctona" del fenómeno de la financierización. Se trata de una circunstancia cuya importancia tiene la misma jerarquía que el problema del intercambio desigual o el endeudamiento externo sin contrapartida a la hora de explicar la restricción externa que condiciona las posibilidades del desarrollo.

Cuando en el año 2011 se hizo manifiesta la insuficiencia de dólares asociada al achicamiento del superávit de la cuenta corriente y la persistencia de la fuga, se decidió regular el acceso de los particulares al atesoramiento en moneda extranjera.

Aún en un contexto histórico relativamente favorable –consecuencia del ciclo de precios altos de los commodities– y con cierto nivel de desacople respecto a la dinámica del proceso de financierización, la economía argentina volvió a experimentar el cuello de botella característico de la condición de subdesarrollo: la escasez de dólares. El modelo se había quedado "corto"; así lo evidenciaban los fuertes desequilibrios en el entramado industrial y el déficit energético. El crecimiento se lentificó mientras que la tasa de inversión, que nunca logró un ritmo acorde con un programa de desarrollo económico, se contrajo. La puja distributiva por su parte, se sumó a otros factores para cristalizar un nivel de inflación incompatible con la estabilidad macroeconómica.

Ahora bien, analizar críticamente los problemas que derivaron de la implementación de la regulación cambiaria lejos de impugnarla debería contribuir a pensar los caminos posibles para desandar el proceso de dolarización que atraviesa el funcionamiento de la economía argentina. No es tarea sencilla y su abordaje trasciende ampliamente la esfera de la política económica. Lo que no puede ignorarse es que la pulsión "cultural" que caracteriza a los ahorristas argentinos a utilizar el dólar como reserva de valor es inconsistente con las posibilidades del desarrollo económico porque supone una filtración de excedente fuera del circuito de la acumulación productiva interna y la distribución del ingreso.

Sin duda el "cepo" se transformó en el chivo expiatorio de un cúmulo de problemas estructurales de difícil resolución. Pareció, entonces, que la simple liberalización de la cuenta capital podría representar la solución a todos los problemas de la economía argentina.

## 6. Un nuevo ensayo:
## el retorno a la lógica de la valorización financiera

A partir de diciembre de 2015, se asiste en nuestro país, a un tercer ciclo neoliberal que ha reinstaurado la hegemonía de la valorización financiera. Es ciertamente en el frente monetario-cambiario donde el proyecto del gobierno de la Alianza Cambiemos ha avanzado más raudamente, con el restablecimiento de un aceitado andamiaje al servicio del negocio financiero. El BCRA avanzó en el desmantelamiento de todas las regulaciones al ingreso y salida de capitales (nacionales y extranjeros) y amputó el objetivo múltiple del BCRA que, entre otras cosas, se reflejó en la liberalización de las tasas de interés y de la asignación del crédito.

La liberalización de la cuenta capital constituyó el puntapié inicial en la recreación de un ambiente propicio para los negocios financieros. A su turno, la opción por un régimen de metas de inflación le permitió al BCRA justificar una política de fuerte esterilización monetaria, altas tasas de interés y flotación cambiaria que sembró el terreno para la enorme burbuja especulativa que se armo en torno a las Lebacs y otros títulos del gobierno. La más reciente regla monetaria impuesta por el BCRA –variación cero de la base monetaria– generó un nuevo salto de la tasa de interés, aliviando transitoriamente las presiones cambiarias. Estas opciones estratégicas suponen una cesión de soberanía desde el Estado hacia el capital financiero. La apertura de la cuenta capital y la desregulación cambiaria y financiera implican una pérdida de margen de maniobra del BCRA para definir variables tan relevantes como la tasa de interés y el tipo de cambio. Esa atribución está crecientemente en cabeza de los grandes operadores financieros (el "mercado"). Estamos asistiendo a evidencias "de manual" relacionadas con la imposibilidad que enfrenta la autoridad monetaria para manejar la tasa de interés y el tipo de cambio, en un contexto de liberalización plena de los movimientos de capital.

El endeudamiento en moneda extranjera y el ingreso de capitales golondrina constituyen los placebos que transitoriamente disimulan la ampliación del desequilibrio externo. Sin embargo, es cada vez más evidente que la sostenibilidad del esquema de endeudamiento-fuga que se ha vuelto a montar en la Argentina está crecientemente subordinada a las conductas de dolarización y desdolarización de excedentes de los residentes, esto es, la fuga de capitales doméstica. En efecto, así como la compra de divisas para atesoramiento en cabeza de los argentinos se ha transformado por su volumen en la segunda fuente de demanda en el mercado de cambios (después de las importaciones), también la venta de dólares (desdolarización de portafolios) por parte de los residentes se constituyó, en los dos últimos años, en la tercer fuente de dólares después del endeudamiento y las exportaciones. En cuarto lugar se ubica el ingreso de capitales financieros de corto plazo que mayoritariamente entran al mercado para realizar operaciones de *carry trade*.

En consecuencia, a la hora de evaluar hasta cuándo se puede sostener esta dinámica apoyada en la ampliación de la brecha externa, no solo hay que considerar los espacios que tiene el gobierno para seguir tomando deuda en los mercados internacionales o la disponibilidad de capitales de cartera externos sino que también hay que ponderar cuál será la conducta de los "inversores" locales. Como ya se ha evidenciado en otros episodios de stress financiero y cambiario, el origen nacional o extranjero de los flujos no los diferencia demasiado respecto a su reacción frente a cambios en los rendimientos de la operatoria, percepciones de riesgo soberano o cimbronazos en los mercados financieros globales.

En la búsqueda por darle profundidad al mercado financiero doméstico, la conducción económica ha avanzado en una creciente desregulación, ampliando los nichos para que se desenvuelva el proceso de financierización. La vocación oficial por relajar las condiciones de colocación de los fondos que integran el Fondo de Garantía de Sustentabilidad (FGS), el impulso a la securitización de créditos hipotecarios o la decisión del Banco Central de abstenerse de regular a las FINTECH, constituyen expresiones de la avanzada desregulatoria que busca estimular el despliegue de nuevos negocios financieros.

El Banco Central justifica su decisión de resignar atribuciones regulatorias recurriendo al trillado argumento ortodoxo que asigna al desarrollo del mercado de capitales un efecto positivo sobre la disponibilidad del crédito y aboga para que "no se inhiban innovaciones que pueden redundar en beneficios para los consumidores". Sin embargo, todavía están a la vista las consecuencias de la crisis financiera internacional, emergente de una burbuja de crédito (y de sus derivados financieros), inconsistente con las condiciones objetivas de solvencia de las empresas y las familias.

En el actual escenario, una ampliación del universo de tomadores de crédito, particularmente en el estrato de menores ingresos, pero también incluyendo otros sectores sociales como aquellos que han tomado los créditos hipotecarios UVA, terminará aumentando la vulnerabilidad de los deudores. Peor aún en un contexto general de creciente regresividad distributiva.

Transcurridos poco más de dos años de la nueva orientación estratégica del Banco Central ya se advierte un cambio en la composición de los préstamos que pone de manifiesto una reducción de la participación de las empresas y un aumento del endeudamiento de las familias. En relación a la masa salarial sus niveles son los más altos de los últimos diez años. Se trata de una tendencia que puede ser positiva siempre y cuando el crédito acompañe y complemente la capacidad de ingresos de los hogares. Supone todo lo contrario si los préstamos pasan a constituir un mecanismo que reemplaza de manera más permanente un recorte en los ingresos de las familias. Como ya mencionamos, la experiencia internacional enseña que el aumento del crédito como forma de paliar los fenómenos de regresividad distributiva y de deficiencia de demanda, a la larga terminan incubando condiciones de inestabilidad financiera y agudización de los problemas de estancamiento crónico.

## Referencias bibliográficas

Díaz Alejandro, C. (1984) "Good-bye financial repression, hello financial crash". *Journal of Development Economics*, *19* (1-2), 1-24.

Eatwell, J. y Taylor, L. (2005) *Finanzas globales en riesgo: un análisis a favor de la regulación internacional*. Buenos Aires: Siglo XXI Editores y CEFIDAR.

Furceri, D. y Loungani, P. (2015) *Capital Account Liberalization and Inequality*. IMF Working Paper WP/15/243.

Kaltenbrunner, A. y Painceira, J.P. (2016) "International and Domestic Financialisation in Middle Income Countries: The Brazilian Experience. Financialisation, economy, society and sustainable development". *FESSUD Working Paper Series* n° *146*.

Kaminsky, G.; Reinhart, C. y Vegh, C. (2004) "When it Rains, it Pours: Procyclical Capital Flows and Macroeconomic Policies". *NBER Working Paper* n° 10780.

Krugman, P. (1996) "Are Currency Crises Self-Fulfilling?". *NBER Macroeconomics Annual 1996*, *11*, 345-407. MIT Press.

Palley, T. (2018) "Re-theorizing the welfare state and the political economy of neoliberalism's war against it". Disponible en: <https://www.boeckler.de/pdf/p_fmm_imk_wp_16_2018.pdf>.

Powell, J. (2013) "Subordinate Financialisation: A study of Mexico and its non-financial corporations". Disertación de doctorado. SOAS, Londres.

Rodrik, D. (1998) "Who needs capital-account convertibility?". *Essays in international finance*, 55-66. International Finance Section, Princeton University.

Stiglitz, J.; Ocampo, J.A.; Spiegel, S.; French-Davis, R. y Nayyar, D. (2006) *Stability with Growth: Macroeconomics, Liberalization and Development*. London: Oxford University Press.

Stockhammer, E. (2013) "Why have wage shares fallen? A panel analysis of the determinants of functional income distribution". *Conditions of Work and Employment 35*. Ginebra: Organización Internacional del Trabajo.

# 3 / Financierización, inestabilidad y crisis. Las consecuencias del valor financiero en la Argentina

*Pablo I. Chena[1] y Emilia Buccella[2]*

## 1. Introducción[3]

E l crecimiento del poder financiero a nivel mundial impone nuevas formas de valorizar el capital para consolidar su hegemonía. Estos criterios reinantes, que denominamos valor financiero, desplazan al proceso de valorización de las teorías tradicionales, que hacen eje en el trabajo (teoría objetiva del valor) o en la utilidad que genera el consumo de mercancías (teoría subjetiva), para colocarlo en el dominio del tiempo. Los flujos de ingresos se descuentan al presente a una cierta tasa de interés para convertirse en capital (Fisher, 1930), y esta tasa de descuento es el eje del poder de las finanzas para dominar la valorización.

Dicha concepción modifica los comportamientos imperantes en el sistema económico y es performativa de una nueva etapa del capitalismo. En el presente capítulo nos proponemos explorar, a través del concepto teórico amplio de financierización, los cambios que la acumulación de capital "ficticio" conlleva en términos macro y microeconómico, en la búsqueda de similitudes y diferencias entre los países desarrollados y subdesarrollados. Para evaluar las consecuencias económicas y sociales de la financierización nos valemos especialmente de los desarrollos teóricos de Minsky (1975, 1982, 1986, [2008]) y sus continuadores

1 Investigador Leset-IdiHCS-CONICET. Profesor de Economía Fahce-UNLP. pablochena@gmail.com

2 Licenciada en Economía. Becaria doctoral CEIL-CONICET. emilia.buccella@gmail.com

3 Agradecemos los valiosos comentarios del profesor Jaime Marques-Pereira a la versión preliminar de este capítulo. Los errores u omisiones que aún persistan en el mismo son exclusiva responsabilidad de los autores.

sobre la Hipótesis de Inestabilidad Financiera, con la cual interpretamos la dinámica de la economía argentina durante el siglo XXI.

El capítulo consta de cinco secciones. En la siguiente se analiza el proceso de financierización y sus rasgos característicos en los países desarrollados y subdesarrollados. La tercera estudia los canales de inestabilidad financiera, con especial foco en las particularidades que los mismos adoptan en los países subdesarrollados. La cuarta analiza la experiencia argentina desde comienzos del siglo XXI a través de la relación entre financierización, hipótesis de inestabilidad financiera de Minsky y restricción externa. Por último, se esbozan las principales reflexiones que podemos extraer del capítulo.

## 2. Complejidades de la financierización: similitudes y diferencias del proceso entre países desarrollados y subdesarrollados

Las consecuencias económicas y sociales de la desregulación acelerada de los flujos financieros a escala global, que comenzó a fines de los años setenta y se exacerbó en los años noventa, pusieron en primer plano y complejizaron las miradas optimistas y pesimistas existentes sobre los mercados financieros y su función en la economía.

La literatura que promueve la supremacía de las finanzas en la economía destaca como principal argumento que el mercado financiero asigna los recursos de manera más eficiente que el Estado y las grandes corporaciones. Por lo tanto, orientar el gobierno corporativo y estatal a satisfacer los intereses de los accionistas y tenedores de bonos en el mercado beneficia a la sociedad en su conjunto. La teoría principal-agente (Jensen y Meckling, 1976), donde el principal es el accionista y el agente la conducción corporativa, busca convalidar teóricamente esta idea y mostrar la ganancia de eficiencia económica global que genera el control de la asignación de los recursos corporativos por parte del mercado de capitales (Lazonick y O´Sullivan, 2000).

> De acuerdo con la lógica de la teoría del valor para el accionista, si los gerentes corporativos no pueden asignar recursos para mantener el valor de las acciones, entonces el 'libre flujo de efectivo' debería distribuirse a los accionistas que pueden luego asignarlos a usos alternativos más eficientes. Dado que, en la corporación moderna con sus acciones cotizadas, estos accionistas tienen una relación de mercado con la corporación, el argumento económico para hacer distribuciones a los accionistas tiene que ver con la eficiencia de reemplazar el control corporativo sobre la asignación de recursos y los rendimientos por el control del mercado (Lazonick y O´Sullivan 2000, p. 28)

Dicha corriente además reconoce que no puede dar una respuesta definitiva (tanto teórica como empírica) a la pregunta sobre si las finanzas promueven o no el crecimiento de la economía real (Levin, 2005). Por un lado, destacan posibles impactos positivos al enfatizar que un sistema financiero desarrollado mejora las decisiones de asignación de los recursos porque produce información ex-ante sobre posibilidades de inversión, permite monitorear y controlar la gestión corporativa, mejora la diversificación del riesgo, moviliza el ahorro y disminuye los costos de transacción en el comercio de bienes y servicios (Levin, 2005). Sin embargo, estudios recientes en esta línea reconocen que el crecimiento acelerado del sector financiero tiene un impacto negativo en el incremento del ingreso per-cápita al alejar recursos humanos de la economía real para asignarlos a los servicios financieros (efecto *crowding out*) (Sahay y otros, 2015). Además, observan una relación no lineal entre el desarrollo del sector financiero y la productividad total de los factores, que puede ser positiva hasta cierta dimensión de las finanzas, para luego convertirse en insignificante o negativa. Un comportamiento similar se destaca en relación con la estabilidad macroeconómica (Sahay y otros, 2015).

Respecto a los países subdesarrollados, la literatura pro-liberalización financiera señala que la desregulación y apertura a estos flujos provoca una migración de capital hacia dichos países donde, debido a su escasez, obtienen mayor rentabilidad. Inspirados en modelos de tipo Stolper y Samuelson (1941) o Solow (1956), destacan que este impulso financiero acelera el crecimiento relativo de los países atrasados en una tendencia a la convergencia global.

A estos efectos se suman otros derivados de un mayor acceso a instrumentos de ahorro y crédito en los sectores populares (Levin, 2005). En este sentido, algunos autores destacan las ventajas sociales del acceso al crédito para sectores que antes no lo tenían, lo que redunda en una mejor asignación de recursos, mayores ingresos y menor desigualdad social (Galor y Zeira, 1993). Mientras que otros hacen hincapié en las ventajas de acceder a servicios y productos financieros para proteger los ahorros de los sectores vulnerables (como cuentas corrientes, cajas de ahorro y seguros). Según Barajas y otros (2017): "Los experimentos de campo demuestran que el acceso a cajas de ahorro aumenta el ahorro, el ingreso, el consumo, la productividad, el empoderamiento de las mujeres, la inversión en empresas y la inversión en atención médica preventiva" (Barajas y otros 2017, p. 35).

Sin embargo, un cúmulo cada vez mayor de evidencia teórica y empírica alerta sobre los daños significativos que causa en el tejido económico y social el crecimiento desmedido de las lógicas financieras. Este análisis, adelantado por Keynes (1963) y Minsky (1986), entre otros, se condensó luego en el concepto de financierización. A través del mismo, diversos autores destacan, desde las consecuencias de un cambio en el comportamiento de las grandes firmas no financieras a nivel microeconómico (priorizando los beneficios de corto plazo por sobre los de largo plazo) hasta una modificación radical en la regulación macroeconómica, con efectos en términos de estabilidad, crecimiento y distribución del ingreso (Stockhammer, 2004; Hein, 2010).

Más específicamente, a nivel microeconómico el proceso de financierización se refleja en un cambio de comportamiento de las grandes corporaciones no financieras, que dejan de lado los objetivos de mayor crecimiento, incrementos en la participación de mercado y mejores condiciones de trabajo, entre otros, para orientarse al único objetivo de maximizar permanentemente el valor de las acciones en el mercado. Esto se tradujo en una modificación en la estrategia global del gobierno corporativo que desplazó la política tradicional basada en retener utilidades y reinvertir en capital físico y humano por la premisa de recortar personal y distribuir dividendos (Lazonick y O'Sullivan, 2000), con el objetivo de revalorizar el precio de las acciones en el mercado. Dicha lógica se complementa con el uso de utilidades para recomprar las acciones de la propia empresa y el incremento en los ingresos del *management* con premios orientados a reforzar estos objetivos (Crotty, 1990; Lavoie, 1992).

En términos macroeconómicos, la literatura crítica destaca que la financierización genera volatilidad e inestabilidad unida a desequilibrios externos, burbujas especulativas y peligros de crisis financieras sistemáticas. Y que dicho escenario resulta propicio para nuevas demandas de activos financieros por parte de las empresas no financieras para cubrirse de estos riesgos endógenos, lo que incrementa la rentabilidad del sector financiero, incentiva la creación de nuevos instrumentos bursátiles y promueve su expansión. Dicha dinámica de reproducción ampliada acrecienta además el poder político de las corporaciones financieras para exigir mayor liberalización de los mercados, alimentando así un circulo socialmente vicioso, pero financieramente virtuoso (Epstein y Power, 2003).

Finalmente, un gran cúmulo de bibliografía alerta sobre los efectos perjudiciales de largo plazo que tiene sobre la economía este nuevo comportamiento de las grandes firmas, guiadas por la maximización del valor financiero. En la función de inversión tradicional, si el precio de mercado de una empresa crece por encima del costo de reposición de su capital, el gasto en bienes de inversión aumenta (financiado con fondos propios o con emisión de acciones) y esto impulsa la demanda agregada y el crecimiento (Tobin, 1976). Sin embargo, cuando el incremento en el precio de las acciones está impulsado endógenamente por la estrategia de utilizar los excedentes para distribuir dividendos, recortar personal y recomprar acciones, la inversión en la economía real no crece (Stockhammer, 2004). En cambio, si puede hacerlo temporalmente el gasto en consumo de los rentistas poseedores de esos títulos (accionistas o acreedores financieros), por el efecto riqueza positivo generado en el incremento de precios de los mismos, lo que estimula en el corto plazo el crecimiento sin inversión (Boyer, 2000; Bhaduri y otros 2006).

Sobre este último aspecto, el trabajo seminal de Boyer (2000) destaca que el dominio financiero se refleja en una norma que se impone desde los mercados financieros al resto de la economía a través de dos grandes canales. Por un lado, la exigencia de una rentabilidad de corto plazo a las empresas no financieras que disminuye sus oportunidades de inversión productiva. Por otro, la imposición de fuertes presiones para disminuir la masa salarial, a través de caídas en el salario real, despido de trabajadores y/o aumentos en la productividad. Con un modelo dinámico de corto plazo de economía cerrada (inspirado en Estados Unidos durante la década de los noventa), Boyer (2000) destaca que bajo esta nueva configuración de supremacía institucional de las finanzas globales las posibilidades de estancamiento económico secular crecen junto a la inestabilidad macroeconómica y la desigualdad social.

A lo anterior se suma que la financierización alimenta una expansión acelerada del crédito para consumo de las familias. Bhaduri y otros (2006) analizan este fenómeno y destacan que, en el corto plazo, esto puede generar una relación positiva entre el crecimiento de la economía virtual (financiera) y su contraparte real. Sin embargo, con el paso del tiempo el ratio deuda / ingreso tiende a aumentar y esto restringe, a partir de cierto nivel, el nuevo financiamiento. En paralelo, las exigencias de repago de intereses a las familias crecen como contrapartida de la deuda. De esta manera, la restricción de crédito y el aumento en las obligaciones de repago hacen caer el ingreso disponible junto con el consumo, lo que frena el crecimiento de la demanda agregada.

Asimismo, el hecho estilizado de altas tasas de interés y caída en el salario real, propias del proceso de financierización y exacerbadas en períodos de inestabilidad y crisis financiera, aumentan la desigualdad social (Diwan, 2001). Como consecuencia, la mayoría de los países que tienen configuraciones estructurales del tipo *wage-led growth*, ingresan en senderos de estancamiento o de crecimiento breve y volátil (ver capítulo 1 de Stockhammer en este libro).

## II.1 El caso de los países subdesarrollados

En la sección anterior evidenciamos que en los países desarrollados (particularmente en Estados Unidos) la financierización comienza con un cambio de comportamiento en el gobierno corporativo en la búsqueda de maximizar el valor financiero (Lazonick y O´Sullivan, 2000); que luego se traslada a las familias a través del crédito al consumo financiado por un efecto riqueza positivo (producto de la inflación en el precio de los activos). Este último efecto puede, temporalmente, compensar (o sobrecompensar) el impacto adverso que tiene la caída sistemática del salario real, pero la dinámica de repago de la deuda y el racionamiento del crédito comienzan a revertirlo.

En el caso de los países subdesarrollados el proceso es algo diferente, la financierización llega de la mano del poder político de las finanzas para modificar instituciones económicas claves de la regulación monetaria: como el Banco Central y las instituciones financieras, sumado a un proceso de apertura sin restricciones a los flujos financieros internacionales (Marques-Pereira, 2012). En el caso del Banco Central, como institución principal, se le impone el objetivo único de resguardar el valor de la moneda, se lo independiza del poder político local y se le prohíbe financiar al tesoro en moneda doméstica (Chena, 2015). Comienza entonces a promoverse desde allí una regla monetaria asociada al endeudamiento externo con altas tasas de interés real, sumada a la liberalización de la cuenta capital y financiera y una política cambiaria de administración fija o cuasi fija del tipo de cambio nominal.[4] Para que el proceso de creación de valor financiero funcione correctamente la "regla de oro" es que la tasa de devaluación, los incrementos salariales y la inflación deben ser menores a la tasa de interés de referencia de la Autoridad Monetaria.

En el gráfico 1a se puede observar que la matriz distributiva neoliberal, con supremacía de la renta financiera (tasa de interés) por sobre los ingresos de las otras clases sociales, fue característico de la Argentina financierizada de las década del noventa y comienza a replicarse a partir de 2016. El gráfico 1b, permite apreciar que esta imposición distributiva tiene, como contrapartida, una acumulación acelerada de deuda cuya insostenibilidad disparó la crisis de 2001-2002. Por otra parte, en línea con Boyer (2000), ambos gráficos muestran la correlación inversa que existe entre la tasa de interés y la evolución del salario nominal y real.

---

4    Para acelerar el proceso de endeudamiento en moneda extranjera se desregula el comercio exterior con tipo de cambio apreciado. Esto incrementa el déficit de cuenta corriente y la demanda de divisas en los mercados financieros.

**Gráfico 1: Tendencia distributiva por clase social y dinámica de la acumulación de deuda externa y de la producción en la Argentina 1993-2017**

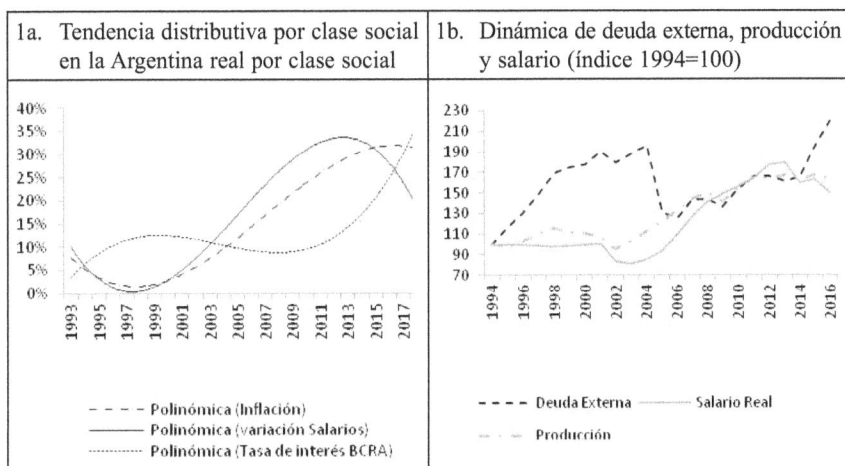

| 1a. Tendencia distributiva por clase social en la Argentina real por clase social | 1b. Dinámica de deuda externa, producción y salario (índice 1994=100) |
|---|---|
|  |  |
| - - - - Polinómica (Inflación)<br>—— Polinómica (variación Salarios)<br>··········· Polinómica (Tasa de interés BCRA) | - - - - Deuda Externa    —— Salario Real<br>— · — Producción |

Fuente: Elaboración propia en base a Ministerio de Hacienda y Banco Central de la República Argentina

La nueva unidad de cuenta (numerario), que surge como consecuencia de la matriz distributiva impuesta desde el poder financiero, se extiende por los mercados como un sistema de precios relativos. Este novedoso esquema de equivalencias puede ser aceptado por la sociedad y convertirse en equivalente general, lo que se ratifica a través de intercambios en los mercados. O puede ser rechazado, lo que se refleja en una insuficiencia de gasto (o exceso de ahorro) e inestabilidad de precios.

Si dicha "revolución financiera" de los valores logra estabilizar el conflicto social, la actividad económica pasa a depender del "humor" de los mercados financieros internacionales, como se puede apreciar en el gráfico 2 a través del indicador de riesgo país. De esta forma, se consolida institucionalmente un modelo de crecimiento liderado por las finanzas, donde el nivel de riesgo país funciona como un veredicto financiero que bloquea o promueve un determinado nivel de actividad económica, según se corresponda o no a sus objetivos de reproducción ampliada. La dinámica de acumulación puede resultar inestable, como se observa para la Argentina durante el período 1994-2001 (gráfico 2); o llevar a un estancamiento secular de largo plazo, como destaca Stockhammer en el capítulo 1 de este libro.

Gráfico 2: Tendencia de la tasa de variación interanual del PBI e Indicador de Riesgo País EMBI+ (1994-2001)

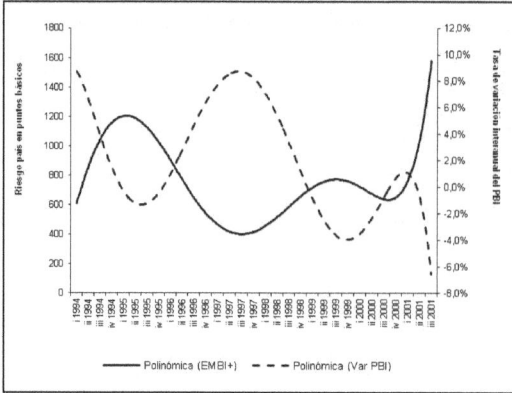

Fuente: Elaboración propia en base a Ministerio de Hacienda y J.P. Morgan

Para explicitar mejor la relación entre la dinámica del sistema financiero, la restricción externa y las crisis en el régimen de acumulación en la Argentina, la sección siguiente profundiza el estudio de los mecanismos endógenos de inestabilidad macroeconómica generados por la financierización en base a los aportes teóricos realizados por Minsky.

## 3. Financierización e inestabilidad cíclica en Minsky

La diferencia fundamental entre el concepto de liberalización financiera y la crítica al mismo, condensada en el concepto de financierización, tiene entre sus orígenes la correspondencia de cada uno a premisas contextuales irreconciliables entre sí: riesgo e incertidumbre (Chena y otros, 2018a).

En esta controversia, la decisión de la teoría neoclásica de reducir el escenario de incertidumbre a un caso particular de riesgo fue rechazada radicalmente por Keynes (1963) y luego por sus seguidores poskeynesianos. "Las decisiones humanas que afectan el futuro (...) no pueden depender de la previsión matemática estricta, desde el momento que las bases para realizar semejante cálculo no existen" (Keynes 1963, p. 160).

Una de las principales consecuencias de la distinción entre riesgo e incertidumbre radica en que las reglas de comportamiento que adoptan los agentes económicos son distintas. En escenarios de certidumbre/riesgo las conductas se rigen por la optimización. En contextos de incertidumbre, tal como señala

Keynes (1963), los hechos que tienen lugar en el presente forjan desproporcionadamente las expectativas de largo plazo sobre las cuales se toman decisiones, dada la carencia de información sobre el futuro.

De lo anterior se desprende la construcción de la regla de valorización financiera tradicional, la cual supone que la valuación actual de los activos en base a la información disponible es correcta y que tal situación existente en los negocios se mantendrá estable por tiempo indefinido a menos que surjan motivos confiables que la modifiquen (Keynes, 1963).

## 3.1. De la incertidumbre a la inestabilidad. Minsky y el ciclo financiero

La teoría de las crisis económicas de Minsky explica que los períodos de crecimiento relativamente estables conducen a estructuras financieramente más frágiles y auges especulativos que provocan inestabilidad y terminan en recesiones profundas (Minsky, 1975, 1982, 1986 [2008], 1992a, 1992b). En el marco teórico del autor, la regla del valor financiero gobierna las fases de "calma", por lo que comienzan a adoptarse prácticas financieras más riesgosas que acrecientan la inestabilidad del sistema.

De acuerdo con Minsky, el aumento de la fragilidad financiera obedece a factores endógenos. Uno de ellos está relacionado a la forma en que se financia la inversión y el proceso de apalancamiento de las unidades económicas. Para esto, caracteriza a la inversión como la actividad por la cual tiene lugar un desembolso de dinero para producir bienes de capital que serán utilizados en el proceso productivo y que se espera, a partir de la venta de los bienes finales, genere un flujo de beneficios que denomina *cuasi-rentas*. De esta manera, el precio de mercado de un activo de capital se construye en base a las expectativas corrientes sobre ganancias futuras y la forma en que las rentabilidades esperadas son convertidas a valor presente.

Por otra parte, Minsky comparte la concepción de Schumpeter (1957) del empresario como "deudor por naturaleza"; dado que los beneficios por ventas generados en periodos anteriores (*cuasi-rentas*) no son suficientes para financiar el gasto en bienes de capital actual. Por lo tanto se requiere, como condición necesaria, del crédito para financiar la inversión.

De esta manera, su teoría propone una relación temporal compleja en la cual la inversión de hoy valida las decisiones tomadas ayer y las expectativas sobre un futuro incierto afectan la capacidad de cumplir los compromisos que se tomaron al financiar los activos de capital existentes.[5] Dado que el ritmo de la inversión condiciona las ganancias brutas de la producción, la inversión actual determina el flujo de efectivo disponible para hacer frente a los contratos financieros contraídos en el pasado. De este modo, la presencia de escenarios de estabilidad económica dependerá de que el ingreso de capital (inversión) sea suficiente para validar las deudas pasadas (Minsky, 1986).

Una de las formulaciones centrales de la obra de Minsky, la Hipótesis de Inestabilidad Financiera, señala que durante los periodos de tranquilidad el apalancamiento de las firmas tiende a incrementarse. El sobrendeudamiento es explicado por el autor mediante una taxonomía construida en base a la relación entre renta y deuda para las unidades económicas: *Hedge, Speculative* y *Ponzi*. Conforme las firmas se desplazan desde el primero hacia el último la fragilidad financiera aumenta. De esta manera, se erige una inestabilidad de tipo endógena caracterizada por la alternancia cíclica de periodos de tranquilidad, signados por un buen desempeño de la economía y un sistema financiero robusto; seguidos por inestabilidad, en los que se multiplican las operaciones financieras riesgosas que desencadenan una burbuja especulativa que termina en una crisis. En la sección siguiente se describe brevemente el pasaje de uno a otro estadio haciendo hincapié en los factores que gestan el desencadenamiento del colapso financiero.

## 3.2. Los ciclos de inestabilidad financiera según Minsky

El autor señala que la gestación de la inestabilidad comienza en un momento de buen desempeño económico, donde los crecientes beneficios generados en el proceso productivo y la relativa prudencia en la toma de préstamos provocan optimismo respecto al éxito de la mayoría de los proyectos. Dicho escenario acelera la demanda de inversión lo que conduce a un crecimiento exponencial del nivel de precios de los activos de capital.

Una de las características centrales de este periodo de robustez financiera es el patrón que adoptan las tasas de interés. De acuerdo con Minsky, en esta fase del ciclo las tasas de corto plazo son mucho más bajas que las de largo plazo, lo que permite multiplicar las oportunidades de rentabilidad para los bancos y otras unidades prestatarias mediante la utilización de la deuda a corto plazo para financiar posiciones en activos de capital y deuda a largo plazo. Esto conlleva

---

5    Aquí retoma la idea de Keynes sobre la importancia del dinero como eslabón entre el presente y el futuro (Keynes, 1963). En particular, el dinero como activo líquido permite saldar los compromisos de pago que adquieren los empresarios, hecho que constituye para Minsky un punto de partida en la determinación de las características del proceso de financiación de la inversión.

a la introducción de comportamientos especulativos que, dadas las visiones optimistas acerca del futuro, potencia el nivel de precio de los activos.

En la etapa de estabilidad la mayor parte de las unidades económicas[6] tienen financiación cubierta (Hedge), ya que se espera que las *cuasi-rentas* o los rendimientos de la tenencia de instrumentos financieros sean suficientes para cumplir con los compromisos contractuales en el presente y el futuro.

### 3.2.1. EL PASO A LA INESTABILIDAD ENDÓGENA

Las crecientes oportunidades de rentabilidad durante la fase estable conducen al desarrollo de un estado de euforia (desplazamiento) en la cual se gesta endógenamente el cambio de la robustez a la fragilidad financiera. El auge de la inversión y los beneficios revalúan al alza los precios de los activos de capital al considerarse que las valoraciones previas se basan en motivos erróneamente conservadores, lo cual anima a realizar nuevas inversiones asumiendo posiciones más riesgosas. De esta manera se acelera el crecimiento del crédito y se consolida un proceso sostenido de endeudamiento, a la par que el ratio deuda / capital aumenta.

En este contexto disminuyen las preferencias por la liquidez, lo que se traduce en una caída en la demanda de instrumentos financieros altamente líquidos y de bajo rendimiento, los cuales se devalúan e incrementan su tasa de rendimiento de corto plazo. El proceso se retroalimenta conforme se realizan nuevas inversiones, el saldo de efectivo deseado continúa cayendo y esto provoca nuevas subas en la tasa de interés de corto plazo.

Por otra parte, conforme avanza el desarrollo y la expansión del mercado de capitales, el financiamiento de corto plazo se orienta de manera creciente a financiar tenencias de acciones y bonos. En dicho escenario, un rápido aumento en las tasas de interés de corto plazo, por los motivos señalados, puede conducir a un incremento repentino en las tasas de largo plazo. Es decir, a una caída en los precios de bonos y acciones (Minsky, 1986).

Dado que el financiamiento de activos de capital involucrado implica compromisos contractuales que brindan financiamiento de corto para posiciones largas (descalce de plazos),[7] las subas en las tasas de interés afectan los costos de proyectos de inversión en marcha y el valor presente de las *cuasi-rentas* futuras. Es decir, comienzan a erosionarse los flujos de fondos que permiten hacer frente a compromisos de deuda crecientes.

---

6    El autor considera como unidades económicas a los hogares, las corporaciones y el gobierno en sus distintos niveles.

7    Minsky denomina a esta relación contractual como *money-now for money- later.*

Sin embargo, por un tiempo los mayores niveles de apalancamiento y el aumento del costo del crédito no detienen la burbuja debido a la inelasticidad de la demanda de crédito a la tasa de interés. Esto último se debe a que los revalúos de los rendimientos que se espera genere la inversión superan ampliamente, por lo general, las tasas de interés vigentes, dada la persistencia de buenas expectativas acerca del curso futuro de la economía.

### 3.2.2. LA CRISIS fiNANCIERA Y EL NUEVO CICLO

(…) Las depresiones más severas de la historia se presentan después de un periodo de buen desempeño económico, donde sólo ciclos menores perturban la expansión general de la economía. En la medida en que la economía se expande, siendo interrumpida sólo por desaceleraciones menores, la estructura de los pasivos de las empresas, los hogares y las instituciones financieras, cambia de tal manera que los compromisos de pago de deuda se incrementan en relación con el flujo de efectivo que se deriva del ingreso; incluso la proporción de aquellos activos cuyo valor de mercado es "seguro", declina en relación con el valor total de los activos en el mercado. (Minsky 1994, p. 178)

El deterioro en la solvencia provocado por la dinámica previa fuerza a muchas unidades económicas a, por un lado, reducir los niveles de inversión, y por otro, vender activos para poder financiar los servicios de deuda contraída; lo que reduce su precio de oferta. Esto trae como consecuencia un valor de los activos de capital que cae por debajo del precio de oferta de la inversión (precio de oferta de los bienes de capital).

A medida que la tasa de ganancia se desacelera o decrece frente a la tasa de interés la economía se desplaza a una estructura financiera frágil de tipo Speculative. En esta etapa los flujos de capital empiezan a desviarse hacia carteras especulativas en un intento de asegurar fondos para la inversión y el pago de servicios de deuda. Bajo este régimen, el valor presente esperado de los flujos de ingreso permite todavía cubrir los intereses, pero no el capital.

Finalmente, la crisis financiera se torna inminente cuando predomina el financiamiento de tipo Ponzi, en el cual las *cuasi-rentas* de la inversión previa no permiten cubrir ni el capital ni los intereses. Las opciones en este caso para pagar los compromisos de la deuda es la venta de activos o la toma de nuevos préstamos. Pero seguir ambas estrategias para pagar intereses (o incluso los dividendos de las acciones) reduce los recursos propios, al tiempo que hace crecer las deudas y los compromisos de pago futuros (Minsky, 1986, 1992a y 1992b). La tendencia a la baja de los precios de los activos lleva a una espiral de inversión y beneficios decreciente.[8] Una caída pronunciada en los precios de los activos es lo que desencadena finalmente el colapso.

El ciclo concluye cuando las tasas de interés de corto y largo plazo aumentan lo suficiente para generar retrocesos en las relaciones del valor presente. A menudo, esto ocurre después de que el aumento de la demanda financiada de manera especulativa eleva tanto las tasas de interés, los salarios y los precios de los bienes de producción que se erosionan los márgenes de ganancia y, por lo tanto, la capacidad de validar el pasado (Minsky, 1986).

En definitiva, la financierización de la economía en escenarios de incertidumbre potencia las reglas de valorización financiera tradicional en la medida que el buen desempeño económico actual forja de manera desmedida las expectativas sobre el futuro. Esto habilita crecientes comportamientos especulativos que terminan por convertir la bonanza económica en ciclos de inestabilidad y crisis financiera.

### 3.3. El Efecto Ponzi sobre los países subdesarrollados

Un cuerpo destacado de estudios abordó el análisis de la fragilidad financiera en las economías subdesarrolladas mediante la extensión de la Hipótesis de Inestabilidad Financiera. Estos trabajos sugieren que los límites al crecimiento y al empleo que supone un incremento desmedido del sector financiero se intensifican en economías pequeñas y periféricas cuando éstas promueven la apertura y desregulación financiera; destacando el papel de los flujos de inversión extranjera en la creación de fuertes escenarios especulativos. Así lo evidencian Arestis y Glickman (2002) para el sudeste asiático, de Paula y Alves (2000) para Brasil, Dymski (1999) Asia del Este y Schroeder (2002) para el caso tailandés.

Otra parte de la literatura hace foco sobre los movimientos internacionales de capitales de corto plazo como la causa de la inestabilidad financiera, por los efectos que tiene explotar el arbitraje no cubierto de tasas de interés sobre la volatilidad del tipo de cambio y el diseño e implementación de políticas económicas (Demir, 2009; Hardie, 2012; Powell, 2013). Este arbitraje afecta de manera significativa la moneda nacional, lo que vuelve aún más inestable el tipo

---

8    Minsky reconoce que los deseos de elevar el apalancamiento y de moverse a posiciones más especulativas pueden verse retrasados si las cuasi rentas realizadas terminan siendo más favorables de lo esperado, alterando así la relación entre el efectivo recibido y los compromisos de pago que habían sido anticipados. El autor admite que un auge de la inversión puede elevar la demanda agregada y el gasto (por el efecto multiplicador) y así generar más ventas de las proyectadas, lo cual puede ralentizar la llegada del desenfreno especulativo, aunque no impedirla.

de cambio, acrecentando los niveles de volatilidad macroeconómica (Epstein y Yeldan, 2008). Estas prácticas se refuerzan, tal como sostiene Medialdea (2013), por la dependencia de muchas economías subdesarrolladas del ingreso de capitales externos, lo que presiona a que las políticas públicas se orienten a garantizar rendimientos financieros atractivos.

En este sentido, Foley (2003) y López y otros (2006) coinciden en afirmar que la apertura y desregulación de la cuenta capital habilita comportamientos especulativos que deterioran los ratios de solvencia y liquidez, despertando crecientes dudas acerca de la capacidad de tales economías de hacer frente al endeudamiento externo y de la sostenibilidad del tipo de cambio vigente. En dicho escenario, los Estados ejercen un rol central en la generación de las condiciones que permiten emerger e instaurar procesos de financierización de la economía, al mismo tiempo que la propia imposición de las finanzas restringe su capacidad de acción política, la cual queda subsumida a la lógica del capital especulativo (Palley, 2007). Correa y otros (2012) y Hardie (2012) destacan como una de las características centrales del proceso de financierización en economías subdesarrolladas la creciente deuda pública nacional.

Medeiros (2010), por ejemplo, caracteriza a los procesos de endeudamiento latinoamericano como autónomos y estructurales,[9] al aseverar que existe un exceso de flujos financieros por encima de las necesidades reales. Para este autor, los motivos para una acumulación excesiva de derechos en moneda extranjera descansan en dos preceptos. El primero se asocia a escenarios de baja tasa de interés y exceso de liquidez internacional, en el que bancos y gobiernos de los países centrales presionan a los países periféricos para contraer deuda a través de un mecanismo de "coacción prestamista". El segundo, que describe como "el pecado original", se haya vinculado a factores históricos y políticos que explican las decisiones de los gobiernos de contraer deudas excesivas[10] (México fines de los setenta y principios de los ochenta, Argentina y Uruguay en los noventa son algunos ejemplos). De acuerdo con estos criterios, "el sobrefinanciamiento a través de préstamos externos (o pasivos denominados en moneda extranjera) se

---

9    Con esto el autor hace referencia a que no existe un vínculo necesario entre el endeudamiento y una tasa mayor de inversión. Un proceso impulsado desde los bancos acreedores y los demandantes de divisas por efecto riqueza puede generar comportamientos especulativos sin correspondencia con la economía real.

10   La idea del "pecado original" hace referencia por un lado al vínculo entre los niveles de apalancamiento de las economías latinoamericanas y las imposiciones de los mercados de capital internacionales. La otra es la restricción fiscal y de crédito interno asumida por los países periféricos como reglas de juego del sistema monetario internacional en una economía abierta y financieramente integrada.

vuelve sobrenedeudamiento si éste pone en compromiso la solvencia externa, y el correspondiente aumento de la liquidez acentúa la fragilidad del sistema financiero del país periférico" (Medeiros, 2010, p. 192). La interacción de ambos factores puede traer aparejada una trayectoria de fragilidad financiera que convierte a un Estado financieramente cubierto en un deudor Ponzi.

## 4. La experiencia argentina en el siglo XXI

Los momentos de inestabilidad financiera de los gobiernos desarrollistas de la Argentina durante el siglo XX están, por lo general, asociados con problemas de balanza de pagos (ejemplo: 1975, 1988-89 y 2015). Este hecho facilitó a los gobiernos liberales y neoliberales que los sucedieron la posibilidad de acelerar la agenda de apertura comercial y financiera, con el justificativo de atraer los capitales externos necesarios para financiar los déficits gemelos (externo y fiscal) y estabilizar la economía en el corto plazo (Gobierno Militar 1976-1983; Menem 1989-1999, Macri 2016).

Sin embargo, los recursos que ingresaron tradicionalmente por esta vía fueron a financiar la acumulación de capitales domésticos en el exterior, lo que agravó los desequilibrios macroeconómicos señalados. Dicha "bicicleta financiera" condujo históricamente a la Argentina a un endeudamiento cíclico que aceleró el financiamiento de tipo Ponzi, al tiempo que aumentó la posibilidad de una crisis de balanza de pagos para ajustar, a través de un shock distributivo regresivo, la absorción interna y equilibrar las cuentas externas (ej. año 1981 con la salida de la "tablita de Martínez de Hoz" y año 2002 con la devaluación que termina con la ley Convertibilidad).

La Argentina del siglo XXI no está exenta de esta historia y de las etapas del ciclo económico-financiero *a la Minsky* que hemos analizado. En estos casos, la economía transcurre desde un escenario de robustez externa a otro de supremacía de los comportamientos especulativos, para terminar en un escenario Ponzi acelerado (Gráfico 3). A continuación presentamos una descripción de dichos comportamientos:

• Primera etapa, de financiación cubierta, caracterizó al periodo 2006-2009 y se destaca por un importante superávit de balanza comercial que permitió cumplir con los compromisos de deuda externa e intereses.
• Segunda etapa, de financiamiento especulativo, se extiende entre 2010 y 2014 (Chena y otros, 2018b). Durante esta fase el superávit de balanza comercial permitió cubrir una parte decreciente de los intereses de la deuda externa.

- La tercera etapa, con financiamiento tipo Ponzi, comienza en 2015 y se acelera debido a un déficit de la balanza comercial y de cuenta corriente que crece exponencialmente producto de la apertura comercial y la desregulación financiera.

**Gráfico 3: Saldo balanza comercial y cuenta corriente 2006-2017 (en millones de U$S)**

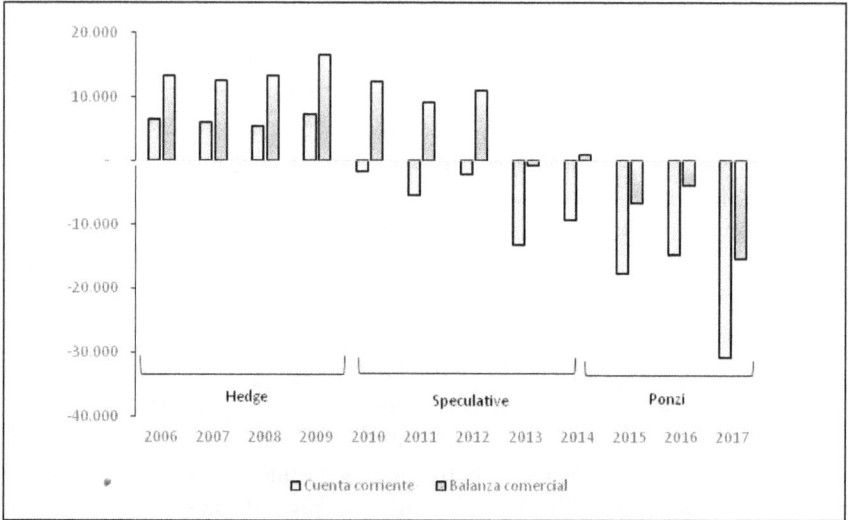

Fuente: Elaboración propia en base a INDEC y Banco Central de la República Argentina

## 4.1. La Argentina Financieramente Cubierta (2006-2009)

La devaluación del tipo de cambio real en 2002, luego de la crisis de deuda externa, provocó un mejoramiento en el precio relativo de los bienes transables que, junto a la contracción inicial de las importaciones, el incremento cuantitativo de las exportaciones y un alza sostenida del precio de los commodities, dio lugar a un superávit de cuenta corriente durante esta etapa.

El saldo comercial positivo (gráfico 3) redundó en una importante acumulación de reservas internacionales. Esto permitió iniciar un proceso de desendeudamiento que transformó la economía Ponzi heredada de la etapa de Convertibilidad en una Financieramente Cubierta. Consolidada luego por la renegociación de la deuda pública con quita en 2005 y 2010, junto a la cancelación anticipada del capital adeudado al Fondo Monetario Internacional en 2006. Así, la deuda pública nominada en moneda extranjera, que equivalía al

109,6% del PBI en 2002, pasó al 33,7% en 2005 (Basualdo y otros, 2017). A esto se agrega la pesificación asimétrica de los depósitos y deudas bancarias y la implementación de un esquema cambiario de flotación administrada que permitió recuperar autonomía para la utilización de instrumentos de política cambiaria, monetaria y fiscal.[11]

Transcurrida la crisis se inicia un proceso de recuperación a partir del cual la economía doméstica adquiere gran dinamismo. Entre 2003 y 2008 el PBI creció en promedio 8%, explicado por la expansión de la demanda tanto interna como externa. El cambio abrupto en el comportamiento de la formación bruta de capital fijo en 2003 (la inversión se expandió un 38,2% ese año) estuvo acompañado por crecientes beneficios en el sector productivo. Esto creó expectativas favorables acerca del éxito de la mayoría de los proyectos de inversión, lo que aceleró su demanda hasta 2008. Tal escenario se vio convalidado por una baja tasa de interés de corto plazo (en promedio 7%), combinada con un tipo de cambio estable y salarios reales en alza, como consecuencia de una nueva relación salarial organizada institucionalmente a través de la reinstauración de los convenios colectivos de trabajo (Panigo y otros, 2010).

**Gráfico 4: Formación bruta de capital fijo (variación interanual) y tasa de interés de corto plazo (2001-2009)**

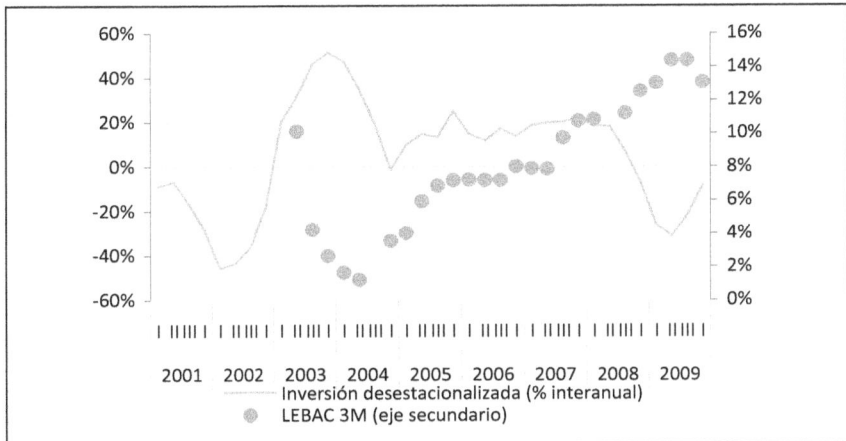

Fuente: Elaboración propia en base a INDEC y Ministerio de Hacienda

---

11   Asimismo, se implementó una normativa que obligaba a liquidar exportaciones superiores a un millón de dólares lo que le permitió al Banco Central acumular reservas e intervenir en el mercado de cambios.

Entre 2002 y 2007 se exhibe una aguda recomposición del aparato industrial recuperando parte de su incidencia en materia distributiva (Coatz y otros, 2015).[12] Las actividades que integran el entramado manufacturero se expandieron en su mayoría, con crecientes niveles de inserción en los mercados internacionales. Las ramas que realizaron una mayor contribución al crecimiento fabril entre 2002 y 2008 fueron la agroindustria, la automotriz, el enclave ensamblador de electrónica de consumo en Tierra del Fuego, las productoras de commodities e insumos intermedios (siderurgia, aluminio primario, química básica, cemento, etc.) y la industria de maquinaria y equipo (fundamentalmente maquinaria agrícola) (Azpiazu y Schorr, 2010).

El último tramo del periodo de financiación cubierta estuvo signado por cambios en el contexto internacional y en las expectativas internas y globales. Por un lado, el desencadenamiento de la crisis de las hipotecas *subprime* en Estados Unidos en 2008 y, a nivel local, el conflicto entre el gobierno nacional y las patronales del sector agropecuario por la Resolución N°125 dictada por el Ministerio de Economía, cuyo objetivo era modificar la modalidad del sistema de derechos de exportación mediante la implementación de retenciones móviles de acuerdo al valor internacional al que cotizaban los distintos *commodities* agrícolas.

La presión sobre las reservas internacionales producto de la fuga de capitales y el veto a la Resolución N°125 complejizaron el escenario económico. De esta manera, desde mediados de 2008 comienza a acelerarse la inflación y la formación de activos externos.[13] En este contexto, el año 2009 exhibió una contracción del nivel de actividad económica (-5,9%), junto a una suba de la tasa de interés (13,7%) y una caída abrupta de la inversión real (-22,6%) (gráfico 4).

---

12  Los autores señalan que en 2008 la dinámica de los distintos sectores industriales comenzó a ser más heterogénea. Aquellos vinculados al mercado interno experimentaron una desaceleración, mientras que el desempeño de ciertos sectores más concentrados, generalmente capital intensivos y con salida exportadora, continuó siendo muy bueno (Coatz y otros, 2015). Esto permitió que pese a la desaceleración de ciertos sectores la producción industrial se expanda 2,3% en 2008 frente a un 11% promedio entre 2003 y 2007. Asimismo, destacan los efectos de la crisis externa en el sector industrial. Las dos ramas que venían sosteniendo el crecimiento del sector manufacturero con importante inserción en los mercados internacionales, la automotriz y de metales básicos, sufrieron caídas superiores al 40/45% interanual durante 2008 y los primeros meses de 2009. La merma de la actividad industrial se profundiza hasta febrero de ese año, iniciando en septiembre una recuperación sostenida. A nivel agregado, la producción industrial cae 5,1% en 2009, expandiéndose 10,5% el año siguiente.

13  La formación de activos externos pasó de U$S 8.872 millones en 2007 a U$S23.098 millones en 2008, lo que equivale a un incremento del 160% (BCRA).

De esta forma, la etapa de Financiación Cubierta culmina cuando el saldo de la balanza comercial, como indicador del flujo de caja disponible para atender los compromisos de pagos externos asumidos, comienza a tornarse insuficientes para cumplir, por un lado, con las obligaciones contraídas por la inversión pasada (pago a los factores productivos y servicios de la deuda externa) y, por otro, con la mayor demanda de divisas motivo especulación y/o cobertura frente al cambio en las expectativas económicas (formación de activos externos del sector privado no financiero).

## 4.2. *La fase especulativa (2010-2014)*

La fase de financiamiento especulativo estuvo caracterizada por un superávit de balanza comercial que cubría una parte decreciente de los pagos netos de intereses de la deuda externa. Durante este periodo, el PBI se expandió a un ritmo menor al de la etapa previa (3% en promedio por año) sustentado en la expansión del gasto público –el cual adoptó un carácter anticíclico–, junto a mayores niveles de inflación y una tendencia a la apreciación (hasta 2014) del tipo de cambio oficial.

En el inicio de esta etapa las exportaciones de bienes se recuperaron luego de la contracción sufrida en 2009, producto de la crisis financiera internacional. No obstante, su crecimiento no resultó suficiente para compensar la mayor presión sobre la demanda de divisas. En 2007 y 2008 se registra un déficit comercial industrial que resurge sostenidamente a partir de 2010, vinculado al desempeño de la industria automotriz, al parque industrial de Tierra del Fuego y al sector de bienes de capital, junto a la aparición en 2011 de un significativo déficit de balanza comercial energética (Wainer, 2016).[14]

Asimismo, entre 2010 y 2011 se produce un crecimiento exponencial en la remisión de utilidades y dividendos al exterior (en la etapa de Financiación Cubierta este rubro promediaba U$S4.791 millones, mientras que en 2011 asciende a U$S 8.238 millones de acuerdo con cálculos propios en base a INDEC). Por otra parte, la formación de activos externos netos alcanzó en 2011 niveles cercanos a los de la crisis internacional de 2008-2009.[15]

---

14  El saldo de divisas proveniente del turismo también actuó como factor desequilibrante de la balanza comercial de bienes y servicios, especialmente a partir de 2012.

15  Mientras que en 2008 la formación de activos externos alcanzó U$S 23.098 millones, en 2011 fue igual U$S 21.054 millones. En ambos períodos, casi la totalidad de los activos colocados en el exterior fueron bajo la forma de compra neta de moneda extranjera (billetes) y otras inversiones de residentes en el exterior.

La continuidad de la política de desendeudamiento contribuyó a incrementar las tensiones en el mercado cambiario por falta de liquidez. La insuficiencia del ingreso de divisas genuinas, sumado al pago de deuda externa con reservas del Banco Central generó una caída persistente de los saldos de reservas internacionales durante esta etapa. La vulnerabilidad del sistema se hace visible desde 2011 y se intensifica a partir de 2013, tal como lo evidencia en el gráfico 5 el indicador de liquidez.[16, 17]

**Gráfico 5: Indicador de liquidez: relación de reservas internacionales (promedio de saldos cuarto trimestre) / deuda externa bruta del sector público no financiero, Banco Central y sector privado no financiero (saldos a fin de cuarto trimestre) (2002-2014)**

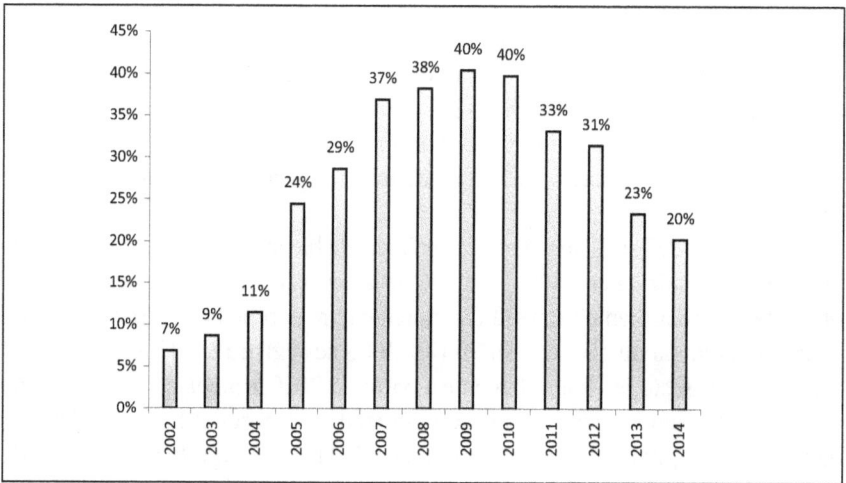

Fuente: Elaboración propia a Ministerio de Hacienda y Banco Central de la República Argentina

---

16  El indicador de liquidez está definido como la razón entre el volumen de reservas internacionales de que disponen las autoridades monetarias y el saldo de la deuda externa (FMI 2000b).

17  Cabe destacar que el comportamiento del ratio se explica también por el incremento sensible en el endeudamiento público tras la emisión de bonos con la reapertura del canje de deuda en 2010. A esto se agrega un incremento de la deuda a partir de 2014 por las emisiones en concepto de indemnización tras la expropiación del 51% del paquete accionario de YPF a Repsol, el acuerdo con el Club de París y el *swap* de monedas con China.

La tensión especulativa es advertida por el gobierno hacia mediados de 2009 que, para contrarrestar sus efectos, comienza a regularizar ciertos compromisos con los acreedores externos necesarios para el acceso a nuevo financiamiento. En este sentido, comienzan las negociaciones de la deuda pendiente con el club de París, la normalización de la situación judicial con las empresas extranjeras que habían obtenido fallos a su favor en el tribunal arbitral del Banco Mundial (CIADI) y la reapertura del canje de deuda pública en 2010. Si bien se lograron acuerdos parciales, la regularización de la situación externa se vio obstaculizada en 2014 por el fallo contrario a la Argentina en su litigio con los "fondos buitres".

Con el objetivo de contener el avance del régimen especulativo, las medidas previas se complementaron con un conjunto de regulaciones cambiarias y financieras. A fines de 2011 se aplica un régimen de regulación que impone ciertas restricciones a la compra de moneda extranjera sin fines específicos. Ese mismo año, se obliga a las firmas exportadoras petroleras y mineras –amparadas hasta entonces en un régimen promocional especial– a liquidar sus divisas en el mercado local y se agregan restricciones a las importaciones.[18] En 2012 se limita el acceso a divisas para empresas extranjeras con fin de remisión de utilidades y dividendos a sus casas matrices y se expropia el 51% del paquete accionario de YPF, lo que detiene el giro de utilidades de esta firma al exterior.

Si bien tales regulaciones permitieron morigerar la pérdida de reservas por motivos especulativos y la remisión de utilidades y dividendos, las mismas no lograron impedir el avance hacia escenarios de mayor inestabilidad. El año 2012 registra una mejora en el superávit de balanza comercial respecto al año previo, asociada principalmente a la imposición de diversas restricciones a las importaciones. Sin embargo, en 2013 se produce un importante deterioro en el saldo comercial debido a una caída en los volúmenes de exportaciones y un incremento en las importaciones.[19] Con estas medidas, resurgió además un mercado cambiario paralelo con una cotización superior a la del mercado de cambios oficial, que restringió aún más las liquidaciones en el circuito oficial e incrementó las expectativas de devaluación.

---

18  Entre las medidas más relevantes tomadas por la Secretaria de Comercio caben destacarse las Notas de pedido y Planes de exportación "1 a 1", la ampliación de la cantidad de licencias no automáticas de importación y su reemplazo por Declaraciones Juradas Anticipadas de Importación (DJAI) (Chena y otros, 2018b).

19  Esta última relacionada en parte a la necesidad de dar respuesta a la crisis energética y de suavizar parcialmente los efectos negativos que tuvieron las restricciones a las importaciones sobre el nivel de actividad industrial el año anterior (Schorr y Wainer, 2014).

El descenso de reservas internacionales (de acuerdo con datos del Banco Central de la República Argentina, entre diciembre de 2011 y diciembre de 2013 se perdieron casi U$S 15.400 millones, siendo el stock en diciembre de este último de U$S 30.612 millones) presionó para que, a principios de 2014, se devalúe la moneda doméstica un 20%,[20] acompañado por un aumento de las tasas de interés y una menor emisión monetaria.[21]

Las expectativas corrientes sobre ganancias futuras (aproximadas por el índice Merval) se vieron afectadas en periodos de recrudecimiento de la inestabilidad (2011-2012 y fines de 2013). Tal como se observa en el gráfico 7, la inversión se desacelera en 2011 y exhibe una caída abrupta el año siguiente (-7,1%). La suba del tipo de cambio oficial en 2014 provocó un mejoramiento del flujo de caja que permitió contener el avance hacia posiciones más especulativas, lo que se plasmó positivamente en las expectativas de rentabilidad esperada. Sin embargo, estas mejoras en las creencias se vieron contrarrestadas por una suba de la tasa de interés y una menor competitividad producto de la apreciación del tipo de cambio post-devaluación.[22] Como resultado, la inversión real vuelve a contraerse en 2014 (-6,8%).

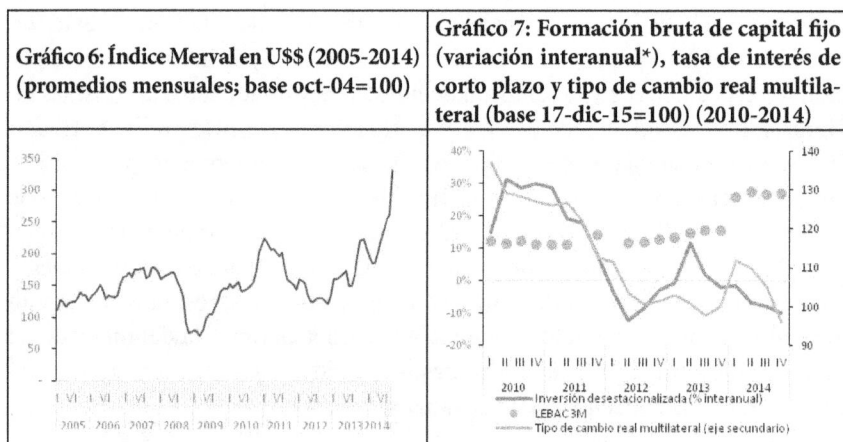

| Gráfico 6: Índice Merval en U$$ (2005-2014) (promedios mensuales; base oct-04=100) | Gráfico 7: Formación bruta de capital fijo (variación interanual*), tasa de interés de corto plazo y tipo de cambio real multilateral (base 17-dic-15=100) (2010-2014) |
|---|---|
|  |  |

Fuente: Elaboración propia en base a Ministerio de Hacienda, Banco Central de la Rep. Argentina e INDEC

---

20  Debido a la decisión del BCRA de dejar de intervenir en el mercado de cambios.

21  A fin de sostener el nivel de reservas se acordó además una línea de *swap* con China que permitió un ingreso neto de capitales otorgando una muy moderada recomposición de las reservas internacionales durante la segunda mitad de 2014.

22  Debido a una aceleración en la inflación y de las devaluaciones de las monedas de la región, en especial Brasil

Las medidas monetarias y cambiarias fueron compensadas con políticas de incentivo al consumo y la inversión[23] e incrementos salariales por encima de la inflación. En este sentido, se buscó aminorar los efectos contractivos de decisiones de política económica orientadas a ralentizar/impedir la llegada del financiamiento Ponzi.

## 4.3. La etapa Ponzi (2015-...)

En 2015 comienza un periodo caracterizado por la aparición de un déficit de balanza comercial que conduce a la economía argentina a un régimen Ponzi de financiamiento. Dicho déficit se intensificó a partir de diciembre de ese año como resultado de la aplicación de un paquete de medidas de carácter neoliberal, entre las que señalan:

- En lo que respecta al comercio exterior, la aplicación de medidas de liberalización comercial tales como: 1) eliminación de las Declaraciones Juradas Anticipadas de Importación y su reemplazo por licencias automáticas y no automáticas; 2) supresión del Registro de Operaciones de Importación de Petróleo Crudo y sus Derivados; 3) supresión/reducción de los derechos de exportación; 4) eliminación de restricciones a las exportaciones de granos, carne y productos regionales.
- Asimismo, se desreguló el mercado de cambios y la cuenta capital junto con el sistema financiero, lo que se tradujo en una devaluación del orden del 40% a comienzos de 2016 acompañada con una inflación anual del 40%.
- A esto se sumó un esquema de política monetaria de metas de inflación, caracterizado por un fuerte incremento en la tasa de interés de referencia del Banco Central y un sobreuso de la esterilización. Dicho esquema buscó otorgar una opción de ahorro en pesos encareciendo el crédito a la producción y al consumo.[24]
- Para dar impulso a la liberalización financiera se reformó la Ley de Mercado de Capitales, cuyas principales modificaciones contempla: 1) la disminución de las funciones reguladoras de la Comisión Nacional de Valores; 2) la facilidad del acceso de las pequeñas y medianas empresas al Mercado de Valores para financiarse; 3) excepciones al pago del impuesto a las ganancias

---

23 Entre las que se destacan mayores créditos para pequeñas y medianas empresas, planes de financiación de compras en cuotas a tasa cero (*Ahora 12*) y el programa *Precios Cuidados* con el objetivo de congelar el precio de algunos productos de la canasta básica.

24 Como consecuencia, en 2016 la economía se contrajo 1,8% y los niveles de inversión cayeron 4,9% ese mismo año.

para operaciones de compraventa de acciones; 4) autorización a los bancos a securitizar sus carteras de créditos hipotecarios.

Con el fin de solventar los desbalances macroeconómicos, las autoridades monetarias recurrieron al endeudamiento externo. En este sentido, en abril de 2016 tuvo lugar la cancelación de las obligaciones con los fondos buitre, lo que permitió el retorno a los mercados financieros internacionales. A partir de entonces se inicia un ciclo exponencial de endeudamiento externo (de acuerdo con datos del Ministerio de Hacienda, la deuda externa pública pasó de 13,9% del PBI en 2015 a 23,1% en 2017).

De esta forma, el conjunto de medidas de política económica adoptadas aceleró una nueva etapa de financierización de la economía argentina. La adopción de reglas monetarias de metas de inflación condujo a un sostenido aumento de las tasas de interés que, en un marco de apertura y desregulación del sistema financiero, atrajo capitales especulativos. El incentivo en el corto plazo al ingreso de este tipo de capitales generó cierta estabilidad del tipo de cambio durante la segunda mitad de 2016, a la vez que permitió acumular reservas internacionales en el BCRA. Esto redundó en una mejora de las expectativas acerca del curso de la economía en 2017, lo cual se vio convalidado por una expansión del nivel de actividad (2,9%) traccionada principalmente por el crecimiento de la inversión (11%). Dicho repunte en los niveles de crecimiento permitió ralentizar el desplazamiento de la economía argentina hacia posiciones de mayor apalancamiento y fragilidad financiera durante ese año.

**Gráfico 8: Formación bruta de capital fijo (variación interanual) y tasa de interés de corto plazo (2015-2018)**

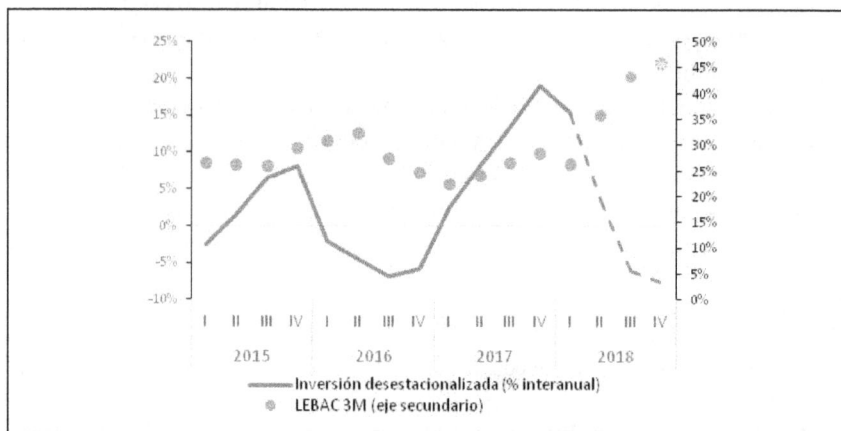

Fuente: Elaboración propia en base a INDEC y Ministerio de Hacienda

Sin embargo, las políticas económicas adoptadas potenciaron el efecto Ponzi en 2018, desencadenando una burbuja especulativa que actúa como eje de la orientación económica general. La inestabilidad del sistema se hizo evidente cuando la suba de la tasa de interés de referencia en Estados Unidos, junto a la tendencia proteccionista global creciente, provocaron el desarme de posiciones financieras en pesos para situarse en activos nominados en dólares. Esto desencadenó en mayo de 2018 el inicio de una corrida cambiaria que hizo perder al Banco Central U$S 6.500 millones en tres semanas, elevó la tasa de interés al 40% anual con una inflación anual proyectada del 33%.[25] Ante la incapacidad de estas medidas de detener las presiones crecientes sobre el mercado cambiario (entre diciembre de 2017 y junio de 2018 la moneda se devaluó poco más del 43%), el gobierno incrementó los niveles de apalancamiento a través de la firma de un Memorándum de Políticas Económicas y Financieras y un Memorándum de Entendimiento Técnico entre la Argentina y el Fondo Monetario Internacional para acceder a una línea de crédito Stand by por U$S 50.000 millones, a cambio de un programa de ajuste general de la economía.

En este sentido, el Memorándum estableció, entre otros objetivos de política económica, una rápida convergencia hacia el equilibrio fiscal fijando nuevas metas de resultado fiscal primario: -2,7% del PBI en 2018, -1,3% del PBI en 2019, equilibrio primario en 2020 y un superávit de 0,5% el PBI en 2021 (frente a las metas fijadas anteriormente de -3,2%, -2,2%, -1,2% y 0% respectivamente). Asimismo se estableció, como meta estructural del programa, una mayor independencia del Banco Central mediante la supresión de la financiación directa e indirecta[26] de la autoridad monetaria al Tesoro.

No obstante, las presiones sobre el mercado de cambios no cedieron, acelerando el desenlace de la crisis.[27] En la búsqueda de influir sobre las expectativas y llevar confianza a los mercados, el gobierno anunció a fines de agosto el inicio de negociaciones con el Fondo Monetario Internacional para concertar el adelanto de los préstamos acordados a fin de garantizar el cumplimiento del programa financiero. En el marco de estos anuncios, y con una cotización del dólar por encima de los 40 pesos, la autoridad monetaria elevó la tasa de política monetaria al 60%.

---

25  Cabe destacar que las previsiones de inflación anual para 2018 en marzo, mes previo a la corrida, estaban en torno al 20,4% (según el Relevamiento de Expectativas de Mercado que realiza el Banco Central).

26  La financiación directa al Tesoro fue suprimida al asumir Federico Sturzenegger como presidente del Banco Central en diciembre de 2015. Pero comenzó un mecanismo de financiación indirecta a través de la toma de deuda externa.

27  La cotización del dólar pasó de 27,3 pesos por dólar el 30 de julio a 39,6 el 30 de agosto.

Las crecientes sospechas sobre una posible cesación de pagos del sector público se asientan en el incumplimiento del acuerdo concertado previamente con el FMI. Los supuestos del gobierno luego del anuncio de la nueva negociación con la entidad por adelantos de fondo prevén un crecimiento de -2,4% para 2018 e inflación interanual a diciembre de 42%. En la búsqueda por brindar señales de confianza a los mercados, se ajustaron las metas de resultado fiscal primario a -2,7% del PBI en 2018, 0% del PBI en 2019 y 1% en 2020. En este sentido, además de salarios reales en baja, suba de tarifas de servicios y transporte y la paralización de obras públicas (entre otras), se introdujeron Derechos de Exportación de $4 por dólar para las exportaciones primarias y $3 por dólar para el resto de las exportaciones.

La dinámica estructural de insuficiencia de las exportaciones para hacer frente a la demanda de divisas se ha profundizado por la mayor apertura comercial (agravada por la sequía en 2018),[28] lo que provoca una carencia creciente de divisas genuinas que es reemplazada con ingresos de capitales especulativos. Este escenario de inestabilidad es advertido por los mercados financieros internacionales que ponen en duda la solvencia de la economía argentina para cumplir sus compromisos externos (capital e intereses), tal como puede apreciarse en la dinámica del indicador riesgo país (gráfico 9).

**Gráfico 9: Deuda externa bruta Gobierno general y tendencia de la evolución del Indicador de Riesgo País EMBI+ (2015-2018)**

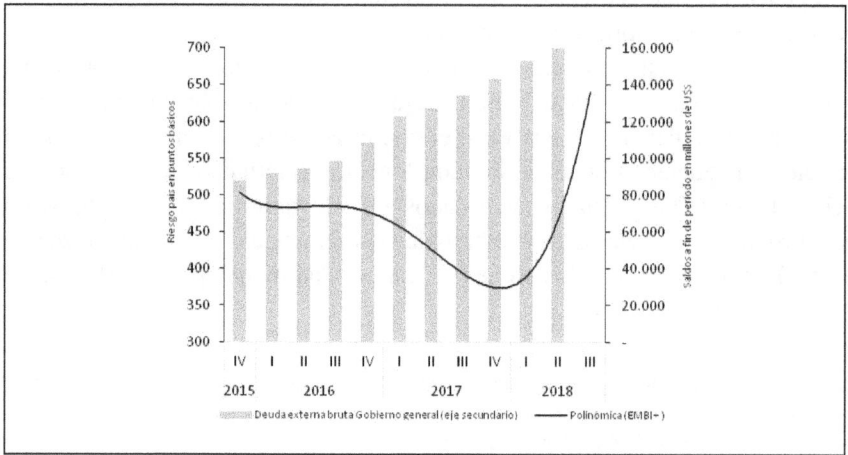

Fuente: Elaboración propia en base a Ministerio de Hacienda y J.P Morgan

---

28  El déficit comercial del primer trimestre de 2018 fue de U$S 5279 millones, equivalente al 80,0% del déficit total de 2015.

Finalmente, el comportamiento especulativo motivado por las altas tasas de interés erosiona los márgenes de ganancia de las inversiones pasadas y, por lo tanto, la capacidad de validar dichas decisiones en el presente. La lógica de acortamiento de plazos de la inversión (propia de la financierización) en un escenario de inestabilidad creciente parece cerrar el ciclo anticipado por Minsky con una crisis de deuda soberana.

**Reflexiones finales**

A través del concepto de financierización se puede apreciar, en profundidad, las modificaciones en el comportamiento a nivel corporativo, familiar e institucional que impone el poder financiero a nivel global. Dichos cambios estructurales revolucionaron el sistema económico, social y político previo, como consecuencia de la imposición de un nuevo proceso de valorización con eje en la reproducción del capital virtual. El estudio de su lógica y mecanismo de reproducción nos permitió, en este capítulo, analizar sus consecuencias en términos de inestabilidad macroeconómica, propensión a las crisis y redistribución del ingreso.

Bajo este marco, nuestro trabajo se focalizó en estudiar las particularidades del proceso de financierización en economías periféricas, caracterizadas por estados nacionales débiles en sus formas institucionales (particularmente la moneda, la relación fiscal y la salarial). Una situación que los vuelve especialmente vulnerables a los movimientos financieros internacionales y a sus exigencias de reproducción acelerada. Para comprender la instabilidad endógena de estos procesos y su derivación en crisis económicas periódicas se recurrió al desarrollo conceptual de Minsky (1975, 1982, 1986, [2008]) y sus fases del ciclo financiero (cubierto, especulativo y Ponzi) aplicado luego a la economía argentina. Allí se pudo apreciar, por un lado, que la financierización del capital se acelera en momentos en los cuales la restricción externa (característica de este país) se acentúa y, por otro, que las políticas de liberalización financiera profundizan la inestabilidad macroeconómica que desencadena las crisis.

En la Argentina se observa que es posible establecer un paralelismo entre el nivel de los desequilibrios externos originados en el régimen de acumulación y las fases del ciclo financiero caracterizado por Minsky. Más específicamente, entre el paso del superávit de cuenta corriente al déficit y de la fase cubierta a la especulativa del ciclo financiero minskyano (fase cubierta 2006-2009); y entre el paso del superávit al déficit en la balanza comercial y de la fase especulativa (2010-2014) a la Ponzi (2015-…). Por otra parte, se advierte también que las políticas de regulación estatal de los flujos financieros y comerciales, especialmente en el campo de las relaciones internacionales, ralentizaron el pasaje de una fase a otra del ciclo financiero, mientras que las políticas de liberalización de ambos flujos aceleraron e incrementaron su volatilidad.

En resumen, la fase de financiación cubierta, que se extiende entre 2006 y 2009, estuvo caracterizada por un importante superávit de balanza comercial y de cuenta corriente que permitió acumular reservas internacionales. Sin embargo, a partir de 2008 la situación comienza a deteriorarse debido a acontecimientos desencadenados a nivel nacional (conflicto entre el gobierno y las patronales agropecuarias) e internacional (efectos de la crisis financiera en Estados Unidos). A lo que debemos sumar la dinámica de "tranquilidad desestabilizante" del propio régimen de acumulación argentino, caracterizado por una elevada elasticidad ingreso de las importaciones acompañada de una concentración económica creciente que dificulta el cumplimiento de la condición Marshall-Lerner para ajustar la balanza de pagos vía precios relativos (Chena y Bosnic, 2017). De allí en más el saldo de la balanza comercial empieza a tornarse insuficiente para atender los compromisos de deuda externa e intereses (surge nuevamente la restricción externa). Esto alimenta un cambio de expectativas que provoca una salida creciente de divisas por el canal financiero, lo que acelera la financierización de la economía.

El paso del superávit al déficit de cuenta corriente hizo ingresar a la Argentina en la fase especulativa (2010-2014). Si bien la balanza comercial continuó siendo superavitaria, los ingresos netos de exportación cubrían una parte cada vez menor de los pagos de intereses de la deuda externa. A esto se sumó una demanda de divisas que se aceleró por el déficit en energía, turismo y a la remisión de utilidades y dividendos al exterior (mayor restricción externa). Finalmente, la insuficiencia en la generación de divisas genuinas y el cierre de los mercados financieros internacionales llevó a que, a partir de 2010, el pago de deuda externa (capital) comience a financiarse con reservas internacionales del Banco Central. Esto generó un problema de liquidez creciente de divisas que intentó corregirse con políticas de regulación estatal de los flujos financieros y comerciales internacionales hasta finales de 2015.

Para el año 2015 la economía argentina ya se había inscripto en un esquema de financiamiento Ponzi, caracterizado por la aparición de un déficit de balanza comercial que transformaba un problema de liquidez en uno de solvencia financiera creciente. El gobierno que asume en diciembre de ese año, de perfil neoliberal, busca resolver el problema de liquidez heredado sacrificando solvencia financiera, a través de la aplicación de un paquete de medidas que alientan la financierización acelerada de la economía en torno al incremento exponencial de la deuda pública. Entre ellas se destacan la liberalización comercial, la desregulación del mercado de cambios y la cuenta capital y los cambios en los objetivos del Banco Central, a través de un esquema de metas de inflación que busca salvaguardar el valor de la moneda mediante incrementos abruptos en la tasa de interés de referencia. Este nuevo esquema consolidó un perfil de endeudamiento externo de tipo Ponzi y agravó la capacidad de pago genuina del país generando una trayectoria de especulación financiera endógena *a la Minsky*. Finalmente, el acortamiento de los plazos en las decisiones de inversión acompañado de una tensión cambiaria creciente hace anticipar una crisis de deuda externa.

## Referencias bibliográficas

ARESTIS, P. y GLICKMAN, M. (2002) "Financial crisis in Southeast Asia: dispelling illusion the Minskyan way". *Cambridge Journal of Economics,* 26, 237-260.

AZPIAZU, D. y SCHORR, M. (2010) "La industria argentina en la posconvertibilidad: reactivación y legados del neoliberalismo". *Problemas del Desarrollo* 41, n° 161. Universidad Nacional Autónoma de México.

BARAJAS, A.; CIHÁK, M. y SAHAY, R. (2017) "Un mayor alcance. Finanzas y Desarrollo". *Fondo Monetario Internacional,* 54 (1), 34-36. Disponible en <https://www.imf.org/external/pubs/ft/fandd/spa/2017/03/pdf/barajas.pdf>.

BHADURI, A.; LASKI, K. y RIESE, M. (2006) "A model of interaction between the virtual and the real economy". *Metroeconómica,* 57, 412-427.

BOYER, R. (2000) "Is a Finance-Led Growth Regime a Viable Alternative to Fordism? A Preliminary Analysis". *Economy and Society,* 29 (1), 111-145.

BRAINARD, W. C. y TOBIN, J. (1976) "Asset markets and the cost of capital". *Cowles Foundation Discussion Papers* 427, Cowles Foundation for Research in Economics, Yale University.

CHENA, P. (2015) *Desequilibrios estructurales y conflicto distributivo en Argentina: una mirada desde la economía política.* Universidad Metropolitana para la Educación y el Trabajo, UMET.

CHENA, P.; BUCCELLA, E. y BOSNIC, C. (2018a) "Efectos de la financierización en el cambio tecnológico en América Latina". En: ABELES, M.; PÉREZ CALDENTEY, E. y VALDECANTOS, S. (eds.), *Estudios sobre Financierización en América Latina* (pp. 95-138). Santiago de Chile: CEPAL.

CHENA, P.; PANIGO, D.; WAHREN, P. y BONA, L. (2018b) "Argentina (2002-2015): Transición Neo-mercantilista, estructuralismo a la Diamand y keynesianismo social con restricción externa". *Revista Semestre Económico,* Universidad de Medellín. En prensa.

CHENA, P. I. y BOSNIC, C. (2017) "Concentración económica y comercio internacional. La condición Marshall-Lerner en la Argentina (1993-2013)". *Cuadernos de Economía*, 36 (71), 379-403.

COATZ, D.; GRASSO, F. y KOSACOFF, B. (2015) *Industria Argentina. Recuperación, frenos y desafíos para el desarrollo en el siglo XXI*. Buenos Aires: Ediciones del Consejo Profesional de Ciencias Económicas.

CORREA, E.; VIDAL, G. y MARSHALL, W. (2012) "Financialization in Mexico: trajectory and limits". *Journal of Post Keynesian Economics*, 35, 255-275.

CROTTY, J. (1990) "Owner-Manager Conflict and Financial Theory of Investment Stability: A Critical Asessment of Keynes, Tobin, and Minsky". *Journal of Post Keynesian Economics*, 12(4), 519-542.

DEMIR, F. (2009) "Financial Liberalization, Private Investment and Portfolio Choice: Financialization of Real Sectors in Emerging Markets". *Journal of Development Economics*, 88(2), 314-324.

DYMSKI, G. (1999) *Asset bubbles and Minsky crises in East Asia: A spatialized Minsky approach*. University of California, Riverside, Department of Economics, Research Paper.

DIWAN, I. (2001) *Debt as sweat: Labor, financial crises, and the globalization of capital*. World Bank Working Paper, Washington D.C.

DE PAULA, L. y ALVES, A. (2000) "External Financial Fragility and the 1998-1999 Brazilian Currency Crisis". *Journal of Post Keynesian Economics*, 22, 589-617.

EPSTEIN, G. y YELDAN, E. (2008) "Inflation targeting, employment creation and economic development: assessing the impacts and policy alternatives". *International Review of Applied Economics*, 22, 131-144.

EPSTEIN, G. y POWER, D. (2003) *Rentier Incomes and Financial Crises: An Empirical Examination of Trends and Cycles in Some OECD Countries*. Working Papers, Political Economy Research Institute, University of Massachusetts at Amherst.

FMI (2000b) *Debt and Reserve-Related Indicators of External Vulnerability*. Disponible en <http://www.imf.org/external/np/pdr/debtres/index.htm>.

FOLEY, D. (2003) "Financial Fragility in Developing Economies". En: DUTT, A. y ROS, J. (eds), *Development Economics and Structuralist Macroeconomics: Essays in honour of Lance Taylor* (pp. 157-168). Cheltenham, UK: Edward Elgar.

FISHER, I. (1930) *The Theory of Interest: As Determined by the Impatience to Spend Income and the Opportunity to Invest It*. Macmillan: New York.

GALOR, O. & Zeira, J. (1993) "Income Distribution and Macroeconomics". *Review of Economic Studies*, 60, 35-52.

HARDIE, I. (2012) *Financialization and Government Borrowing Capacity in Emerging Markets*. Houndmills. Basingstoke, Hampshire: Palgrave Macmillan.

HEIN, E. (2010) "Shareholder value orientation, distribution and growth-short-and medium-run effects in a Kaleckian model". *Metroeconómica*, 61 (2), 302-332.

JENSEN, M. y MECKLING, W. (1976) "Theory of the firm: managerial behavior, agency costs, and ownership structure". *Journal of Financial Economics*, 3, 305-360.

KEYNES, J. M. (1963) *La teoría general de la ocupación, el interés y el dinero*. México, D.F.: Fondo de Cultura Económica.

KREGEL, J. A. (1998) "Yes, "It" Did Happen Again: A Minsky Crisis Happened in Asia". *Economics Working Paper Archive, Working paper* n° 234, Levy Economics Institute.

LAVOIE, M. (1992) *Foundations of Post Keynesian Analysis*. Edward Elgar: Aldershot.

LAZONICK, W. y O'SULLIVAN, M. (2000) "Maximizing Shareholder Value: A New Ideology for Corporate Governance". *Economy and Society*, 29(1), 13–35.

LEVINE, R. (2005) "Finance and Growth: Theory, Mechanisms and Evidence". En: AGHION, P. y DURLAUF, S.N. (eds.), *Handbook of Economic Growth* (pp. 866-934). Elsevier North Holland.

LÓPEZ, J.; MORENO-BRID, J.C. y ANYUL, M.P. (2006) "Financial Fragility and Financial Crisis in México". *Metroeconómica*, 57 (3), 365-388.

MANZANELLI, P. y BASUALDO, E. (2017) "La era kirchnerista. El retorno a la economía real, el desendeudamiento externo y las pugnas por la distribución del ingreso 2003-2015". En: Basualdo, E. (ed.), *Endeudar y fugar. Un análisis de la historia económica argentina, de Martínez de Hoz a Macri* (pp. 75-109). Buenos Aires: Editorial Siglo XXI.

MARQUES-PEREIRA, J. (2012) "La monnaie, la politique et la possibilité d'un mode de développement à nouveau fondé sur le marché intérieur au Brésil et en Argentine". *Revue de la régulation. Capitalisme, institutions, pouvoirs*, 11.

MEDEIROS, C. (2010) "Dependencia financiera y ciclos de crecimiento en países latinoamericanos". *Ciclos en la historia, la economía y la sociedad*, 19 (38), 189-210. Disponible en: <http://bibliotecadigital.econ.uba.ar/?a=d&c=ciclos&d=ciclos_v19_n37-38_08>.

MEDIALDEA, B. (2013) "Brazil: an economy caught in a financial trap (1993-2003)". *Revista de Economía Política*, 33, 427-445.

MINSKY, H. (1957) "Central Banking and Money Market Changes". *The Quarterly Journal of Economics,* 71, 171-187.

MINSKY, H. (1975) *John Maynard Keynes*. New York: Columbia University Press.

Minsky, H. (1982) *Inflation, Recession and Economic Policy*. New York: M.E. Sharpe.

Minsky, H. (1986 [2008]) *Stabilizing an Unstable Economy*. New York: Mc Graw Hill.

Minsky, H. (1992a) "The Capital Development of the Economy and The Structure of Financial Institutions". *The Jerome levy Economics Institute of Bard College, Working Paper* n° 72.

Minsky, H. (1992b) "The Financial Instability Hypothesis". *The Jerome levy Economics Institute of Bard College, Working Paper* n° 74.

Minsky, H. (1994) "Ondas largas en las relaciones financieras: factores financieros en las depresiones más severas". *Revista Problemas de Desarrollo*, 30 (119), México, IIEC-UNAM, octubre-diciembre de 1999. Disponible en: <http://revistas.unam.mx/index.php/pde/article/viewFile/28158/25991>.

Palley, T. (2007) "Financialization: What it is and Why it Matters. The Center of Global Political Economy", *University of Sussex, Working Paper* n° 153, Sussex.

Panigo, D.; Chena, P. y Makari, P. (2010) "Las transformaciones en la normativa socio-laboral del nuevo modelo de desarrollo argentino". *Atlántida, Revista Canaria de Ciencias Sociales*, 2, 49-72.

Powell, J. (2013) "Subordinate Financialisation: A study of Mexico and its non-financial corporations". Disertación de doctorado. SOAS, Londres.

Sahay, R.; Čihák, M.; N'Diaye, P. y Barajas, A. (2015) "Rethinking financial deepening: Stability and growth in emerging markets". *Revista de Economía Institucional*, 17 (33), 73-107.

Schorr, M. y Wainer, A. (2014) "La economía argentina en la posconvertibilidad: problemas estructurales y restricción externa". *Realidad Económica* n° 286, Buenos Aires.

Schroeder, S. (2002) *A Minskyan Analysis of Financial Crisis in Developing Countries*. SCEPA Working Paper Series, New York.

Schumpeter, J. (1957) *Teoría del desenvolvimiento económico*. México: Fondo de Cultura Económica.

Solow, R. M. (1956) "A contribution to the theory of economic growth". *The Quarterly Journal of Economics*, 70 (1), 65-94.

Stockhammer, E. (2004) "Financialisation and the slowdown of accumulation". *Cambridge Journal of Economics*, 28 (5). Oxford: Oxford University Press.

Stolper, W. F. y Samuelson, P. A. (1941) "Protection and real wages". *The Review of Economic Studies*, 9 (1), 58-73.

Wainer, A. (2016) "Economía y política en la Argentina kirchnerista. Un análisis en clave estructural", mimeo.

# 4/ La dimensión internacional de la financierización en economías subdesarrolladas

*Pablo G. Bortz[1] y Annina Kaltenbrunner[2]*

## 1. Introducción[3]

La literatura sobre las características y expresiones definitorias de los procesos de financierización, hasta ahora, se ha enfocado principalmente en sus aspectos domésticos identificados en el contexto de países desarrollados. Existen análisis detallados de los cambios en las prácticas y relaciones financieras de los agentes económicos, incluyendo el aumento en el poder relativo de los accionistas frente a los cuadros gerenciales; la mayor importancia de las ganancias de capital, pagos de dividendos e intereses como fuentes de ingresos; y el cortoplacismo y la inversión especulativa como factores influyentes en corporaciones no financieras.

Estos análisis tienen dos características llamativas. Por un lado, adoptaron un estudio amplio, pero al mismo tiempo detallado de las interacciones financieras entre diferentes sectores de una economía, como los bancos, bancos centrales, corporaciones no financieras (CNF), rentistas y hogares (por ejemplo Lapavitsas, 2014). Estas características son derivadas del comportamiento típicamente observado en economías anglosajonas.

Por el otro lado, estos análisis están basados sobre desarrollos dentro de economías domésticas y sobre decisiones a escala nacional. Incluso aquellos

---

1    CONICET – MDE-CEED, Instituto de Altos Estudios Sociales, Universidad de San Martín. Email: pablobortz@yahoo.com

2    Profesora Adjunta, Leeds University Business School, UK. Email: a.kaltenbrunner@leeds.ac.uk

3    Este capítulo está elaborado en base a los argumentos y datos presentados en Bortz y Kaltenbrunner (2018). El capítulo es una versión de dicho trabajo, modificada en distintos aspectos.

trabajos que abordan la financierización en economías subdesarrolladas (ESs) han adoptado mayoritariamente una visión de economía cerrada y han analizado las características domésticas de la financierización observadas en países desarrollados. Hasta el momento, muy pocos trabajos se han enfocado en la naturaleza distintivamente internacional de la financierización en ESs.[4] Aquellos que lo han hecho, han llamado la atención principalmente a su naturaleza cuantitativa, puntualizando el reciente auge en los flujos financieros internacionales (Tyson y McKinley, 2014; Stockhammer 2010). Sin embargo, ha habido un descuido relativo de los cambios cualitativos que han ocurrido en el sistema financiero internacional desde los años setenta, cambios que hablan acerca de la diferente integración de las ESs dentro de los mercados financieros mundiales, con repercusiones globales y domésticas. Al fin y al cabo, se puede afirmar que las finanzas internacionales nacieron alrededor de la época de las Cruzadas. ¿Es acaso el proceso de financierización una mera cuestión de volumen?

Este capítulo trata de llenar esa brecha. Argumentamos que no sólo hemos visto procesos distintivos de financierización doméstica, sino que también han cambiado los mercados financieros internacionales y la forma en que estos se relacionan con los agentes económicos en años recientes. Estos cambios van más allá de un simple aumento en los flujos internacionales de capital, sino que conllevan modificaciones importantes en el tipo de actores, instrumentos y dominancia de mercado en las relaciones financieras internacionales. Más aún, en línea con la creciente literatura sobre financierización subordinada, este trabajo muestra cómo se han moldeado estos cambios y como ellos mismos han exacerbado la posición subordinada de las ESs en el sistema económico y financiero internacional, y por ende contribuido a exacerbar el desarrollo internacional desigual.

La estructura de este capítulo es la siguiente. La sección dos reseñará la literatura sobre financierización, con el foco puesto en las ESs. La sección tres examina los cambios cuantitativos y cualitativos en los intercambios transfronterizos de las ESs, tanto en términos de actores como instrumentos. Usando estos "hechos estilizados", la sección cuarta trata de destilar cuales son los rasgos distintivos de los procesos de financierización en ESs, vistos desde una perspectiva internacional. Se muestra a continuación como esta financierización internacional perpetúa la posición subordinada de las ESs en la economía internacional. La sección sexta concluye el capítulo, con algunas alternativas

---

4   Algunos trabajos han destacado el rol conductor de la economía internacional para el proceso de financierización en ESs (Powell, 2013; Kaltenbrunner y Painceira, 2017). A diferencia de esta literatura, nosotros nos enfocamos en las características manifiestamente internacionales de la financierización en ESs.

de política económica para lidiar con las relaciones financieras crecientemente complejizadas entre actores en ESs y el sistema financiero internacional.

## 2. Agregando "internacional" a "financierización"

Las cambiantes relaciones financieras y prácticas de los agentes económicos en el capitalismo de hoy en día, un fenómeno usualmente denominado "financierización", ha recibido considerable atención en los años recientes, tanto en la literatura académica como en el debate político. Los fenómenos estudiados, particularmente en países desarrollados, incluyen la tenencia creciente de activos financieros y fondeo en el mercado financiero de grandes CNFs (Orhangazi, 2008; Stockhammer, 2004); la importancia de la creación de valor para los accionistas (Lazonick y O'Sullivan, 2000); el creciente involucramiento de los hogares en relaciones predatorias de endeudamiento (Aalbers, 2008; Montgomerie, 2009; Dymski, 2010); el cambiante patrón de ingresos de los bancos, de préstamos y depósitos a tasas y comisiones (Erturk y Solari, 2007; dos Santos, 2009); el auge en el fondeo bancario a través del mercado en vez de depósitos (Lapavitsas, 2009) y la financierización de la vida cotidiana (Langley, 2008).

Fenómenos similares han sido identificados en ESs (ver Bonizzi (2013) y Karwowski y Stockhammer (2016) para reseñas). Por ejemplo, Rether (2010), Powell (2013), Akkemik y Özen (2014), y Correa et al. (2012) muestran el creciente involucramiento de las CNFs de países emergentes en los mercados financieros (internacionales). Kalinowski y Cho (2009) y Seo et al (2012) destacan la importancia de la creación de valor para accionistas en Corea del Sur. Gabor (2010) y Karacimen (2016) apuntan a la rápida integración de los hogares en ESs a los mercados de créditos a través de préstamos para consumo y/o hipotecarios. Finalmente, algunos autores han notado la modificación en el comportamiento de los bancos en ESs, que han sustituido fondeo en el mercado de capitales en lugar de depósitos de hogares (Painceira, 2011; dos Santos, 2009).

Un factor en común en toda esta literatura, a pesar de su énfasis en distintos fenómenos y visiones disciplinarias, es la noción que estos procesos tienen implicancias fundamentales para la acumulación de capital, tanto en su magnitud como en su estructura. Por ejemplo, Stockhammer (2004), Orhangazi (2008) y Demir (2009) muestran los efectos negativos de la financierización para la inversión (privada) y la acumulación de capital. Correa et al (2012), Levy-Orlik (2012) y Powell (2013) discuten las diferentes implicancias para las compañías que tiene la financierización, de acuerdo a su tamaño, sector y competitividad internacional. Incluso, y relacionado a estos hallazgos, se ha argumentado que las finanzas (y la financierización) han sido el principal catalizador para exacerbar el proceso de desarrollo desigual (Sokol, 2017, Pike y Pollard, 2010). Esto es válido tanto al nivel micro como al nivel macroeconómico. Sobre el nivel micro, la financierización tiene implicancias perjudiciales para salarios, distribución del ingreso, la provisión de servicios sociales, etcétera. A nivel meso y macroeconómico la integración diferencial y la relación con el sistema financiero exacerba los desarrollos económicos entre regiones y países (Kaltenbrunner y Painceira, 2017).

Otra característica un tanto sorprendente de esta literatura es su foco sobre economías nacionales tanto en lo que respecta a los motores de la financierización como a sus manifestaciones distintivas. Christophers (2012), French *et al.* (2011) y Montgomerie (2008) claman por un lente internacional más explícito en el análisis de la financierización, y por mayor conjunción entre la literatura sobre financierización y la literatura sobre globalización financiera. Los motores de la financierización han sido mayormente localizados en desarrollos económicos nacionales, tanto en el estancamiento del capitalismo tardío, la decreciente tasa de ganancia y la consecuente retracción de la demanda (Arrighi, 1994; Brenner, 2004; Magdoff y Sweezy, 1972); o en los proyectos desregulatorios de los gobiernos que han desatado las fuerzas de las finanzas y llevado a un aumento exponencial en los mercados financieros y en los actores financieros (Aglietta y Breton 2001; Boyer, 2000; Duménil y Lévy, 2004; Orhangazi, 2008; Stockhammer, 2004).[5] Más recientemente, en el contexto de la ESs, algunos autores apuntaron explícitamente al rol líder de la integración financiera internacional y de mercados financieros internacionales en moldear los fenómenos de financierización en ESs (Basualdo, 2010; Becker *et al.*, 2010; Lapavitsas, 2014; Painceira, 2011; Powell, 2013). Más aún, varios de estos autores apuntan a la naturaleza subordinada de esta integración financiera y las implicancias importantes que tiene para el exacerbamiento del desarrollo desigual.

En lo que refiere a los elementos característicos de la financierización en sí, en la literatura hay una sorprendentemente escasa discusión de los aspectos internacionales. Cuando son siquiera mencionados, se asocian frecuentemente a la globalización financiera, que es a su vez equiparada con un aumento en los flujos internacionales transfronterizos (Karwowski y Stockhammer, 2017; Stockhammer, 2010; Tyson y McKinley, 2014). Esto, sin embargo, genera preguntas acerca de la originalidad y peculiaridad del proceso. Por un lado, varios

---

5    Cabe mencionar como excepción los intentos recientes de la Escuela de la Monthly Review para ubicar su teoría de la financierización dentro del contexto de la internacionalización de la acumulación. Aquí, los excedentes económicos de los oligopolios internacionales encuentran un destino en países emergentes a través de su integración en la producción capitalista de un ejército de *reserve global* (Powell, 2013).

autores argumentaron que nos encontramos en una segunda o incluso tercera ola de globalización (por ejemplo Hirst *et al.*, 2009). Por el otro lado, tratar a la financierización internacional como una mera dimensión cuantitativa equivale a ignorar los cruciales cambios cuantitativos en los mercados financieros enfatizados por la literatura sobre financierización. De hecho, la financierización va mucho más allá de un mero aumento en las operaciones financieras, implicando importantes cambios en la forma en que operan las finanzas y en como los agentes se relacionan a ellas. Algunos estudios usan explícitamente el término "financierización internacional" (Bonizzi, 2017; García-Arias, 2015; Kaltenbrunner, 2010). Para Kaltenbrunner, ésta se refiere al aumento en el volumen de negocios de corto plazo en los mercados financieros internacionales. Bonizzi (2017) discute las fuerzas del "Keynesianismo privatizado" que empujó a inversores internacionales (institucionales) hacia ESs. Este artículo contribuye a esta literatura al presentar un análisis más sistemático de los aspectos internacionales de la financierización en las ESs.[6]

## 3. Describiendo la financierización internacional

El aumento cuantitativo en los activos y pasivos externos de las ESs está extensamente documentado, así como su reflejo en los flujos financieros globales (ver por ejemplo Akyüz, 2014; UNCTAD, 2015). De acuerdo con las Estadísticas de Balanza de Pagos del FMI, [7] entre el 2008 y el 2015 los activos externos de las ESs aumentaron un 56,7%, mientras que los pasivos externos aumentaron un 70,7% (comparado a un aumento en las economías desarrolladas del 23 y 22%, respectivamente). La tabla 1 muestra el aumento tanto en las entradas de capital (por parte de no-residentes) como en las salidas (por parte de residentes) hacia y desde ESs, como porcentaje del PBI. La tabla muestra que las entradas y salidas de capital crecieron de un 3,52 y 2,22% PBI en 1976-85 hasta más del 6 y casi 8% respectivamente en 2006-2015. Además, muestra los importantes cambios estructurales en la composición de esos flujos.

---

6   Nuestro análisis de estos cambios cualitativos en la relación entre las ESs y los mercados financieros internacionales genera la pregunta acerca de cómo se relacionan estos cambios con los fenómenos domésticos de la financierización, o sea la economía política de la financierización internacional. Kaltenbrunner y Painceira (2017) dieron un primer paso en esta dirección al mostrar como la cambiante naturaleza de la integración financiera de Brasil incentivó la financierización de hogares, bancos y CNFs. Es necesario más investigación sobre los canales concretos de esta transmisión.

7   La tabla 1 fue construida con datos de esta página: <http://data.imf.org/regular.aspx?key=60961513>.

Tabla 1: Entradas y salidas hacia/desde economías en desarrollo y en transición (Porcentaje del PBI)

| | 1976-1985 | 1986-1995 | 1996-2005 | 2006-2015 |
|---|---|---|---|---|
| **Entradas de Capital** | **3.52** | **3.11** | **3.90** | **6.13** |
| Pasivos de IED | 0.56 | 1.08 | 2.86 | 3.68 |
| Pasivos de cartera | 0.15 | 0.88 | 1.02 | 1.08 |
| Pas. Deriv. Fin. | 0.00 | -0.01 | -0.17 | -0.65 |
| Pas. Otras Inv. | 2.81 | 1.16 | 0.19 | 2.02 |
| **Salidas de Capital** | **2.22** | **1.47** | **5.04** | **7.84** |
| Activos de IED | 0.04 | 0.20 | 0.75 | 1.51 |
| Act. de cartera | 0.37 | 0.18 | 1.03 | 0.29 |
| Act. Deriv. Fin. | 0.00 | -0.01 | -0.23 | 0.91 |
| Act. Otras Inv. | 1.25 | 0.24 | 1.25 | 2.76 |
| Cambios en reservas | 0.57 | 0.86 | 2.24 | 5.41 |

Fuente: Elaboración de los autores basados en las Estadísticas de Balanza de Pagos del FMI.

En primer lugar, ha habido un aumento relativo en los flujos de Inversión Extranjera Directa (IED), tanto en entradas como en salidas, particularmente de países latinoamericanos y asiáticos, con destino a países desarrollados y otras ESs (UNCTAD, 2014). Aunque parecen reflejar un aumento en los flujos de capitales de largo plazo, estos números deben ser tomados con cuidado. [8] Andreff (2015) muestra el papel sustancial de paraísos fiscales como estaciones intermedias en las salidas de IED desde los países del "BRIC", tanto en rutas "round-tripping" (particularmente para las salidas de IED chinas y rusas) como "trans-tripping" (IED brasileras e indias).[9]

En segundo término, en relación al componente de deuda de los flujos de capitales, ha habido un notorio aumento en los flujos de deuda de cartera en

---

8   Una aclaración a tener en cuenta es que las entradas de IED incluyen ganancias retenidas de compañías extranjeras. Los números de IED también incluyen adquisiciones de cartera que superan el límite del 10% de propiedad, una barrera baja para firmas pequeñas de ESs.

9   Un ejemplo de IED *round-tripping* sería, digamos, una compañía china comprando otra empresa extranjera, para luego reinvertir el mismo capital devuelta en China. *Trans-tripping* se refiere a una empresa comprando una compañía extranjera para luego reinvertir en un tercer país.

         EL IMPERIO DE LAS FINANZAS

relación a los préstamos bancarios (aunque estos últimos aun representan la mayor parte de la deuda externa de ESs) (Avdjiev *et al.*, 2014; Bortz, 2016; Chui *et al.*, 2016).[10] En términos generales, Kaltenbrunner y Painceira (2015) muestran que los inversores externos están más expuestos a un conjunto cada vez más complejo de activos de ESs denominados en moneda doméstica, como acciones, derivados locales y monedas, como en el notorio fenómeno de "carry-trade".[11] Estos activos han sido relativamente de corto plazo, sujetos a compraventa y expectativas de ganancias de capital de corto plazo, más que en inversiones de largo.

De hecho, las transacciones en los activos internacionales más líquidos (o sea, las monedas) aumentaron a tasas exponenciales. Si bien el dólar todavía retiene su posición predominante, participando en 88% de todas las transacciones, muchas monedas de ESs han aumentado su participación en las transacciones de monedas. La tabla 2 refleja estos desarrollos y muestra la naturaleza financiera de este auge, usando datos del BIP y de UNCTAD. Los datos muestran que el intercambio de monedas de ESs creció mucho más que la magnitud implicada por la evolución de su participación en el comercio global de bienes y servicios.

Tabla 2: Participación en el mercado de monedas relativa a participación en comercio externo

| | 1998 | 2001 | 2004 | 2007 | 2010 | 2013 |
|---|---|---|---|---|---|---|
| Brasil | 100 | 207 | 106 | 141 | 213 | 353 |
| Chile | 100 | 235 | 133 | 88 | 140 | 291 |
| Colombia | NA | 100 | 134 | 169 | 267 | 246 |
| Corea | 100 | 529 | 662 | 681 | 812 | 603 |
| Filipinas | NA | 100 | 117 | 431 | 640 | 551 |
| India | 100 | 216 | 241 | 389 | 392 | 375 |
| Indonesia | 100 | 64 | 170 | 177 | 197 | 222 |

10 Más recientemente, los préstamos bancarios transfronterizos se redujeron a causa de cambios regulatorios, principalmente en Europa. (Rodrigues Bastos et al., 2015).

11 "Carry trade" se refiere al acto de endeudarse en una moneda (usualmente el dólar estadounidense) e invertir en algún activo financiero de corto plazo en una ESs para ganar el diferencial de tasas de interés, esperando movimientos favorables en el tipo de cambio para multiplicar la rentabilidad en dólares. Los riesgos se relacionan con efectos retroalimentadores sobre el tipo de cambio, la madurez de corto plazo de las inversiones, los riesgos de renovación y el eventual impacto de fugas significativas de capital, que pueden absorber reservas internacionales tan necesarias en tiempos de estrés.

| Malasia | 100 | 179 | 131 | 358 | 748 | 1218 |
| México | 100 | 152 | 256 | 321 | 310 | 606 |
| Rusia | 100 | 98 | 147 | 138 | 160 | 263 |
| Sudáfrica | 100 | 253 | 177 | 211 | 158 | 288 |
| Tailandia | 100 | 103 | 134 | 125 | 108 | 177 |
| Turquía | NA | 100 | 247 | 400 | 1666 | 2774 |

Fuente: Elaboración propia en base a Triennial Central Bank Survey of Foreign Exchange and OTC Derivatives Markets del BIP, y en la base de datos de UNCTAD. Índice base 1998=100, excepto para Colombia, Filipinas y Turquía.

Del otro lado, los tradicionales inversores en ESs (como bancos y fondos especiales) han sido acompañados de un amplio espectro de nuevos actores, incluyendo inversores institucionales (fondos mutuales, de pensión y de seguros) y nuevos tipos de inversores de fondos mutuales como fondos de inversión cotizados y fondos de cobertura (Aron *et al.*, 2010; Jones, 2012; Yuk, 2012). Dado el gran tamaño de estos inversores financieros, siquiera un pequeño rediseño en la composición de sus carteras puede tener un impacto sustancial sobre los flujos de capitales a ESs, en relación a sus tamaños. Más aún, estos actores diferentes tienen diversas estrategias de inversión y patrones de fondeo, aumentando sustancialmente la complejidad de las inversiones foráneas.

Adicionalmente al mayor espectro de inversores financieros internacionales involucrados en un conjunto cada vez más complejo de activos en monedas domésticas, la financierización internacional de las ESs también se caracterizó por el mayor involucramiento de los actores económicos domésticos en los mercados financieros internacionales. En particular, las CNFs de ESs han aumentado significativamente su exposición financiera (internacional), principalmente en moneda extranjera (usualmente el dólar) y a través de emisiones de bonos de subsidiarias en el exterior (derivando parte de los fondos obtenidos a sus casas matrices) (Tarashev *et al.*, 2016: 7). Si bien esto está parcialmente relacionado a sus estrategias de internacionalización (ver arriba el argumento sobre la IED), gran parte de estos fondos han sido obtenidos a fin de involucrarse en especulación financiera en sus mercados domésticos, por ejemplo en derivados locales (Bruno y Shin, 2015; Chung *et al.*, 2014). El resultado ha sido un sustancial aumento en tenencias de activos financieros de corto plazo, similar a lo observado en CNFs de países avanzados.

En lo referido a las operaciones internacionales de instituciones financieras de ESs, la tabla 1 muestra el aumento en los activos de "otras inversiones" (principalmente préstamos bancarios y depósitos) desde 2003. Los bancos de ESs se han expandido internacionalmente, en parte para acompañar el aumento en las salidas de IED, en parte ofreciendo a sus clientes domésticos ricos nuevas oportunidades de inversión en el exterior, y en parte por su propia cuenta (WEF, 2012: 47-54). Pero el componente más dinámico de salidas de capitales en los últimos 20 años han sido las acumulaciones de reservas por parte de los bancos centrales. Entre los motivos para dicha política están los deseos de evitar amplias fluctuaciones en el tipo de cambio nominal (Bar-Ilan y Marion, 2009) y la percepción de la necesidad de aumentar los acervos de activos internacionales líquidos como medida preventiva ante eventuales ataques especulativos (Bastourre *et al.*, 2009; Ghosh *et al.*, 2012; Painceira, 2012; UNCTAD, 2015).[12] Fuertes entradas de corto plazo, sin (o con mínimos) controles de capital, exponen a las ESs a corridas hacia las principales monedas internacionales. En ese sentido, la acumulación de reservas refleja la naturaleza subordinada y dependiente de la financierización internacional en ESs. Ese es el tema de la próxima sección.

## 4. Implicancias de subordinación financiera y monetaria

La subordinación financiera tiene implicancias importantes. En primer lugar, si bien los flujos de capital están crecientemente denominados en moneda doméstica (reduciendo el 'pecado original', ver Eichengreen *et al.*, 2003), dichos flujos fueron muy volátiles, y predominantemente determinados por la política monetaria de Estados Unidos y las percepciones globales de riesgo (ver Ahmed y Zlate, 2013; Kaltenbrunner y Painceira, 2015, entre otros). Esto se debe a la creciente presencia de bancos extranjeros y otros inversores no-bancarios en los mercados financieros de ESs. La mayor participación de inversores externos en activos de ESs significó que cualquier cambio en las condiciones de financiamiento en sus casas matrices, o un endurecimiento de las percepciones de riesgo puede tener un impacto directo no solo en los precios de los activos domésticos, sino también en sus tipos de cambio y/o sus reservas, transmitiendo los choques a la economía doméstica. Esta volatilidad está potenciada por el hecho de que no se aumentó la deuda pública externa de las ESs, y que muchos de estos flujos estuvieron atraídos por expectativas de ganancias de capital y cambiarias, lo que las vuelve muy susceptibles a cambios en los retornos esperados y las primas de riesgo. En línea con el capítulo 12 de la *Teoría General*, estas expectativas

---

12  La política de acumulación de reservas ha sido atacada por Bibow (2011) y Patnaik (2007), entre otros. Bortz (2016) y Bussière *et al.* (2015) proveen evidencia y argumentos a su favor.

(formadas bajo incertidumbre radical) están principalmente determinadas por factores (inter)subjetivos como convenciones sociales, "caprichos y novedades" que pueden dar lugar a cambios significativos en los precios de los activos, sin relación alguna a las condiciones económicas domésticas.

Dada la menor posición en la jerarquía internacional de divisas, los inversores son reacios a comprometer fondos de largo plazo en activos de ESs. Además, grandes proporciones de esas inversiones siguen siendo financiadas en monedas de países avanzados (principalmente el dólar estadounidense). Esto significa que cualquier cambio en el mercado internacional y en las condiciones de financiamiento pueden dar lugar a una reversión de los flujos de capitales, independientemente de las condiciones en las ESs. Con mercados y actores financieros integrados a los mercados internacionales, la 'frontera financiera' entre el mercado doméstico y el externo es cada vez más porosa, por lo que el aislamiento no es factible.[13] En el caso de inversiones en moneda doméstica por parte de inversores internacionales, el consiguiente descalce de monedas en sus hojas de balance aumenta la sensibilidad de sus inversiones a cambios (esperados) en los tipos de cambio, contribuyendo aún más a la volatilidad de los flujos de capitales.

En segundo lugar, y relacionado al primero, su posición inferior en la jerarquía internacional de divisas y la posición dominante del dólar fuerza las ESs a ofrecer mayores tasas de interés. Esto, ligado a la sustancial volatilidad cambiaria, convierte a los activos y monedas de las ESs en blancos predilectos para operaciones inestables de *carry-trade*, tanto por inversores internacionales como domésticos. Como se dijera previamente, altas tasas de interés junto con laxas condiciones de crédito en mercados internacionales y menores percepciones de riesgo, estimulan a grandes CNFs a endeudarse afuera por vía de títulos denominados en dólares para involucrarse en actividades especulativas de *carry-trade*, con su impacto en las condiciones financieras en ESs, lo que puede ser denominado una 'enfermedad financiera holandesa' (Bortz, 2016; Botta *et al.*, 2014).

En contraste, divisas en el tope de la jerarquía pueden permitirse mantener bajas tasas de interés, particularmente en tiempos de crisis. Aunque en principio esas tasas más bajas podrían estimular la inversión y el crecimiento, puede que no sea el caso si no van acompañadas de un conjunto de políticas más amplio. En este caso, con baja demanda y bajos retornos en sus países de origen, los capitales financieros se mueven a ESs, como lo hicieron con posterioridad a la

---

13  La apelación de Keynes a que 'las finanzas sean primariamente nacionales' (1933/1982: 236) es más difícil de lograr en estas condiciones.

EL IMPERIO DE LAS FINANZAS

crisis financiera global. El limitado tamaño de los mercados de capital de las ESs hace que estas entradas se comporten como un 'pez grande en un estanque pequeño' (Haldane, 2011). Al mismo tiempo, mientras reciben capital, las ESs pueden tener la presión para mantener sus tasas por dos motivos. Primero, una relajación monetaria doméstica (o un endurecimiento de las condiciones internacionales) puede disparar salidas proporcionales a (o mayores que) las entradas que reciben. En segundo lugar, grandes depreciaciones reducen el valor de sus activos domésticos, bajando su posición relativa en la jerarquía y facilitando la adquisición de activos domésticos (como compañías) por parte del capital extranjero. Esta es otra expresión de la jerarquía de monedas que constriñe a los gobiernos de ESs.

El tercer punto para notar, como se mencionó anteriormente, es que las CNF de ESs han replicado las prácticas de CNF de países avanzados cuando aumentaban su endeudamiento externo. Sin embargo, en contraste con países desarrollados que tienen mercados domésticos de capital relativamente grandes y líquidos, este endeudamiento tuvo lugar en centros financieros 'off-shore' y en moneda externa. Esto expone a estas compañías no solo a riesgos cambiarios sustanciales sino también a las reglas y regulaciones de los mercados financieros internacionales. El hecho de que este endeudamiento haya sido (parcialmente) obtenido a través de filiales en el exterior no atenúa la obligación de la casa matriz en cuanto al repago de la deuda.

Finalmente, cabe notar que ha habido una amplia acumulación de reservas de efectivo, tanto por parte de actores privados como bancos centrales. Mientras que las tenencias de efectivo en los países desarrollados estuvieron motivadas por el intento de generar ganancias financieras y satisfacer las presiones de los accionistas, una motivación importante en las ESs ha sido la defensa contra la incertidumbre macroeconómica (Akkemik y Özen, 2014). La necesidad de protegerse de volatilidad macroeconómica y (principalmente) cambiaria ha sido también un factor importante del creciente involucramiento de las CNFs en los mercados de derivados[14] (Farhi y Borghi, 2009).[15]

---

14  De acuerdo a datos del Banco Internacional de Pagos, el volumen diario promedio transado en los mercados de derivados de 33 ESs aumentó un 300% entre abril de 2001 y abril de 2010, alcanzando los 1,2 billones de dólares (6,2% del PBI). Esto se compara a unos 12,8 billones en las economías avanzadas (36% del PBI) (Mihaljek y Packer, 2010).

15  Aunque los factores 'externos' han sido muy importantes para las ESs, cabe notar que las manifestaciones precisas de los fenómenos de financierización observados han sido moldeadas fundamentalmente por las condiciones históricas e institucionales

## 5. Subordinación y desarrollo desigual

La posición global de las ESs no solo sirvió para moldear las experiencias de financierización de esos países. Las características de la financierización internacional contribuyeron, al mismo tiempo, a reforzar esta subordinación y consecuentemente a profundizar la divergencia del desarrollo. La volatilidad de los precios de activos domésticos y de variables macroeconómicas claves, como el tipo de cambio y la tasa de interés, pesan mucho en las decisiones de inversión productivas. Más aún, las características de los patrones de comportamiento del tipo de cambio en monedas usadas para *carry-trade* (con períodos sostenidos de apreciación seguidos por abruptas depreciaciones) tienen un efecto negativo, primero sobre la competitividad y luego sobre balances vulnerables si los movimientos son grandes e inesperados (las propias vulnerabilidades de los balances siendo ellas mismas las resultantes del período precedente de apreciación, como consecuencia de riesgo moral y posiciones cambiarias especulativas).

De modo similar, y análogamente al argumento para países desarrollados, el creciente apalancamiento y las grandes tenencias de efectivo e inversiones en activos financieros de CNFs en ESs pueden desviar fondos de inversiones productivas reales (Demir, 2008, 2009). El hecho de que el *número* de prestatarios no haya aumentado (aunque sí los montos obtenidos) no afecta la validez de este argumento (IMF, 2015). Las CNFs que se endeudan en el exterior son grandes compañías que representan una proporción sustancial de la inversión productiva en sus economías domésticas, es decir, son sistémicamente importantes a escala nacional. Cualquier revés en las condiciones financieras externas tiene ahora un nuevo canal de transmisión a la economía doméstica al influenciar las decisiones de inversión de grandes CNFs. De hecho, en los últimos años se han deteriorado los indicadores de solvencia, exposición cambiaria y de rentabilidad de CNFs que se endeudan en el exterior (*ibid*.: 91-92). Y al igual que la pila de efectivo de CNFs dedicada a inversión especulativa, las masivas acumulaciones de reservas de los bancos centrales de ESs representan una gran fuente de recursos 'improductivos' invertidos en Letras del Tesoro de EE.UU. en vez de en oportunidades de inversión doméstica (Cruz y Walters, 2008).

Más aún, la financierización no solo impacta sobre el nivel de la inversión productiva, sino también sobre su estructura, y por consiguiente sobre la

---

específicas de cada país. También es importante resaltar el rol de los capitales de ESs que quisieron aprovechar este procesos de financierización e internacionalización.

distribución del ingreso.[16] El auge de sectores como la explotación de recursos naturales, construcción, finanzas y bienes raíces (sectores donde se han endeudado en el exterior grandes compañías privadas de ESs) ha llevado a una desindustrialización prematura (Benigno *et al.*, 2015; Bortz, 2017) y a caídas en la participación asalariada en muchas ESs (Furceri y Loungani, 2015). Esto es la otra cara de la 'enfermedad holandesa financiera'.

Además de las implicancias para la economía 'real', se puede argumentar que la financierización internacional también cementa la jerarquía internacional de monedas existente y la posición subordinada de las ESs en ella (Braga, 1998, Tavares, 1985). Mientras que el rol del dólar estadounidense como la más importante moneda de fondeo le da una sustancial estabilidad en su valor, es el caso opuesto para monedas de inversión financierizadas que enfrentan presiones depreciatorias latentes y la gran y abrupta pérdida de valor potencial durante períodos de agitación en los mercados (Kaltenbrunner, 2015).[17] Estas presiones latentes hacen que los inversores (internacionales) sean reticentes a comprometer fondos de largo plazo en esas monedas o incluso a usarlas como moneda de fondeo, consolidando sus posiciones subordinadas en la jerarquía monetaria internacional.

## 6. Principios, ejes y medidas de política económica

Este capítulo argumenta que, en contraposición a la mayoría de las discusiones en la literatura, los aspectos internacionales de la financierización son mayores que un mero aumento en los flujos internacionales de capital; más bien, la financierización internacional está caracterizada por cambios cualitativos distintivos en la relación de los agentes económicos con los mercados financieros internacionales. Más aún, en el caso de las ESs, afirmamos que estos cambios cualitativos no son simplemente olas de innovaciones financieras que arrasan con las ESs, sino que son moldeados fundamentalmente por la posición subordinada de las

---

16 La estructura productiva cambia debido al auge de sectores no-transables ligados al crecimiento de las finanzas (construcción, servicios financieros, etcétera) e inversiones ligadas a *commodities*. La distribución del ingreso cambia debido al aumento en los precios de activos (inmobiliarios, activos financieros), la caída en la producción industrial, y el cambio en el poder de negociación de los trabajadores, que deprime el crecimiento de los salarios.

17 Esta es una de las principales razones por las cuales los residentes ricos de ESs invierten en mercados financieros avanzados: pueden tomar ventajas de las abruptas depreciaciones de la moneda. La integración financiera provee nuevos instrumentos para canalizar esta fuga de capitales.

ESs en el sistema monetario internacional. Debido a ello, el impacto de estos cambios cualitativos es más intenso, más volátil y, frecuentemente, totalmente independiente de las condiciones económicas domésticas. La pregunta que queda por formular es qué pueden hacer las ESs para afrontar esta nueva realidad de los mercados financieros internacionales y la subordinación monetaria. Minsky (1975) definía una economía como una relación de hojas de balance. ¿Cuáles son las implicancias de política cuando más y más de estas relaciones son con entidades/instituciones/individuos extranjeros (Bonizzi, 2017)? ¿Cuáles son los desafíos e instrumentos disponibles para los gobiernos cuando se complejizan cada vez más los canales a través de los cuales se desarrollan estas relaciones?

Esta sección postula unos principios que deberían guiar la respuesta de la política económica ante los impactos de la financierización internacional. Asimismo, los instrumentos y medidas específicas recomendadas en este trabajo son agrupados en ejes específicos de acuerdo a la dimensión a la que se vinculan (frente financiero internacional, doméstico, y política macroeconómica más extendida).

Los cambios ocurridos en los últimos tiempos, caracterizados como parte del proceso de financierización internacional, pueden ser someramente resumidos como la creciente complejización de la interacción entre los agentes económicos domésticos y los mercados financieros de capitales, con nuevos actores y nuevos instrumentos. En este marco, las autoridades deberían seguir ciertos criterios o principios como marco de encuadre a la hora de delinear las respuestas de política.

*Enfoque holístico*: la integración de nuevos actores económicos a los mercados financieros internacionales implica que medidas tradicionales de exposición cambiaria (como deuda pública externa o crédito denominado en moneda extranjera) no son suficientes. Hay nuevos prestatarios (hogares, firmas) e inversores financieros (fondos de pensión, de cobertura) que afrontan descalce de monedas. Hay una multiplicidad de nuevas interacciones que debe ser tenida en cuenta a la hora de evaluar los impactos de las distintas medidas. Una visión holística de todos los sectores es tan importante como una mirada a hojas de balance sectoriales (Al-Saffar *et al.*, 2013).

*Enfoque integral*: Las nuevas modalidades de inserción internacional, particularmente de CNFs, pone en discusión las medidas tradicionales de balances agregados de un país como indicadores de fragilidad financiera. Un ejemplo se refiere al endeudamiento externo privado. Los registros usuales bajo el criterio de residencia pueden omitir uno de los procesos característicos mencionados previamente, el endeudamiento de las subsidiarias extranjeras de CNFs de

ESs. Un abordaje en términos de nacionalidad puede ayudar a evaluar mejor los riesgos potenciales para la economía (Chui *et al.*, 2016). De forma más general, es importante una mirada a las actividades de los agentes *más allá* de las fronteras nacionales.

*Enfoque específico*: si bien puede resultar obvio, igual hay que señalar necesidad de atender a los desarrollos específicos de ciertos actores, sectores e instrumentos y la lógica que los guía. De igual modo, el análisis debe incluir el peso que ciertos agentes tienen de por sí, las compañías sistemáticamente importantes a nivel nacional.

*Enfoque dinámico:* las incesantes innovaciones financieras, y la probada habilidad de los mercados financieros para desarrollar productos que saltan las barreras impuestas por las autoridades refuerzan la necesidad de adoptar un enfoque dinámico a la hora de diseñar e implementar las medidas requeridas. No nos referimos solamente a la adopción de políticas contracíclicas, o que se apliquen según la situación del ciclo económico. También es importante una revisión y actualización de las mismas según los distintos desarrollos que se susciten en los mercados internacionales (Grabel 2012).

Con este marco como guía, los gobiernos de ESs tienen distintos instrumentos a su disposición para lidiar, atenuar y/o revertir los impactos de la financierización internacional. Para facilitar la exposición hemos decidido agruparlos en tres ejes arbitrarios, sin negar el posible solapamiento entre los mismos, en línea con los principios de holismo e integralidad definidos anteriormente. Esta enumeración tampoco pretende ser exhaustiva, habiendo muchas otras medidas que se pueden (y en ciertos casos deben) implementar de forma complementaria a las aquí mencionadas.

El aspecto más inmediato que deberían abordar las autoridades al lidiar con la financierización internacional se refiere justamente al plano del financiamiento externo. Los controles de capital son usualmente propuestos para frenar las entradas masivas y las salidas abruptas de capitales financieros, otorgando mayor espacio de política para los gobiernos de ESs. Sin embargo, como dijimos, los mercados financieros permanentemente tratan de saltar dichas barreras, volviéndolas ineficientes, y a veces inefectivas. Esto no significa, sin embargo, que los controles de capital no deban jugar ningún rol significativo. Por el contrario, la evidencia indica que pueden resultar de suma importancia, particularmente cuando están orientados a objetivos específicos. Desincentivar flujos de capitales específicos (como flujos de cartera, ver Ahmed y Zlate, 2013; Korinek, 2018); atenuar el impacto de las entradas sobre sectores particulares (Jara y Olaberría, 2013) y orientar los flujos hacia activos de más largo plazo

(Baumann y Gallagher, 2012), son todos objetivos valiosos y factibles bajo un diseño apropiado de las medidas.

Una medida plausible en ese sentido puede ser la implementación de un impuesto reembolsable sobre el endeudamiento privado externo. Por ejemplo, CNFs (y sus afiliadas) que se endeuden en mercados internacionales, deberían pagar una tasa que se reembolsaría si prueban que los fondos obtenidos fueron usados para expandir la capacidad productiva, idealmente para impulsar las exportaciones. La refinanciación de deuda doméstica a través del endeudamiento externo debería estar severamente penalizada, aún si se realizase en mejores condiciones de costos y madurez. De igual modo, la deuda pública de carácter externo tiene que estar primordialmente destinada a financiar proyectos prioritarios (como ser de infraestructura) que requieran importaciones sustanciales.

Más aún, el riesgo de volatilidad cambiaria y de capitales permanece aun cuando los nacionales de ESs denominan su deuda externa en moneda doméstica, con el riesgo trasladado al inversor externo. Por ende, a fin de evitar el riesgo de fondeo de estas operaciones (y para estimular el fondeo en monedas y mercados de ESs) sugerimos implementar este impuesto incluso sobre las operaciones de inversores extranjeros operando en mercados financieros de ESs.

La adopción de líneas de swaps con países centrales cuyos bancos privados actúen en los mercados financieros de ESs también podría ser una línea interesante para explorar, siendo que ya se implementaron en distintos países durante la crisis del 2008 (UNCTAD, 2015: 67-70).

Las actividades de los bancos extranjeros en los mercados domésticos afectan lógicamente al plano financiero doméstico, aún con implicancias sobre el frente externo. Las prácticas bancarias transfronterizas plantean fuertes desafíos. El enfoque del marco regulatorio internacional de Basilea III que se impuso sobre ESs (sin tener en cuenta sus características específicas, ver al respecto UNCTAD, 2015, capítulo 4) desincentiva la expansión del crédito para propósitos productivos, al requerir mayor capital para préstamos y proyectos supuestamente más riesgosos. Sin embargo, Basilea III le da a las ESs cierto espacio para lidiar con una de las mencionadas características del proceso de financierización: justamente la presencia de bancos internacionales, no solo vía préstamos de sus casas matrices, sino también a través de las actividades de sus subsidiarias. Regular la relación entre estas filiales y sus casas matrices reduciría la exposición de ESs a shocks internacionales de liquidez.

Otro aspecto a mencionar se refiere al préstamo doméstico en moneda extranjera. El mismo solo debería estar disponible para prestatarios con ingresos en esa moneda, o sea, exportadores. Los importadores deberían buscar formas alternativas de obtener divisas, salvo en el caso de importaciones específicas necesarias para objetivos de políticas de desarrollo. Demás está decir que el crédito en moneda extranjera a hogares y otros agentes que no tengan ingresos por divisas debería estar prohibido o severamente penalizado. Esta medida, que limita las posibilidades de los bancos de expandir sus *activos* en moneda externa, desincentivará la expansión de sus *pasivos* en la misma moneda. De igual modo, la adopción de políticas macroprudenciales debería reforzar la solidez de los activos del sector financiero, sin resentir las posibilidades de financiamiento para la economía doméstica.

La eventual falta de crédito privado puede ser solucionada en el plano doméstico vía el crédito público. La idea primaria sería cubrir con la expansión de la banca pública las eventuales restricciones al financiamiento de sectores productivos que puedan surgir de la implementación de restricciones al endeudamiento externo. Esto se puede lograr tanto vía bancos especializados (bancos de desarrollo, industriales, agrícolas, etcétera) como a través de créditos del gobierno. También se pueden implementar políticas de segmentación de tasas para sectores o propósitos específicos. Un ejemplo importante podría ser una fuerte presencia de bancos públicos en el mercado del crédito hipotecario, junto con proyectos significativos de construcción de viviendas por parte del Estado.

De igual forma, es importante desarrollar instrumentos de ahorro en moneda doméstica que resulten atractivos para los inversores nacionales, a fin de contrarrestar la fuga de capitales. Estas medidas referidas a la *composición de la cartera de los ahorristas* no deben ser confundidas con medidas de impulso directo al ahorro, el cual está determinado principalmente por los niveles de inversión, actividad, y por la distribución del ingreso.

Finalmente, dado que el concepto de apalancamiento es *relativo* ya que hace referencia a un cociente, es clave que las autoridades se enfoquen no sólo en la dinámica del endeudamiento de los distintos sectores, sino también en la evolución de sus ingresos. Una política de sostenimiento de la actividad y el empleo, por ejemplo vía la política fiscal, es muy importante a fin de robustecer la solidez de los balances de firmas y hogares y robustecer las posibilidades de crecimiento en momentos de tensión cambiaria (Bortz y Zeolla, 2017).

## Referencias bibliográficas

AALBERS, M.B. (2008) "The Financialization of Home and the Mortgage Market Crisis". *Competition & Change, 12* (2), 148-166.

AGLIETTA, M. y BRETON, R. (2001) "Financial Systems, Corporate Control and Capital Accumulation". *Economy and Society, 30* (4), 433-66.

AHMED, S. y ZLATE, A. (2013) "Capital Flows to Emerging Market Economies: A Brave New World?" *International Finance Discussion Papers* n° 1081. Washington, DC: Board of Governors of the Federal Reserve.

AKKEMIK, K.A. y ÖZEN, S. (2014) "Macroeconomic and Institutional Determinants of Financialisation of Non-financial Firms: Case Study of Turkey". *Socio-Economic Review, 12* (1), 71-98.

AKYÜZ, Y. (2014) "Internationalization of Finance and Changing Vulnerabilities in Emerging and Developing Economies". *Discussion Paper* n° 217. Ginebra: UNCTAD.

AL-SAFFAR, Y.; RIDINGER, W. y WHITAKER, S. (2013) "The Role of External Balance Sheets in the Financial Crises". *Financial Stability Paper* n° 24. Londres: Bank of England.

ANDREFF, W. (2015) "Outward Foreign Direct Investment from BRIC Countries: Comparing Strategies of Brazilian, Russian, Indian and Chinese Multinational Companies". *The European Journal of Comparative Economics, 12* (2), 79-131.

ARON, J.; LEAPE, J. y THOMAS, L. (2010) "Portfolio and Capital Markets in South Africa". Trabajo presentado en la Conferencia CSAE 2010, Economic Development in Africa, Oxford (21-23 de marzo).

ARRIGHI, G. (1994) *The Long Twentieth Century: Money, Power, and the Origins of our Times*. London: Verso.

AVDJIEV, S.; CHUI, M. y SHIN, H.S. (2014) "Non-financial Corporations from Emerging Market Economies and Capital Inflows". *BIS Quarterly Review.* December, 67-77.

BAR-ILAN, A. y MARION, N. (2009) "A Macroeconomic Perspective on Reserve Accumulation". *Review of International Economics, 17* (4), 802-823.

BASTOURRE, D.; CARRERA, J. y IBARLUCÍA, J. (2009) "What Is Driving Reserve Accumulation". *Review of International Economics, 17* (4), 861-77.

BASUALDO, E. (2010) *Estudios de Historia Económica Argentina*. Buenos Aires: Editorial Siglo XXI.

BAUMANN, B. y GALLAGHER, K. (2012) "Navigating Capital Flows in Brazil and Chile". *Initiative for Policy Dialogue Working Paper Series*. New York: Columbia University.

BECKER, J.; JÄGER, J.; LEUBOLT, B. y WEISSENBACHER, R. (2010) "Peripheral Financialization and Vulnerability to Crisis: A Regulationist Perspective". *Competition & Change, 14* (3-4), 225-247.

BENIGNO, G.; CONVERSE, N. y FORNARO, L. (2015) "Large Capital Inflows, Sectoral Allocation, and Economic Performance". *International Financial Discussion Paper* n° 1132. Washington, DC: Board of Governors of the Federal Reserve.

BIBOW, J. (2011) "Permanent and Selective Capital Account Management Regimes as an Alternative to Self-insurance Strategies in Emerging-market Economies". *Working Paper* n° 683. Annandale-on-Hudson, NY: Levy Economics Institute of Bard College.

BONIZZI, B. (2013) "Financialization in Developing and Emerging Countries". *International Journal of Political Economy, 42* (4), 83-107.

BONIZZI, B. (2017) "International Financialisation, Developing Countries and the Contradictions of Privatised Keynesianism". *Economic and Political Studies, 5* (1), 21-40.

BORTZ, P.G. (2016) *Inequality, Growth and 'Hot Money'*. Cheltenham: Edward Elgar.

BORTZ, P.G. (2017) "Flujos de Capital y Endeudamiento Externo: Algunas Reflexiones para el Caso Latinoamericano". En: ABELES, M. y VALDECANTOS, S. (eds), *Estudios sobre Financierización en América Latina* (pp. 295-321). Santiago de Chile: CEPAL.

BORTZ, P.G. y KALTENBRUNNER, A. (2018) "The International Dimension of Financialization in Developing and Emerging Economies". *Development and Change, 49* (2), 375-393.

BORTZ, P.G. y ZEOLLA, N.H. (2017) "El Rol de la Política Fiscal en Episodios de Crisis Cambiarias. Un Estudio para Países Emergentes". En: Médici, F. (ed), *Discusiones Sobre el Tipo de Cambio*. Moreno: UNM Editora.

BOTTA, A.; GODIN, A. y MISSAGLIA, M. (2014) "Finance, Foreign (Direct) Investment and Dutch Disease: The Case of Colombia". *DEM Working Paper Series* n° 90 (09-14). Pavia: Universitá di Pavia.

BOYER, R. (2000) "Is a Finance-Led Growth Regime a Viable Alternative to Fordism? A Preliminary Analysis". *Economy and Society, 29* (1), 111-45.

BRAGA, J. (1998) "Financeirização Global: o Padrão sistêmico de Riqueza do Capitalismo Contemporâneo". En: Tavares, M.D.C. y Fiori, J.L. (eds), *Poder e Dinheiro: uma Economia Política da Globalização* (pp. 195-243). Petropolis: Editora Vozes.

BRENNER, R. (2004) "New Boom or New Bubble". *New Left Review, 25* (1), 57-102.

BRUNO, V. y SHIN, H.S. (2015) "Global Dollar Credit and Carry Trades: A Firm-level Analysis". *BIS Working Papers* n° 510. Basilea: Bank for International Settlements.

Bussière, M.; Cheng, G.; Chinn, M. y Lisack, N. (2015) *For a Few Dollars More: Reserves and Growth in Times of Crises*. Working Paper n° 550. París: Banque de France.

Christophers, B. (2012) "Anaemic Geographies of Financialisation". *New Political Economy, 17* (3), 271-91.

Chui, M.; Kuruc, E. y Turner, P. (2016) "A New Dimension to Currency Mismatches in the Emerging Markets: Non-financial Companies". *BIS Working Papers* n° 550. Basilea: Bank for International Settlements.

Chung, K.; Lee; Loukoianova, E.; Park, H. y Shin, H.S. (2014) "Global Liquidity through the Lens of Monetary Aggregates". *Working Paper* n° 14/9. Washington, DC: International Monetary Fund.

Correa, E.; Vidal, G. y Marshall, W. (2012) "Financialization in Mexico: Trajectory and Limits". *Journal of Post Keynesian Economics, 35* (2), 255-75.

Cruz, M. y Walters, B. (2008) "Is the Accumulation of International Reserves Good for Development?" *Cambridge Journal of Economics, 32* (5), 665-681.

Demir, F. (2008) "Financial Liberalization, Private Investment and Portfolio Choice: Financialization of Real Sectors in Emerging Markets". *Journal of Development Economics*, 88 (2), 314-24.

Demir, F. (2009) "Capital Market Imperfections and Financialisation of Real Sectors in Emerging Markets: Private Investment and Cash Flow Relationship Revisited". *World Development, 37* (5), 953-64.

Duménil, G. y Lévy, D. (2004) *Capital Resurgent: Roots of the Neoliberal Revolution*. Cambridge, MA: Harvard University Press.

Dymski, G. (2010) "Why the Subprime Crisis is Different? A Minskyian Approach". *Cambridge Journal of Economics, 34* (2), 239-255.

Eichengreen, B.; Hausmann, R. y Panizza, U. (2003) "Currency Mismatches, Debt Intolerance and Original Sin: Why They Are Not the Same and Why It Matters". *NBER Working Paper* n° 10036. Cambridge, MA: National Bureau for Economic Research.

Erturk, I. y Solari, S. (2007) "Banks as Continuous Reinvention". *New Political Economy, 12*(3), 369-388.

Farhi, M. y Borghi, R.A.Z. (2009) "Operações com Derivativos Financeiros das Corporações de Economias Emergentes no Ciclo Recente". *Estudos Avançados, 23* (66), 169-188.

French, S.; Leyshon, A. y Wainwright, T. (2011) "Financializing Space, Spacing Financialization". *Progress in Human Geography, 35* (6), 1-22.

FURCERI, D. y LOUNGANI, P. (2015) "Capital Account Liberalization and Inequality". *IMF Working Paper* n° 15/243. Washington DC: International Monetary Fund.

GABOR, D. (2010) *Central Banking and Financialization. A Romanian Account of how Eastern Europe Became Subprime*. Basingstoke: Palgrave Macmillan.

GARCÍA-ARIAS, J. (2015) "International Financialization and the Systemic Approach to International Financing for Development". *Global Policy, 6* (1), 24-33.

GHOSH, A.; OSTRY, J. y TSANGARIDES, C. (2012) "Shifting Motives: Explaining the Buildup in Official Reserves in Emerging Markets since the 1980s". *IMF Working Paper* n° 12/34. Washington DC: International Monetary Fund.

GRABEL, I. (2012) "Dynamic Capital Regulations, IMF Irrelevance and the Crisis". En: GALLAGHER, K.P.; GRIFFITH-JONES, S. y OCAMPO, J.A (eds), *Regulating Capital Flows for Long-Run Development* (pp. 59-69). Boston, MA: Frederick S. Pardee Center for the Study of Longer Range Development, Boston University.

HALDANE, A. (2011) "The Big Fish Small Pond Problem". Discurso en la Conferencia Annual del Institute for New Economic Thinking, Bretton Woods, NH (9 de abril).

HIRST, P.Q.; THOMPSON, G.; BROMLEY, S. y PRESS, P. (2009) *Globalization in Question* (3rd edn). Cambridge: Polity.

IMF (2015) *Global Financial Stability Report, October 2015. Vulnerabilities, Legacies, and Policy Challenges: Risks Rotating to Emerging Markets*. Washington, DC: International Monetary Fund.

JARA, A. y OLABERRÍA, E. (2013) *Are All Capital Inflows Associated with Booms in House Prices? An Empirical Evaluation*. Working Paper n° 696. Santiago: Banco Central de Chile.

JONES, S. (2012) "Macro Funds Seek Succour in Emerging Markets". *Financial Times* 24 de Octubre. Doi: <www.ft.com/cms/s/0/406cec70-1ddb-11e2-8e1d-00144feabdc0.html#axzz2AIFqcC3Z>.

KALINOWSKI, T. y CHO, H. (2009) "The Political Economy of Financial Liberalization in South Korea: State, Big Business, and Foreign Investors". *Asian Survey, 49* (2), 221-242.

KALTENBRUNNER, A. (2010) "International Financialization and Depreciation: Brazil in the International Financial Crisis". *Competition & Change, 14* (3-4), 296-323.

KALTENBRUNNER, A. (2015) "A Post Keynesian Framework of Exchange Rate Determination: A Minskyan Approach". *Journal of Post Keynesian Economics, 38* (3), 426-448.

KALTENBRUNNER, A. y PAINCEIRA, J.P. (2015) "Developing Countries Changing Nature of Financial Integration and New Forms of External Vulnerability: The Brazilian Experience". *Cambridge Journal of Economics*, *39* (5), 1281-1306.

KALTENBRUNNER, A. y PAINCEIRA, J.P. (2017) "Subordintaed Financial Integration and Financialisation in Emerging Capitalist Economies: The Brazilian Experience". *New Political Economy*, pp. 1-24. Disponible en: <http://www.tandfonline.com/doi/abs/10.1080/13563467.2017.1349089>.

KARACIMEN, E. (2016) "Consumer Credit as an Aspect of Everyday Life of Workers in Developing Countries: Evidence from Turkey". *Review of Radical Political Economics*, *48* (2), 252-68.

KARWOWSKI, E. y STOCKHAMMER, E. (2017) "Financialisation in Emerging Economies: A Systematic Overview and Comparison with Anglo-Saxon Economies". *Economic and Political Studies*, *5* (1), 60-86.

KEYNES, J.M. (1933/1982) "National Self-sufficiency". En: Moggridge, D. (ed.), *The Collected Writings of John Maynard Keynes, Vol. XXI: Activities 1931-1939. World Crises and Policies in Britain and America* (pp. 233-46). Cambridge: Cambridge University Press.

KORINEK, A. (2018) "Regulating capital flows to emerging markets: An externality view". *Journal of International Economics*, *111* (3), 61-80.

LANGLEY, P. (2008) *The Everyday Life of Global Finance: Saving and Borrowing in Anglo-America*. Oxford: Oxford University Press.

LAPAVITSAS, C. (2009) "Financialisation, or the Search for Profits in the Sphere of Circulation". *Research on Money and Finance Discussion Paper* 10. Londres: School of Oriental and African Studies.

LAPAVITSAS, C. (2014) *Profiting without Producing: How Finance Exploits Us All*. Londres: Verso Books.

LAZONICK, W. y O'SULLIVAN, M. (2000) "Maximizing Shareholder Value: A New Ideology for Corporate Governance". *Economy and Society*, *29* (1), 13-35.

LEVY-ORLIK, N. (2012) "Effects of Financialization on the Structure of Production and Non-financial Private Enterprises: The Case of Mexico". *Journal of Post Keynesian Economics*, *35* (2), 235-254.

MAGDOFF, H. y SWEEZY, P. (1972) *The Dynamics of US Capitalism*. New York: Monthly Review Press.

MIHALJEK, D. y PACKER, F. (2010) "Derivatives in Emerging Markets". *BIS Quarterly Review*. December, 43-58.

MINSKY, H. (1975) *John Maynard Keynes*. New York: Columbia University Press.

MONTGOMERIE, J. (2008) "Bridging the Critical Divide: Global Finance, Financialisation and Contemporary Capitalism". *Contemporary Politics, 14* (3), 233-252.

MONTGOMERIE, J. (2009) "The Pursuit of (Past) Happiness? Middle-class Indebtedness and American Financialisation". *New Political Economy, 14* (1), 1-24.

ORHANGAZI, O. (2008) "Financialization and Capital Accumulation in the Non-financial Corporate Sector: A Theoretical and Empirical Investigation of the US Economy, 1973–2004". *Cambridge Journal of Economics, 32* (6), 863-886.

PAINCEIRA, J.P. (2011) "Central Banking in Middle Income Countries in the Course of Financialisation: A Study with Special Reference to Brazil and Korea". PhD dissertation, University of London.

PAINCEIRA, J.P. (2012) "Developing Countries in the Era of Financialisation: From Deficit-accumulation to Reserve-accumulation". En: LAPAVISTAS, C. (ed.) *Financialisation in Crisis*, pp. 185-215. Leiden: Brill.

PATNAIK, P. (2007) "Financial Crisis, Reserve Accumulation and Capital Flows". *Economic and Political Weekly, 42* (50), 45-51.

PIKE, A. y POLLARD, J. (2010). "Economic Geographies of Financialization". *Economic Geography, 86* (1), 29-51.

POWELL, J. (2013) "Subordinate Financialisation: A Study of Mexico and its Non-Financial Corporations". PhD dissertation, SOAS, University of London.

RETHEL, L. (2010). Financialisation and the Malaysian Political Economy. *Globalizations, 7*(4), 489–506.

RODRIGUES BASTOS, F.; KAMIL, H. y SUTTON, B. (2015) "Corporate Financing Trends and Balance Sheet Risks in Latin America: Taking stock of The Bon(d)anza". *IMF Working Paper* n° 15/10. Washington, DC: International Monetary Fund.

SANTOS, DOS, P. (2009) "On the Content of Banking in Contemporary Capitalism". *Historical Materialism, 17* (2), 180-213.

SEO, H.J.; KIM, H.S. y KIM, Y.C. (2012) "Financialization and the Slowdown in Korean Firms R&D Investment". *Asian Economic Papers, 11* (3), 35-49.

SOKOL, M. (2017) "Financialisation, Financial Chains and Uneven Geographical Development: Towards a Research Agenda". *Research in International Business and Finance, 39* (B), 678-685.

STOCKHAMMER, E. (2004) "Financialisation and the Slowdown of Accumulation". *Cambridge Journal of Economics, 28* (5), 719-741.

STOCKHAMMER, E. (2010) "Financialization and the Global Economy". *Political Economy Research Institute Working Paper* n° 242. Amherst, MA: University of Massachusetts, Amherst.

TARASHEV, N.; AVDJIEV, S. y COHEN, B. (2016) "International Capital Flows and Financial Vulnerabilities in Emerging Market Economies: Analysis and Data Gaps". Notas aportadas al G20 International Financial Architecture Working Group, BIS, Basilea (Junio).

TAVARES, M.D.C. (1985) "A retomada da hegemonía americana". *Revista de Economía Política*, *5* (2), 5-16.

TYSON, J. y MCKINLEY, T. (2014) "Financialization and the Developing World: Mapping the Issues". *FESSUD Working Paper* n° 38. Leeds: Leeds University Business School on behalf of FESSUD.

UNCTAD (2014) *World Investment Report*. Ginebra: UNCTAD.

UNCTAD (2015) *Trade and Development Report*. Ginebra: UNCTAD.

WEF (2012) *Financial Development Report 2012*. New York: World Economic Forum.

YUK, P. (2012) "The Rising of Emerging Markets EFTs'". *Financial Times* 18 de Octubre. <http://blogs.ft.com/beyond-brics/2012/10/18/the-rise-and-rise-of-emerging-markets-etfs/#axzz2A7uCHlKR>.

# PARTE II

## Los desafíos de los Bancos Centrales en la era del Valor Financiero

# 5/ Independencia del banco central: mito y malentendido

*Larry Randall Wray[1]*

## 1. Introducción[2]

E s común hablar de la independencia del Banco Central como si fuera a la vez una realidad y una necesidad. Las discusiones sobre la Reserva Federal (Fed) constantemente refieren a la independencia establecida por ley y, con frecuencia, al acuerdo de 1951.[3] Aunque es sabido que el Congreso impuso el doble mandato de baja inflación y alto empleo, la Fed tiene un margen amplio de discrecionalidad para interpretar estos objetivos. Durante mucho tiempo algunos economistas los han considerado contradictorios, pero en años recientes el ex-presidente de la Fed, Alan Greenspan, parece haber demostrado que perseguir un sendero de baja inflación conlleva automáticamente a un sendero de crecimiento estable con máximo empleo.

En una discusión nada es más sagrado que el supuesto de independencia del Banco Central y el rol de los economistas como hacedores de política

---

1   Profesor de Economía Bard College.

2   Este trabajo es una traducción del artículo "Central Bank Independence: Myth and Misunderstanding", *Working Paper* n° 791, Levy Economics Institute of Bard College <http://www.levyinstitute.org/pubs/wp_791.pdf>. Traducción por Lucas Peralta (UNLP), Deborah Noguera (LESET-IdIHCS/UNLP-CONICET) y Jessica Noguera (UNLP).

3   Thorvald Grung Moe examina el papel de Marriner Eccles y las discusiones y eventos que condujeron al Acuerdo de 1951. Eccles fue una figura dominante en la transformación de la Fed, de una institución relativamente débil y descentralizada que se había creado en 1913 al Banco Central moderno que conocemos en la actualidad. Moe sostiene que la visión de Eccles fue instrumental en esa evolución; como veremos, las teorías modernas de los bancos centrales, sin embargo, se desvían bruscamente de la visión de Eccles de manera bastante esclarecedora.

listos para defender su prohibición de "financiar" déficits presupuestarios. En Estados Unidos, como en muchas naciones desarrolladas, esta prohibición fue establecida por ley desde la creación de la Fed en 1913. En la práctica es fácil de evadir, como sucedió durante la Segunda Guerra Mundial en Estados Unidos, cuando los déficits presupuestarios ascendían a un cuarto del PBI. Si un Banco Central se dispone a comprar bonos del gobierno en el mercado secundario para establecer cierta tasa de interés, luego los bancos privados comprarán bonos en el nuevo mercado y se los venderán a un precio prácticamente garantizado. El Banco Central al comprar los bonos ofrece las reservas que los bancos necesitan para acceder a ellos. De esta manera se crea un círculo virtuoso y el Tesoro no enfrenta restricciones de financiamiento. El acuerdo de 1951 trató de poner fin al financiamiento barato del Tesoro de Estados Unidos.

Desde la crisis financiera global en 2007, estas discusiones han aflorado tanto en Estados Unidos como en la Unión Monetaria Europea. En Estados Unidos la discusión sobre "imprimir dinero" para financiar grandes déficits se vio silenciada en parte porque la Fed teóricamente se comprometió con la política de *quantitative easing* a motivar a los bancos a prestar, no para proporcionar financiamiento barato al Tesoro. Pero el impacto financiero ha sido el mismo que el de la Segunda Guerra Mundial: tasas de interés muy bajas en la deuda pública, incluso cuando gran parte de ésta terminó en los libros contables de la Fed, mientras que las reservas de los bancos crecieron a niveles históricos. Cuando los hiperinflacionistas destacaban el hecho de que la Fed esencialmente "imprimía dinero" (reservas) para financiar déficits presupuestarios, otros observadores respaldaban la noción de que la *quantitative easing* motivaría a los bancos privados a prestar. Esto último es considerado deseado y ciertamente mejor que "financiar" déficits presupuestarios para que el gobierno pueda gastar e impulsar el crecimiento de la economía. Crecer a través de austeridad fiscal es el nuevo paradigma, mientras la Fed acumula deuda del gobierno federal e hipotecas dudosas.

El otro caso paradigmático es la Unión Monetaria Europea, donde el Banco Central Europeo (BCE) tenía prohibido comprar deuda de los gobiernos miembros. En principio, se suponía que estos gobiernos morigerarían sus déficits para cumplir con los requerimientos del tratado de Maastricht. No es necesario aclarar que las cosas no han salido como se planeaban. El balance del BCE se ha descontrolado al igual que el de la Fed. No resultaría exagerado predecir que el BCE terminará absorbiendo la mayor parte de la deuda de los gobiernos de la Unión Monetaria Europea.

Resulta conveniente, entonces, volver a examinar la noción de independencia del banco central. Consideremos los siguientes puntos:

- Primero, ¿puede un banco central ser realmente independiente? ¿En qué sentido? ¿Operacional? ¿Formulación de política?
- Segundo, ¿debe un banco central ser independiente? En una democracia ¿debe la política monetaria ser independiente? ¿Por qué?
- Finalmente, ¿cuáles son los problemas potenciales a enfrentar si el banco central no es independiente? ¿Inflación? ¿Insolvencia?

El presente trabajo se focaliza en Estados Unidos y la Fed, pero el análisis es relevante para una discusión general sobre la independencia de los bancos centrales. El análisis se centra en torno al concepto de independencia del Banco Central y en qué sentido la Fed es independiente. Queda pendiente para próximos estudios analizar si es prudente o no otorgarle independencia a dicha institución, la cuestión de la responsabilidad democrática y otros potenciales problemas. Se argumenta en este trabajo que la Fed es independiente en un sentido restringido. En trabajos previos hemos señalado que la repuesta de la Fed durante la crisis global plantea serias cuestiones en cuanto a transparencia y responsabilidad; problemas que no se han resuelto con la legislación Dodd-Frank.[4] Finalmente, no se considera que la falta de independencia del banco central genere problemas significativos de inflación o insolvencia del gobierno soberano.

Para el caso de Estados Unidos se recurre a un estudio de Bernard Shull sobre la gobernanza de la Fed. En dicho trabajo, el argumento dominante para la independencia a lo largo de la historia de la Fed ha sido que la política monetaria debe ser establecida para promover el interés nacional. Esto requiere que esté libre de influencia proveniente del Congreso. Además, se ha aceptado la idea de que los miembros del Comité Federal del Mercado Abierto prioricen el interés nacional, a pesar de que en el mismo participan las Reservas Federales regionales. Shull muestra que, mientras que las cuestiones de gobernanza se mantienen sin resolver, el Congreso ha afianzado su derecho a supervisión, especialmente luego de crisis económicas o financieras.

También se incluyen resúmenes de los argumentos de dos personas que formaron parte del Tesoro y la Fed, quienes igualmente concluyen que el caso de la independencia de la Fed es exagerado. El ex funcionario del Tesoro indica que al menos en relación al Tesoro no hay presunción de que la Fed es operativamente independiente. La Fed oficialmente elaboró una declaración exhaustiva sobre su independencia, argumentando que esta es una criatura del Congreso. Más recientemente, Ben Bernanke ha dicho "por supuesto que haremos lo que

---

4   Ver dos informes anuales de investigaciones realizadas con el apoyo de Ford Foundation Grant n° 1110-0184, administrado por la Universidad de Missouri-Kansas City.

el Congreso nos diga": si el Congreso no está satisfecho con las acciones de la Fed, puede decirle a ésta que cambie su comportamiento[5].

Como consecuencia de la crisis de hipotecas subprime, el Congreso ha intentado ejercer un mayor control a través de la legislación Dodd-Frank. La Fed manejó la mayor parte de la respuesta de política económica en Estados Unidos durante la crisis de 2008. Como se ha señalado, gran parte del rescate fue a puertas cerradas y pensado para mantenerse en secreto (Felkerson, 2012 y Wray, 2012). Mucho de esto se mantuvo en los márgenes de la ley y quizás hasta fue más allá de la ahora famosa sección 13 que ha sido invocada dadas las "inusuales y exigentes" circunstancias por primera vez desde la Gran Depresión. El Congreso ha demandado mayor transparencia y ha puesto restricciones más exigentes para las respuestas a las crisis de la Fed, pero paradójicamente, la legislación Dodd-Frank también incrementa la autoridad y las responsabilidades de esta. Sin embargo, esto es en cierto sentido un *déjà vu* porque la reacción del Congreso ante la pobre respuesta de la Fed a la aparición de la crisis fue contradictoriamente similar a cuando el Congreso impuso en simultáneo un mayor control sobre la Reserva Federal mientras expandía el alcance de su misión.

## 2. ¿Independencia de qué?

La mayoría de las referencias a la independencia del Banco Central resultan poco precisas. En los Estados Unidos la Fed es una "criatura del Congreso", según lo establecido por el Acta de la Reserva Federal de 1913, el cual ha sido modificado varias veces. Los funcionarios electos tienen un importante rol al momento de seleccionar los altos puestos de la Fed. Y mientras que la misma es nominalmente propiedad de bancos accionistas y su presupuesto es independiente, se devuelven al tesoro las ganancias por encima del 6% en *equity*. El Congreso también ha establecido su autoridad para ordenar que la Fed divulgue información detallada sobre sus operaciones y presupuesto –y parece no haber otra razón más que cierto reparo del Congreso para que no se demande más control sobre ella (de hecho, Dodd-Frank sanciona muchas de las medidas tomadas por la Fed durante la crisis de 2008, requiriéndose ahora aprobación previa del Presidente, el Secretario del Tesoro, y/o el Congreso para varias intervenciones)–. Además, las operaciones de la Fed están estrecha y necesariamente coordinadas con las del Tesoro; la Fed, después de todo, funciona como el Banco del Tesoro. Finalmente, el Congreso ha establecido un

---

5    Su declaración puede verse en el siguiente enlace: <http://www.youtube.com/watch?v=a7XV3vS1hAM>.

EL IMPERIO DE LAS FINANZAS

doble mandato para guiar la política de la Fed, aunque uno podría fácilmente interpretar su voluntad de cumplir con cuatro mandatos: alto empleo, baja inflación, crecimiento aceptable, y estabilidad financiera.

Tal como se ha mencionado, la Fed es una criatura del Congreso. Al respecto Bruce MacLaury sostiene:

> En última instancia, la Reserva Federal es responsable ante el Congreso, no ante el Poder Ejecutivo, a pesar de que los miembros de la Junta y el presidente de la Reserva son designados por el presidente. La autoridad y los poderes de la política delegada están sujetos a revisión por el Congreso, no por el presidente de la Nación, el Departamento del Tesoro, ni por bancos u otros intereses. (MacLaury, 1976, p. 4)

Ha habido tanto críticos como quienes han brindado soporte al hecho de la propiedad nominal de la Fed por los bancos miembros es una evidencia suficiente para afirmar que la Fed es de alguna forma independiente del gobierno. Respecto a esta independencia, MacLaury interpreta lo siguiente:

> Primero, seamos claros sobre lo que la independencia no significa. No significa decisiones y acciones tomadas sin responsabilidad. Por ley y por los procedimientos establecidos, el sistema es claramente responsable ante el Congreso, no solo por sus acciones de política monetaria, sino también por sus responsabilidades regulatorias y por los servicios a los bancos y al público. Tampoco la independencia significa que las acciones de política monetaria deberían estar libres de discusión pública y críticas por parte de miembros del Congreso, economistas profesionales dentro y fuera del gobierno, líderes financieros, empresariales y comunitarios, y ciudadanos informados. Tampoco significa que la Fed sea independiente del gobierno. Aunque se encuentra estrechamente interconectada con la banca comercial, la Fed es claramente una institución pública, que funciona dentro de una disciplina de responsabilidad para el "interés público". Tiene un grado de independencia dentro del gobierno, lo que es bastante distinto de ser independiente del gobierno. Por lo tanto, se considera más apropiadamente que el Sistema de la Reserva Federal está "protegido" de las presiones de intereses político-gubernamentales y bancarios, en lugar de ser independiente de ellos. A través de sus términos y citas escalonadas, por ejemplo, los miembros de la Junta de Gobernadores están protegidos de depender o estar en deuda con la actual administración o partido en el poder. De esta y otras maneras, entonces, el proceso monetario está protegido, pero no aislado de influencias. En un sentido funcional, la estructura protegida permite a los responsables de la política monetaria mirar más allá de las presiones a corto plazo y los recursos políticos cuando los objetivos a largo plazo de crecimiento sostenible y precios estables pueden requerir acciones de política "impopulares". Los objetivos monetarios

deben poder sopesar lo más objetivamente posible las ventajas de los recursos a corto plazo contra las consecuencias a largo plazo, en el interés público.

Consideramos como punto de partida en nuestro análisis que la Fed es parte del gobierno –es decir, es una institución pública–, pero apartada de la política del día-a-día y de otros tipos de presiones de intereses especiales. En la siguiente sección se explorará esta independencia en mayor detalle desde una perspectiva histórica.

## 2.1. Gobernanza de la FED: Perspectiva Histórica

Shull (2014) ofrece una historia detallada de la evolución del gobierno de la Fed. El autor destaca que la misma es una agencia gubernamental independiente como la Comisión Federal de Comercio, el Consejo Nacional de Relaciones Laborales y la Comisión de Seguridad e Intercambio. Cada una de estas agencias tiene discrecionalidad en implementar leyes a través de reglas y formulación de políticas. Las agencias más independientes tienen un inspector general y están sujetas a vigilancia por parte del Congreso. El caso de la Fed es un tanto inusual ya que se autofinancia y hay una creencia muy arraigada de que, si la formulación de su política monetaria no es independiente, se obtendrían resultados insatisfactorios. En otras palabras, se supone que una buena política monetaria depende de su grado de independencia del Congreso y de la Administración del Gobierno. Por lo tanto, la política monetaria de la Fed no está sujeta a auditorías de la Oficina de Rendición de Cuentas del Gobierno (y los tribunales se han negado a oír las demandas que acusan a la Fed de errores en sus políticas). En décadas recientes, la Administración del Gobierno, aunque con ciertas excepciones, ha sido reacia a criticar su política monetaria,

Para la creación de la Fed se discutieron diversas propuestas, que iban desde crear un Banco Privado Central (como el Banco de Inglaterra), hasta que se estableciera la misma Fed dentro del Tesoro. Sin embargo, el proyecto Glass-Owen, que proponía propiedad privada y un sistema descentralizado, con el Secretario del Tesoro y el Controlador de la Moneda como miembros de la junta de la Fed, resultó el elegido. Se suponía que el sistema descentralizado garantizaba "una representación justa de los intereses financieros, industriales y comerciales, y las divisiones geográficas del país" (Shull, 2014, p. 4). La junta debía ser "una organización claramente no partidista y totalmente ajena a la política." (Shull, 2014, p. 5). Según Paul Warburg, el gobierno debía ser mantenido por un "sistema de controles y contra-controles"; un sistema paralizante que da poderes con una mano y los saca con otra" (citado en Shull, 2014, p.

5). En otras palabras, la idea era que, asegurando una amplia representación de intereses, la Fed se veía neutralizada por un "choque de intereses". Tal como Shull sostiene "los controles y balances por lo tanto constituyen una forma interna de gobierno" (Shull, 2014, p. 5).[6]

Durante la Primera Guerra Mundial, la Fed se dispuso a respaldar la emisión de deuda del Tesoro. En el período inflacionario al final de la guerra, las Reservas Federales regionales elevaron las tasas de descuento bruscamente (hasta un marginal del 87%) lo que fue seguido por una fuerte retracción que condujo a una deflación de los precios agrícolas. El Congreso revisó el tema de la gobernanza ya que algunos críticos querían obligar a la Fed a buscar la aprobación del Congreso en avance de futuras alzas de tasas. Uno de los miembros de la junta, Adolph Miller, planteó:

> El pueblo estadounidense nunca tolerará una contracción económica si saben que puede evitarse. Menos aún resistirán la contracción si creen que es por iniciativa o con el consentimiento de una institución como el Sistema de Reserva Federal... El Sistema de Reserva no puede "crear" la situación del ciclo de negocios, pero puede hacer un trato para que sus extremos sean menos pronunciados y violentos... La política de descuentos... siempre debe dirigirse a la fase del ciclo económico por la cual pasa el país. (citado en Shull, 2014, p. 7)

Como argumenta Shull, esta gobernanza mediante controles y balances entra en conflicto con la necesidad de utilizar la política monetaria como estabilizador de la economía. El Congreso apretó las riendas de los bancos centrales y también centralizó la toma de decisiones en la Junta en Washington. La oficina de responsabilidad gubernamental comenzó a auditar a la junta y se formaron varios comités y comisiones que investigaron sobre nuevas pautas para controlar a los bancos centrales. Sin embargo, el acta Pepper-McFadden de 1927 reemplazó el estatuto original de 20 años de antigüedad por uno nuevo, y un reporte del Congreso declaró que los bancos centrales mostraron ser de utilidad en la implementación de políticas económicas. Finalmente, no se hizo mucho para restringir la discreción del Banco Central.

Las cuestiones de gobernanza volvieron a surgir durante la Gran Depresión, considerándose seriamente dar al Tesoro el gobierno de la Fed. El presidente Roosevelt (quien parece haber estado de acuerdo con esto) como muchos congresistas se preguntaban si los bancos centrales estaban lo suficientemente comprometidos con el interés nacional. El Título II del acta de Bancos de 1935 fue un compromiso que preservaba la propiedad privada, pero se motivaba a

---

6    Esto no implica que Warburg haya apoyado este enfoque. Según Shull, Warburg pensó que no era práctico, como se demostró.

la junta a estar más atenta en la "participación de la formulación de políticas económicas y monetarias nacionales" (Shull, 2014, p. 10), focalizándose en el interés nacional. Como el poder se centralizó en Washington, el enfoque de "controles y balances" para la gobernanza fue en decadencia.

Durante la Segunda Guerra Mundial la Fed (tal como en la Primera Guerra Mundial) volvió a cooperar con el Tesoro para mantener bajas las tasas de deuda nacional. Ello terminó en el Acuerdo de 1951 entre el Tesoro y el Sistema de la Reserva Federal, restaurando la "independencia" de la Fed para formular la política monetaria. Sin embargo, la política aun debía ser tomada velando por el interés nacional, con la Fed manteniendo tasas muy bajas hasta mediados de los sesenta. La Fed principalmente operó a corto plazo con letras del Tesoro para minimizar el impacto sobre otros mercados financieros. La política monetaria se mantuvo relegada hasta el inicio de estanflación a comienzos de los setenta. En 1975, el Congreso decidió ejercer mayor control, en la resolución 113. En palabras de Shull:

> La resolución declaraba que la Junta y el Comité Federal del Mercado Abierto deberían: (1) aplicar políticas... para alentar la reducción de las tasas de interés a largo plazo y la expansión de los agregados monetarios y crediticios apropiados para facilitar una pronta recuperación económica; y (2) mantener el crecimiento a largo plazo... [De estos agregados] para promover... empleo máximo, precios estables y tasas de interés moderadas a largo plazo. Solicitó a la Junta que consulte con el Congreso en audiencias semestrales sobre objetivos y planes acerca de los... agregados en los próximos 12 meses. Concluyó afirmando que nada en la resolución debe interpretarse como un requerimiento de crecimiento o disminución específicos en los agregados si la Junta y el FOMC determinan que no pueden o no deben cumplir estos objetivos. En tales casos informarán al Congreso las razones... (Shull, 2014, p. 12).

En el Acta de Reforma de la Reserva Federal de 1977, el Senado insistió en que se requiera su aprobación para confirmar los nombramientos del presidente y vicepresidente de la Fed. Adicionalmente el Congreso requirió que los directores de los bancos centrales clase B debían ser "electos para representar al público" (Shull, 2014, p. 12). El Acta Humphrey-Hawkins de Pleno Empleo y Crecimiento Balanceado de 1978 clarificó los mandatos de la Fed y requirió reportes semi-anuales para el senado y el ejecutivo. Un tiempo después, luego de que el presidente Greenspan fuera atrapado en un asunto de "mentiras piadosas" con el presidente González, se le requirió a la Fed que publique sus transcripciones de las reuniones del Comité Federal del Mercado Abierto (aunque con un plazo de cinco años). La Fed también acordó voluntariamente medidas destinadas a aumentar la transparencia (incluido anunciar explícitamente su tasa de interés objetivo).

Los últimos cambios en la gobernanza se produjeron luego de la crisis de 2008, cuando el tratado Dodd-Frank limitó aún más lo que la Fed puede hacer ante una crisis. Esto fue un giro sorprendente ya que el Presidente Greenspan se había convertido en el favorito del Congreso y los medios de comunicación, y su reemplazante, el presidente Bernanke, había declarado una nueva era de moderación en donde los bancos centrales se encontraban limitados en su accionar. Sin embargo, después de la crisis de hipotecas subprime, muchos representantes electos, así como los medios y la población en general, acusaron a la Fed de haber respondido de forma torpe ante la crisis. Como hemos argumentado antes, incluso algunos directamente involucrados estuvieron de acuerdo en que la respuesta de la Fed a la crisis "apestaba" y no debía ser repetida nunca más. La reforma de Wall Street y Protección al Consumidor fue diseñada en parte para asegurar que esto no vuelva a suceder.

Sin embargo, una vez más, el Congreso extendió la responsabilidad de la Fed para incluirle autoridad sobre gran parte de instituciones financieras no bancarias de importancia. Aun así, el acta restringía la aplicación de la sección 13(3) en futuras crisis, y para algunas acciones requiere la aprobación del Tesoro. También ordenó incrementar la transparencia (incluyendo una revisión por parte de la Oficina de Rendición de Cuentas del Gobierno de toda la asistencia de emergencia brindada por la Fed luego de la crisis del 2008). El Congreso también creó el Consejo de supervisión de estabilidad financiera que es presidido por el Secretario del Tesoro e incluye jefes de agencias involucradas en supervisar el sector financiero –incluyendo la Fed–; de esta forma se diluyó un poco su poder.

## 2.2. Independencia del Congreso: discreción en la selección de herramientas

El caso más fuerte de independencia de la Fed sería aquel en que tuviese discreción para elegir las herramientas y objetivos para cumplir con los mandatos del Congreso. Este último ha mostrado poco interés en interferir en los detalles de las implementaciones de política monetaria. El período comprendido entre fines de los setenta y mediados de la década del ochenta fue una excepción, el Congreso había adoptado el enfoque monetarista de Milton Friedman focalizado en el crecimiento de la oferta de dinero. Incluso luego de que la Fed dejara de considerar seriamente los objetivos de crecimiento de dinero, el Congreso aun pretendía que los siguiera.

La literatura más antigua provee una distinción entre herramientas, objetivos y metas. Los objetivos en general son definidos en términos de desempleo, inflación, y crecimiento. En el caso de los Estados Unidos, hay un mandato dual (o cuádruple) el cual resulta en sí mismo impreciso. La Fed no especifica objetivos (es decir, tasas específicas de inflación o de desempleo), aunque una serie de bancos centrales han adoptado bandas estrechas para tasas de inflación aceptables. En ese caso hay una síntesis de meta y objetivo, el banco central establece una meta de tasa de inflación que sirve como medida de éxito en las políticas; así, se espera afectar a través de dicha meta los objetivos de empleo y crecimiento del producto. Sin embargo, la Fed ha demostrado su preferencia por una mayor libertad de discreción.

Dado que la inflación en sí misma no parece ser un objetivo suficiente en la formulación de políticas, o bien la meta de inflación puede ser cambiada si fuera inconsistente con otros objetivos, o los otros objetivos se centraran en la esfera de la política fiscal. La política menos extrema (y la adoptada en Estados Unidos) es establecer "la" tasa de interés para alcanzar los objetivos. En la práctica hay muchas tasas de interés, entonces los bancos centrales usualmente establecen una meta para la *overnight interbank rate* (*Fed funds rate* en Estados Unidos) con vista a afectar tasas de otros mercados. Sin embargo, como no hay una correspondencia cercana entre "la" tasa de interés y los objetivos establecidos por el Congreso, la Fed tiene una gran capacidad de discreción sobre el establecimiento de la meta de tasa de inflación. En la práctica, casi cualquier meta puede ser justificada como consistente con los objetivos.

La vieja preferencia monetarista era en cambio por una meta cuantitativa (reservas) que permitiese al Banco Central controlar el crecimiento del dinero. Se suponía que ello le permitía mantener baja la inflación –aunque los monetaristas tienden a argumentar en contra de la aceleración de la inflación en vez la inflación en sí misma–, mientras el costo económico de una baja/moderada y estable tasa de inflación no sea alto. Aun así, excepto que el mandato legislativo establezca una meta, en general se deja a los bancos centrales elegir sus propias metas de inflación (salvo en caso de finanzas de guerra, como se discute abajo). Los bancos centrales modernos han dejado metas monetarias (cantidades) en favor de metas de tasas de interés (precios); porque son más fáciles de alcanzar y porque el razonamiento común es que están relacionados en forma más directa con los objetivos. Esto deja las siguientes herramientas de política disponibles: operaciones de mercado abierto y ventanillas de descuento. Una vez más, estos típicamente se consideran dentro de la discrecionalidad del Banco Central. En el caso de Estados Unidos, la anterior Fed se basaba en la ventanilla de descuento hasta que "descubrió" los efectos de las operaciones de mercado abierto en las reservas. Hubo un debate en el período de posguerra sobre las ventajas relativas de cada uno (con Hyman Minsky argumentando enérgicamente que se confíe en la ventanilla de descuento en vez de otras operaciones de mercado abierto y los monetaristas tomando la posición contraria), sobre el cual finalmente se decidió en gran parte a favor de las operaciones de mercado abierto.

El predominio del enfoque de "mercado" era lo obvio en la crisis de 2008, dado que la Fed creó una lista de condiciones para proveer reservas "al mercado" a través de subastas, en vez de prestarlas a los bancos a través de la ventanilla de descuento. El argumento ha sido durante mucho tiempo que forzar a los bancos a la ventanilla de descuento los penaliza a través de mayores costos. Durante la década de 1960, los monetaristas preferían operaciones de mercado abierto bajo el argumento de que de esta forma se protegen mejor las fuerzas del mercado –para asignar las reservas y para la determinación de la tasa de interés–. Aun así, la forma en que subastó reservas durante la crisis parecería más consistente con el enfoque basado en el mercado.

A modo de conclusión, la "independencia" podría referirse a la elección de herramientas: ventanilla de descuento frente a compras en mercado abierto para proveer reservas, ventanilla de descuento o mercados *overnights* para determinar las tasas de interés, y los coeficientes de reserva requeridos para determinar los multiplicadores de los depósitos.

## 2.3. Independencia del Tesoro: operaciones fiscales y monetarias

Estados Unidos obtuvo su Banco Central recién en 1913, aunque tuvo breves experimentos con el Primer y Segundo banco de los Estados Unidos, así como también con derechos especiales para los bancos nacionales. Con esas excepciones, el Tesoro por si solo llevó a cabo la mayor parte de las funciones de un banco central hasta que el Acta de la Reserva Federal de 1913 creó la Fed.[7] MacLaury resume la responsabilidad conjunta llevada a cabo por la Fed y el Tesoro como sigue:

El Banco Central está permanentemente en contacto con el Departamento del Tesoro que, entre otras cosas, es responsable de la gestión de la deuda pública y sus diversas cuentas de efectivo. Antes de la existencia del Sistema de la Reserva Federal, el Tesoro llevaba a cabo muchas funciones monetarias. E incluso desde entonces, el Tesoro a menudo ha estado profundamente involucrado en las funciones monetarias, especialmente durante los primeros años. Al comienzo

---

7 En 1933-34, el Tesoro volvió a asumir algunas de las funciones de un banco central en ausencia de la iniciativa de la Fed.

de la Segunda Guerra Mundial, parecía deseable que el Tesoro pudiera emitir deuda a un costo de interés relativamente bajo y también sobre una base que asegurara a los compradores que los valores serían negociables a su valor nominal. Debido a la urgencia de esta necesidad, la política fue acordada y continuó después de la guerra hasta 1951. Durante este período, el Departamento del Tesoro estaba decidiendo la política monetaria del país a medida que tomaba decisiones sobre la cantidad de deuda necesaria para financiarse. Debido a que el Banco Central apoyó el mercado de valores del gobierno, se vio obligado a comprar los valores necesarios para mantener las tasas de interés bajas y el valor nominal de los valores. Por lo tanto, como el Tesoro emitió deuda adicional, el Banco Central se vio obligado a adquirir parte de esa deuda. Este proceso resultó en un aumento directo a las reservas bancarias. Tras el acuerdo de 1951 entre el Tesoro y el Sistema de la Reserva Federal, el Banco Central ya no estaba obligado a apoyar el mercado de valores en ningún nivel en particular. En efecto, el acuerdo estableció que el Banco Central actuaría independientemente y ejercería su propio juicio sobre la política monetaria más apropiada. Pero también trabajaría estrechamente con el Tesoro y estaría plenamente informado y simpatizaría con las necesidades del Tesoro en la gestión y el financiamiento de la deuda pública. De hecho, en circunstancias especiales, la Reserva Federal apoyaría la financiación si condiciones inusuales en el mercado causaran que un problema fuera poco aceptado por los inversores privados. El Tesoro y el Banco Central también colaboran estrechamente en la gestión del primero con sus sustanciales pagos en efectivo y retiros de los saldos de las cuentas de impuestos y préstamos depositados en bancos comerciales, ya que estos flujos afectan las reservas bancarias. (MacLaury, 1976)

En la teoría moderna, la independencia del Banco Central parece referirse adicionalmente a la independencia operacional. Como se discutió, a menudo en una nación desarrollada esta entidad tiene prohibido financiar directamente los déficits presupuestarios. Este es el caso de Estados Unidos donde el Acta de la Reserva Federal estableció una separación de las finanzas fiscales de las operaciones del Banco Central. Esto es una desviación del rol tradicional de los primeros bancos centrales, que fueron explícitamente creados para financiar al Estado. Y como MacLaury explica, la Fed volvió a ese rol central en la Segunda Guerra Mundial (como había hecho en la primera), pero el Acuerdo del Tesoro restauró la separación. De esta manera, en Estados Unidos se requiere que el Tesoro haga depósitos en su cuenta en la Fed antes de emitir los cheques (hoy, el gasto del Tesoro se realiza cada vez más a través de pago electrónico, pero equivale a lo mismo). Sin embargo, como MacLaury deja en claro, la Fed trabaja en estrecha colaboración con el Tesoro para garantizar que las operaciones fiscales se desarrollen sin problemas.

El Tesoro y el Banco Central también trabajan estrechamente en la gestión de los pagos importantes con efectivo y retiros de impuestos del Tesoro y balances de préstamos depositados en bancos comerciales, ya que estos flujos de efectivo afectan sus reservas.

Frank N. Newman, ex subsecretario del Tesoro de Estados Unidos, echó luz sobre la forma en que el Tesoro enfrenta restricciones en financiar déficits:

Recuerdo que en mi tiempo en el Departamento del Tesoro la suposición era que, para empezar, siempre había dinero en la cuenta federal. Nadie parecía saber de dónde venía originalmente o cuándo; tal vez fue establecido en tiempos bíblicos. Pero, como cuestión de práctica, si el Tesoro quería un día desembolsar $ 20 millones, contaba con al menos esa cantidad en su cuenta en la Reserva Federal. Luego, emitía nuevos bonos del Tesoro y recomponía su cuenta en la Fed.

En mi opinión, esto sigue siendo coherente con la perspectiva de la TMM [Teoría Monetaria Moderna] que mencionaste, y en mi propio libro la explicación comienza el ciclo con el gasto del gobierno, lo que aumenta la oferta monetaria y luego emite bonos del Tesoro por un monto equivalente, restaurando así la oferta de dinero y la cuenta en la Fed del Tesoro a los niveles que tenían antes de esa ronda de gastos. Cada ciclo es: gastar primero, luego emitir bonos para reponer la cuenta Reserva Federal. El hecho de que el Tesoro comenzó el período con algunos fondos heredados en su cuenta en la Fed no es realmente relevante para comprender el flujo actual de fondos en cualquier año.

(En la práctica, el Departamento del Tesoro varía su emisión no solo para igualar los desembolsos, sino también para hacer frente a factores estacionales y para evitar oscilaciones amplias en los tamaños de nuevas emisiones, entonces, en un punto del año, la tesorería podría emitir algunos valores adicionales porque espera bajos ingresos tributarios en el próximo mes. Ese proceso estacional realmente no afecta el flujo general de fondos durante un año. Lo esencial del ciclo aún es: gastar y reponer. Debates que parecerían altamente filosóficos y omitirían los aspectos prácticos de los flujos).

En cualquier caso, el Tesoro siempre puede recaudar dinero mediante la emisión de valores. Los tenedores de bonos lo tienen al revés. Siempre hay una mayor demanda de bonos del Tesoro que la que puede asignarse a partir de una oferta limitada de nuevas emisiones en cada subasta; los ganadores en las subastas colocan sus fondos en los instrumentos más seguros y líquidos que existen en moneda estadounidense; los perdedores están estancados manteniendo algunos de sus fondos en bancos, con riesgo bancario (incluso trato de evitar el uso de la expresión "pedir prestado" cuando la tesorería emite valores, la tesorería está brindando una oportunidad para que los inversionistas muevan los fondos de los bancos arriesgados a bonos del Tesoro seguros y líquidos). (Kelton, 2013)

Los procedimientos operativos precisos utilizados han cambiado sustancialmente a través de los años, y no hay razón para suponer que estos cambios no fueron hechos para facilitar las operaciones fiscales. En general, el Tesoro recibe pagos (mayormente impuestos) en las cuentas que posee en bancos privados, luego los mueve a la Fed para ser gastados y ésta debita las reservas de los bancos privados cuando los depósitos son movidos. El gasto del Tesoro revierte esto, dado que las reservas son acreditadas a los bancos que reciben depósitos (receptores del gasto del Tesoro). Si todo esto se hace de forma instantánea, es obvio que la operación se netea si el gasto del Tesoro es igual a la recaudación. En ese caso, no hay impacto en las reservas de los bancos privados o en los depósitos. Sin embargo, si la recaudación impositiva es menor al gasto del gobierno, los depósitos bancarios y las reservas serán acreditados. Cuando los impuestos percibidos son mayores que el gasto del gobierno no tiene que haber necesariamente un impacto en las reservas de los bancos privados y los depósitos, siempre que el Tesoro no mueva su recaudación extra a la Fed. En la práctica, el Tesoro intenta mantener un constante (aunque pequeño) saldo positivo en la Reserva Federal, el cual garantiza que las operaciones fiscales no afecten a los bancos privados y los balances de reservas. Tal como expresa MacLaury:

> Cuando el equilibrio entre gastos e impuestos resulta en déficits gubernamentales, el Tesoro debe emitir deuda pública adicional. En sentido monetario, la falta de impuestos adecuados para cubrir los gastos del gobierno federal es una invitación a "imprimir dinero" mediante la emisión de deuda federal. Dependiendo de la fase del ciclo económico, esto tiende a aumentar la oferta monetaria y, sin una acción compensatoria por parte del Banco Central, puede generar un aumento inflacionario de los precios. El resultado es "impuestos ocultos", que quitan a los contribuyentes, en forma de menor poder adquisitivo (precios más altos), lo que habrían pagado en impuestos adicionales si los fondos gastados se hubieran financiado a través de estos. Por lo tanto, existe un vínculo importante entre el poder de recaudación y gasto del Congreso y los poderes monetarios delegados al Sistema de la Reserva Federal. En principio, es tarea del Congreso y del poder ejecutivo definir conjuntamente los objetivos de política económica y apoyar esos objetivos con medidas fiscales apropiadas. El banco central puede coordinar la política monetaria de una manera que sirva a esos objetivos nacionales. Cuando la política fiscal no combina el gasto de forma apropiada con los ingresos tributarios, la autoridad monetaria se enfrenta a una difícil elección: (a) qué tan severo debe restringir las fuerzas inflacionarias que pueden desarrollarse (b) ¿en qué medida debería permitir que las fuerzas inflacionarias se trasladen a precios más altos? Cuando el hecho de que no se dispongan de ingresos tributarios apropiados genera fuerzas inflacionarias agudas, entonces el mejor camino a seguir puede requerir una fuerte restricción monetaria. Esto tiene el efecto de parecer estar

en contra de la intención del Congreso y también puede enfriar algunas áreas del sector privado como la vivienda. (MacLaury, 1976, p. 8)

Nótese que MacLaury no dice que la Fed intenta evitar que el Tesoro realice gastos que provoquen o profundicen déficits; más bien su "independencia" está estrictamente limitada a la decisión sobre si implementar una política monetaria contractiva para combatir las presiones inflacionarias provocada por los déficits. En el tiempo que MacLaury escribía se creía que una política monetaria estricta significaba desacelerar el crecimiento monetario, mientras que ahora se asocia a un ajuste en la política monetaria con una mayor exigencia en la tasa de interés objetivo. Aun así, el punto importante es que cuando se lee conjuntamente las citas de MacLaury y Newman se supone que la Fed va a cooperar con el Tesoro para que las operaciones fiscales se lleven a cabo sin problemas. La elección de la Fed no es negarse a "cortar los cheques" para que el Tesoro pueda gastar los fondos asignados por el Congreso, sino más bien ajustar la política si cree que la política fiscal es excesivamente expansiva.

¿Cómo el Tesoro y la Fed aseguran que los déficits presupuestarios a lo largo de un período no afecten las reservas y los depósitos de los bancos? La clave es la "gestión de la deuda": nuevas emisiones de bonos por el Tesoro y/o ventas en el mercado abierto por la Fed. Como se mencionó previamente, ha habido cambios operacionales significativos a lo largo de los años, pero conceptualmente, no es difícil entender las operaciones de hoja de balance que son necesarias. Para gastar más que lo que se recauda, el Tesoro necesita depósitos adicionales en sus cuentas en los bancos privados para ser transferidos a la Fed antes de realizar el gasto. Eso se puede lograr mediante la venta de nuevos bonos a los bancos, que pueden acreditar los depósitos del Tesoro. Sin embargo, cuando el Tesoro mueve depósitos, la Fed necesita debitar reservas bancarias. En tiempos normales los bancos no operan con exceso de reservas (hoy por supuesto tienen reservas en exceso como resultado de las tres fases de *quantitative easing*). La Fed puede prestar las reservas o puede comprar bonos del Tesoro en operaciones de mercado abierto.

Si se fuera a comprar bonos del Tesoro, ¡se debería comprar la cantidad de bonos que el Tesoro acaba de vender! Mientras que la Fed no habría violado la "independencia" garantizada por la prohibición de compras directas de deuda del Tesoro, terminaría con deuda del Tesoro de cualquier forma. La Fed puede elegir si usar operaciones de mercado abierto o de ventanilla de descuento, pero no puede negarse a proporcionar reservas. Primero, eso causaría que las reservas bancarias vayan por debajo de lo deseado o requerido (suponiendo que estuvieran operando sin una posición de exceso). Pero más importante, causaría que las tasas de la Fed aumenten por encima del objetivo. Si un banco central fija un objetivo de tasa de interés, debe acomodar la demanda de reservas. En otras palabras, la "independencia" del Banco Central para establecer una tasa de interés entra en conflicto con su "independencia" de las operaciones fiscales, ya que debe proveer las reservas bancarias que serán necesarias cuando el Tesoro mueva los ingresos provenientes de la venta de un bono a su cuenta en la Fed con el fin de realizar los pagos.

Cuando el Tesoro realiza este procedimiento de gasto, los depósitos y reservas de los bancos son restaurados. En este punto, la Fed tendría que revertir su operación previa: los bancos tendrán ahora un exceso de reservas que pueden ser drenadas a través de una venta en mercado abierto de bonos por la Fed (vende los bonos que el Tesoro acaba de comprar) o la Fed y los bancos liquidan los préstamos de ventanilla (se debe considerar que la Fed desde hace un tiempo ha utilizado repos y repos reversos antes que ventas directas y compras; lo que garantiza que las acciones pueden ser rápidamente revertidas para minimizar el impacto de las operaciones del Tesoro en las reservas).

Al final de este proceso encontramos que el gasto deficitario del Tesoro resulta en mayores depósitos bancarios privados, así como en mayores tenencias de activos del Tesoro.[8] Todo esto es solo una explicación lógica de las operaciones de hoja de balance que son necesarias dadas las restricciones gemelas, que el Tesoro no puede vender bonos directamente al Banco Central y que necesita mover depósitos de bancos privados antes de gastar.

En la práctica, hay muchas otras formas en que pueden llevarse a cabo operaciones fiscales. Si el Tesoro vende bonos directamente a la Fed los bancos privados no necesitan actuar como intermediarios: la Fed acredita directamente en la cuenta del Tesoro y el gasto de este conducirá a un aumento en los depósitos y reservas de los bancos privados. Para drenar las reservas creadas, la Fed venderá los bonos que acaba de comprar. El resultado final sería como se describió anteriormente. Lo mismo puede lograrse si la Fed permite que el Tesoro ejecute un "sobregiro" en su cuenta. En ese caso el Tesoro haría un cheque, un banco privado lo acreditaría en la cuenta del receptor y la Fed lo acreditaría en las reservas del banco. En ese punto habría un exceso de reservas en los bancos que pueden ser drenadas a través de una venta de bonos por el Tesoro (nueva emisión) o una venta de mercado abierto por la Fed. Lo primero permitiría al

---

8    Se debe tener en cuenta que no importa si los bancos venden los bonos del Tesoro a los hogares. En ese caso, las tenencias bancarias de bonos del Tesoro así como los pasivos bancarios a los hogares son reducidos por el monto de la venta; los bonos del tesoro estarán en las carteras de los hogares en vez de en los portafolios de los bancos.

Tesoro eliminar su sobregiro, lo segundo movería la deuda del Tesoro desde la hoja de balance de la Fed hacia el sector no gubernamental.

La Fed podría proporcionar los sobregiros a los bancos al permitir una "flotación" que simplifique el proceso. En ese caso, los bancos compran bonos emitidos por el Tesoro y dan crédito a la cuenta del Tesoro. Cuando este transfiere sus fondos a la Fed, ésta no debita las reservas bancarias bajo la presunción que serán restauradas tan pronto como el Tesoro gaste. El punto es que hay diferentes caminos que son consistentes con los mandatos legales. A lo largo de los años el procedimiento operativo adoptado ha cambiado sustancialmente dado que la Fed es "independiente" de elegir los procedimientos a seguir. Además, los requerimientos generales o prohibiciones establecidos por el Acta de la Reserva Federal pueden ser cambiados por el Congreso. Por ejemplo, el Congreso puede permitir al Tesoro vender bonos de la Fed, lo que simplifica los procedimientos.

Un punto final a tener en cuenta es que mientras el Banco Central tome como objetivo las tasas de interés, sus opciones son limitadas sin importar qué procedimientos se adopten, en el sentido que debe operar para minimizar los efectos de la política fiscal en las reservas y, por lo tanto, en las tasas *overnight*. De acuerdo con el Acta de la Reserva Federal, el Tesoro necesita vender activos a los bancos privados cuando su cuenta de depósitos en la Fed es insuficiente, pero los bancos necesitan reservas para permitir al Tesoro mover sus depósitos. Si la Fed los provee en una operación de mercado abierto, necesitará revertir ello una vez que el Tesoro gasta. El resultado de un gasto deficitario del Tesoro normalmente da lugar a un incremento parecido en las tenencias de bonos de los bancos.

## 3. Un balance gubernamental consolidado: implicancias para las operaciones monetarias

Ha sido común en la literatura de la Teoría Monetaria Moderna, comenzar con un análisis simplificado que consolida el Banco Central y el Tesoro en un "gobierno soberano". Efectivamente esto elimina cualquier independencia operacional. Supóngase que el gobierno soberano emite "moneda" cuando gasta (pueden ser monedas metálicas, papel moneda o partidas bancarias electrónicas. Tener en cuenta que si la moneda es una partida electrónica entonces los bancos deben tener cuentas en el gobierno para ser acreditadas, que sería la "dependencia Banco Central" del gobierno). Desde el punto de vista del sector no gubernamental, los pagos del gobierno inyectan dinero en la economía. Aún más, supongamos que el gobierno acepta solo dinero a través del pago de impuestos. El gasto deficitario implica emisiones netas de moneda, superávits presupuestarios significan reducción neta de moneda. Si los agentes no bancarios (firmas y hogares) reducen su preferencia por la liquidez, este fluye hacia los bancos (como reservas) y generan depósitos propiedad de los agentes no bancarios.

Si el gobierno opera con un objetivo positivo de tasas *overnight*, necesita un instrumento sobre el cual pagar interés (si se paga interés sobre la moneda, entonces para alcanzar un objetivo *overnight*, el gobierno necesita emitir un instrumento que pague una tasa mayor que la que paga en la moneda). Por lo tanto, el gobierno puede como alternativa a la moneda (incluyendo reservas) emitir bonos con ganancia de interés. Tanto si hay roles separados para la "dependencia Banco Central" o la "dependencia Tesorería", ellos están completamente contenidos dentro del "gobierno soberano" y sin consecuencias para el sector no gubernamental. Si el sector no bancario (firmas y hogares) prefiere tener bonos en vez de moneda, entonces los bancos poseerán la moneda (en forma de reservas). Los depósitos bancarios (nuevos) al final del proceso fiscal son iguales a las tenencias de moneda de los bancos (reservas) más los bonos del gobierno, los agentes no bancarios tienen una combinación de moneda, depósitos a la vista, y bonos. La cantidad de depósitos a la vista en posesión de los hogares y firmas son iguales a las tenencias de bonos del gobierno y moneda (reservas) por parte de los bancos, lo cual equivale al gasto deficitario del gobierno.

Esta explicación simplificada ha sido criticada bajo el argumento que es irreal. Lo que ocurre en la realidad es que el Tesoro y el Banco Central están operativamente separados y cada uno tiene un tipo de relación diferente con los bancos privados. Los bancos mantienen reservas en el Banco Central, mientras que el Tesoro tiene depósitos en los bancos privados. Por lo tanto, la Fed se vincula con los bancos por el lado de sus activos mientras que el Tesoro opera por el lado de los pasivos. Sin embargo, los bancos también tienen deuda del Tesoro en sus activos y el Banco Central también acepta pasivos en la ventanilla de descuento. Pero como se discutió, las reglas operacionales (así como la ley derivada del Acuerdo de la Reserva Federal) mantienen una nítida separación tal que los bancos privados intermedian entre el Banco Central y el Tesoro. El Tesoro puede vender bonos directamente a los bancos privados, pero no a su propio banco. Asimismo, el instrumento típicamente usado en política monetaria para mantener tasas de interés positivas es la deuda del Tesoro, no la deuda del Banco Central. Solo recientemente la Fed comenzó a pagar interés en su propia deuda, eliminando efectivamente su dependencia de la deuda del Tesoro para mantener la tasa de interés objetivo positiva. Es esta complicada bifurcación la que introduce a los bancos privados directamente en los procedimientos operativos que ahora se requieren para lograr el gasto soberano del gobierno.

La pregunta es si toda esta complejidad realmente importa. Si tuviéramos el gobierno simplificado y consolidado, un déficit presupuestario llevaría al sector no gubernamental a acumular derechos financieros netos sobre el gobierno. Inicialmente, estos serían en forma de moneda, pero si el gobierno ofrece bonos como una alternativa que genere intereses, entonces, dadas las preferencias de cartera, al menos parte (y probablemente la mayoría) de la moneda se canjearía por bonos. Si separamos el Tesoro y el Banco Central e imponemos reglas operativas como las de Estados Unidos, el gasto deficitario dará los mismos resultados. Mientras que los bonos puedan venderse primero, y los depósitos sean transferidos de los bancos privados a la Fed antes de que el Tesoro gaste, al final del proceso de gasto los bancos han emitido más depósitos y mantienen una combinación de más bonos y más reservas. Al igual que en el ejemplo anterior, los depósitos bancarios pendientes al final del proceso equivalen a tenencias bancarias de moneda (reservas) más bonos del gobierno. Los no bancarios tienen una combinación de moneda, depósitos a la vista y bonos. La cantidad de depósitos a la vista en poder de los hogares y las empresas es igual a las tenencias bancarias de los bonos del gobierno y la moneda (reservas), que es igual al gasto deficitario del gobierno.

A modo de síntesis, esta sección permite concluir que la "independencia operacional" del Banco Central es limitada en la práctica porque los procedimientos actuales adoptados aseguran que coopere con el Tesoro para que éste pueda llevar a cabo su política fiscal. Es cierto que el Banco Central puede elegir mantener más alta o más baja la tasa de interés que paga el Tesoro por su deuda, lo que impacta en el gasto gubernamental (ya que el interés es un costo cubierto por el gasto).

## 4. Independencia política

Eso nos lleva a la independencia política, que está vinculada a la independencia operacional. La pregunta es si la independencia operacional (limitada), es decir, la "no consolidación" del Tesoro y el Banco Central, permite a este último simplemente "decir no" al primero. Es decir, ¿podría una resolución de la Fed evitar que el Tesoro gaste por encima del presupuesto autorizado por el Congreso? Ese parece ser el único argumento que tienen los críticos en contra de la consolidación del Tesoro y el Banco Central (ya que el resultado final en términos de hoja de balance es el mismo).

En los requerimientos actuales, si el Tesoro no tiene suficientes depósitos en bancos privados (cuentas de impuestos y préstamos) para transferir y cubrir el gasto, debe primero vender bonos. La pregunta es: ¿los bancos los comprarían?

La respuesta es bastante simple. Sabemos que incluso si el sistema bancario no tuviese reservas en exceso, la Fed respondería a cualquier presión generada por los bancos sobre la tasa de interés al tratar de comprar los bonos. Si los mismos no disponen de las reservas deseadas, la Fed las provee para mantener el objetivo de tasa de interés. Esa es la respuesta a nivel macroeconómico. A nivel microeconómico, los bancos están dispuestos a comprar bonos (en Estados Unidos hay 21 entidades obligadas a ofertar en las subastas de deuda del gobierno, no hay posibilidad de que el Tesoro falle al tratar de colocar sus bonos). Para un emisor soberano de moneda que realizará pagos de intereses a su vencimiento no hay temor de *default*. En caso de que el Tesoro oferte instrumentos que no coincidan con lo que desea el mercado, los precios necesitan ajustarse para que se asignen.

En cualquier caso, este desajuste entre oferta y demanda se resuelve fácilmente si el Tesoro oferta solo instrumentos a muy corto plazo. Esto puede resultar no tan obvio a menos que uno note que los instrumentos de corto plazo son operacionalmente equivalentes a las reservas bancarias pagando un interés ligeramente mayor. La Fed (así como la mayoría de los bancos centrales) utilizan como objetivo la tasa *overnight*, y las reservas pueden ser obtenidas con esa tasa. Asumiendo que el Banco Central no está comprando instrumentos a largo plazo para afectar las tasas de interés, será el "mercado" quien la determine. El punto es que los bancos centrales normalmente establecen las tasas de interés a más corto plazo "exógenamente" mientras que otras son determinadas "endógenamente", aunque quizás no de manera competitiva. El Tesoro siempre puede emitir bonos a corto plazo en algún mercado pequeño determinando un *mark-up* sobre la tasa *overnight*.

La pregunta relevante no es si los bancos comprarán los instrumentos, sino a qué precio. La deuda del Tesoro a muy corto plazo es casi un sustituto perfecto de las reservas sobre las cuales (ahora) la Fed paga interés. Por lo tanto, una ligera ventaja dada a la deuda del Tesoro garantizará que los bancos intercambien reservas por instrumentos. Si el Tesoro es obstinado, insistiendo en vender solo activos de largo plazo, entonces las tasas pueden aumentar por las preferencias de *portfolio*, quizás más allá de lo que el Tesoro quiera pagar. La solución, por supuesto, es ofrecer los instrumentos que el mercado prefiera o pagar tasas necesarias como para inducirlo a tomar lo que el Tesoro prefiera emitir. Claramente este es un "problema de coordinación" muy fácil de resolver.

El segundo paso requiere que el Tesoro mueva depósitos desde los bancos privados a la Fed. Al mismo tiempo, las reservas de los bancos privados son debitadas. La Fed no evita ni evitará que esto ocurra. Si la transferencia deja a los bancos cortos de reservas, la Fed las acomodará mediante una compra temporal de bonos o por la ventanilla de descuento. En la práctica, el Tesoro coordina con la Fed y así esta última puede proporcionar las reservas cuando se necesitan. De nuevo, operar con un objetivo de tasa *overnight* requiere acomodar la demanda de reservas –no es una elección si el Banco Central quiere alcanzar su objetivo–.

Como tercer paso, el Tesoro emite un cheque (o le dice a la Fed que acredite las reservas del banco receptor, quien las acredita en la cuenta receptora). Nuevamente, la Fed no evita ni evitará esto. Se debe notar que esto adicionará reservas al sistema bancario y, por lo tanto, dará lugar a un exceso de reservas en el sistema.

En un cuarto paso, la Fed elimina el exceso de reservas a través de una operación de mercado abierto (o por la ventanilla de descuento). Por supuesto, esto simplemente revierte el segundo paso. Un Banco Central que usa como objetivo las tasas *overnight* no puede (usualmente) dejar un exceso de reservas en el sistema (a menos que el objetivo sea una tasa cero o que el Banco Central ya pague interés sobre las reservas). En un contexto de política de tasa cero las reservas en exceso pueden mantenerse en el sistema, con el resultado que las tasas de interés caigan a la tasa que es pagada en reservas.

A modo de conclusión, vemos que no hay lugar en los procedimientos operacionales actuales para que la Fed evite que el Tesoro gaste los montos presupuestados. Presumiblemente, incluso si el Tesoro intentara gastar más allá de estos montos en un intento para replicar la experiencia de la República de Weimar o Zimbawe, la Fed sería débil para evitarlo (si bien podría reaccionar elevando las tasas de interés –lo que aumentaría los gastos del Tesoro en intereses y, por lo tanto, aumentaría el déficit–). Aunque se cree que los procedimientos operacionales actuales fueron creados para garantizar que el Tesoro no tenga una opción de financiar gasto mediante la "impresión de papel", no hay en la realidad nada en esos procedimientos que lo eviten.

Durante la Segunda Guerra Mundial, la Fed acordó mantener las tasas de interés bajas. Eso subyugó la política monetaria a los esfuerzos de guerra, el mantenimiento de tasas bajas significó que, aunque el stock de deuda del gobierno aumentó significativamente, el gasto del gobierno en pago de interés no explotó. Ese es el principal temor de los que se preocupan por los déficits: el gobierno puede verse atrapado en una trampa de deuda por la cual los déficits presupuestarios incrementan la deuda sobre la cual se deben pagar intereses. Incluso si otros gastos no crecen lo suficientemente rápido como para hacer crecer el ratio deuda/PBI, si la tasa de interés sobre las deudas excede la tasa de crecimiento del producto, el ratio de deuda generalmente crecerá (a menos que el resto del presupuesto sea superavitario). La política de la Fed en la Segunda

Guerra Mundial y en 1951 aseguró que eso no sucediera, el Acuerdo sobre el Tesoro la liberó de ese compromiso, aunque la política de tasa de interés de la Fed mantuvo las tasas a corto plazo muy bajas por una década más. A medida que el PBI continúo creciendo, el ratio deuda/PBI del gobierno federal cayó rápidamente en el período de posguerra.

¿Qué se aprende de esa experiencia? Incluso con déficits presupuestarios del 25% del PBI, un banco central puede mantener las tasas de interés muy bajas en toda la estructura de vencimientos. Como "criatura del Congreso", esta política podría ser obligatoria si fuera necesaria. Alternativamente, el Tesoro puede restringir sus nuevos problemas a vencimientos a corto plazo. En ese caso, la tasa en letras del Tesoro seguirá de cerca la tasa de política de la Fed. Mientras la tasa de interés de referencia se mantenga por debajo de la tasa de crecimiento del PBI, la dinámica de la "trampa de la deuda" puede ser controlada por un presupuesto del Congreso que controle el gasto sin intereses o aumente las tasas impositivas (sin lugar a dudas, un congreso a la Zimbabwe podría tratar de hacer crecer la deuda más rápido que el PBI acelerando el crecimiento de las asignaciones presupuestarias, y la Fed no podría evitar eso, ya que elevar las tasas aceleraría el crecimiento explosivo del índice de deuda). Si la Fed insistiera en mantener las tasas de interés por encima del crecimiento del PBI, no solo haría crecer los ratios de la deuda del gobierno, sino que también haría crecer los índices de deuda privada. Tarde o temprano, la economía probablemente colapsaría, provocando que la Fed ceda.

Afortunadamente, no hay nada en la experiencia posterior a la Gran Depresión que justifique visiones excesivamente pesimistas sobre las intenciones del Congreso o la Fed. Incluso en los años extremos de Volcker, en los que se mantuvieron tasas a corto plazo por encima del 20%, las mismas fueron finalmente invertidas. Y no hay a la vista un consenso del Congreso tal que el gobierno de Estados Unidos deba presupuestar para generar hiperinflación.

En todo caso, los errores presupuestarios están en otro lado: estímulos fiscales insuficientes en la crisis, necedades partidistas con el fin ampliar los límites de la deuda, y un miedo a los déficits presupuestarios. Aunque la Fed tiene una gran independencia para establecer su objetivo de tasa de interés, parece poco probable que en una crisis (ya sea inducida por tasas excesivamente altas para deuda privada o altas tasas para deuda pública que crean una relación de deuda explosiva o una gran guerra que requiera cooperación entre la Fed y el Tesoro) siga decididamente una política peligrosa. Y si lo hace, el Congreso puede intervenir.

Finalmente, como se ha mencionado, el Congreso desde 1913 ha refinado y re-expresado continuamente su instrucción primordial a la Fed: la política debe formularse con el objetivo de apoyar el interés nacional. El Congreso también ha mostrado su voluntad de modificar el Acta de la Reserva Federal y (selectivamente) reforzar su control sobre la Fed. Si un creciente déficit presupuestario se hizo necesario para apoyar la demanda interna o debido a eventos externos (como amenazas militares a Estados Unidos) es razonable suponer que el Congreso esperaría una vez más que la Fed respalde las emisiones de bonos del Tesoro. Y si no lo hizo, el Congreso puede ordenar que lo haga.

Si todo esto es correcto, la independencia de la Reserva Federal se limita a su protección o alejamiento de la presión política, y especialmente, a la ausencia de interferencia política en sus deliberaciones de fijación de tasas.

## 5. Conclusiones: Teoría Monetaria Moderna y Banco Central independiente

Uno de los mayores temores sobre los déficits presupuestarios continuos es que pueden hacer subir las tasas de interés, elevando los déficits y el costo de endeudamiento en espiral. Esto se basa en el modelo IS-LM donde, excepto en una trampa de liquidez con una curva LM horizontal, el aumento del gasto público aumenta las tasas de interés. El resultado es similar al modelo de fondos prestables, en el que la demanda del gobierno de fondos prestables se utiliza para financiar un déficit que provoca el aumento de las tasas. Esta creencia en los déficits que presionan las tasas de interés es casi universal a pesar de ser equivocada. De hecho, a menos que se realicen operaciones compensatorias, los déficits presupuestarios empujan hacia abajo las tasas ya que conducen a créditos de reserva en el sistema bancario.

Como lo enseña la Teoría Monetaria Moderna, la función operativa de vender bonos del Tesoro es ofrecer una alternativa de mayor interés a las reservas de bajo rendimiento (hasta la crisis de 2008 las reservas pagaban cero; ahora pagan una tasa positiva elegida por la Fed). ¿Cuánto más alto el interés? Bueno, eso depende del vencimiento de la deuda emitida y del estado de la preferencia por la liquidez. Como implica la *square rule* de Keynes, cuando se adopta una política de tasa de interés cero, el Tesoro generalmente tiene que pagar aproximadamente 200 puntos básicos para que los bancos u otros renuncien a la liquidez y así mantener activos de vencimientos más largos. Cuando las tasas a corto plazo son más altas y se espera que caigan, la prima requerida en los vencimientos a largo plazo es menor (incluso se puede invertir la estructura de la curva de rendimiento, con tasas cortas por encima de las tasas largas).

La mayoría de los "keynesianos" no están preocupados ahora por esto, creyendo que estamos en una trampa de liquidez, como argumenta Paul

Krugman continuamente. En las condiciones actuales, ni el gasto deficitario ni la *quantitative easing* impulsarán las tasas de interés o la inflación. Sin embargo, muchos argumentan que si el gobierno sigue teniendo déficits presupuestarios sostenidos incluso después de la recuperación, podría caer en una trampa de la deuda. Tratar de financiar esos déficits supuestamente empuja las tasas de interés pagadas por el gobierno, lo que aumenta los costos del servicio de la deuda y acelera el crecimiento de los déficits presupuestarios, elevando aún más las tasas de interés. Esto crea un círculo vicioso que aumenta la relación deuda/PBI. Finalmente, los tenedores de bonos demandan al gobierno de los Estados Unidos, que se ve obligado a ceder como el gobierno griego ante el FMI y el BCE.

Pero ese argumento pierde el punto. Las tasas a corto plazo están determinadas por la política monetaria. La Fed puede pagar lo que quiera en las reservas y cobrar lo que quiera por los préstamos en la ventanilla de descuentos. Esto dirige a la tasa de fondos federales y la mantiene dentro de los límites establecidos más o menos por las otras dos tasas. Cuando la economía comience a expandirse, lo más probable es que la Fed suba las tasas. (Y aunque podría elevar las tasas en respuesta a los déficits presupuestarios, eso es claramente una decisión política, y no algo que los mercados le hagan a una nación soberana).

Los déficits aumentan las reservas bancarias y los déficits sostenidos resultan en excesos de reservas a menos que se tomen medidas compensatorias. El exceso de reservas ejerce una presión a la baja sobre la tasa de fondos federales. La Fed puede vender bonos del gobierno (ventas en el mercado abierto) para aliviar esa presión, o el Tesoro puede vender nuevos bonos. En cualquier caso, el impacto operacional es sustituir bonos del tesoro por reservas (lo contrario a la *quantitative easing*). Si no se toman tales medidas, los déficits presupuestarios presionan las tasas de interés hacia abajo, no hacia arriba.

¿Qué tasa de interés deberá pagar el Tesoro para vender esos bonos? Bueno, depende del período de vencimiento de las emisiones y el estado de preferencia de liquidez en ese momento. El Tesoro podría optar por vender obligaciones a corto plazo (letras) a una tasa que siga la tasa objetivo de la Fed, o puede vender vencimientos más largos. Esto es parte de la "gestión de la deuda" del Tesoro.

¿Podría la Fed intentar hacer que Estados Unidos ceda como lo hicieron los griegos en la crisis de la Unión Monetaria Europea? Sí, podría implementar un *shock* al estilo Volcker, impulsando las tasas por encima del 20%, lo que podría llevar al gobierno de los Estados Unidos a un ciclo de crecimiento de tasa de interés y deuda. Por supuesto, causaría lo mismo en el sector privado, cuya relación de deuda ya es mucho más alta que la del gobierno. Como emisor de la moneda, el gobierno probablemente pueda resistir mucho más tiempo que el sector privado. No es probable que la Fed pueda seguir esa política el tiempo suficiente para poner al gobierno soberano en una situación de déficit a la Weimar, porque perjudicaría sustancialmente al sector privado al causar una insolvencia masiva e incumplimientos en cascada. Eso es lo que hizo Volcker. El sector privado colapsó y finalmente salió de la recesión por el aumento del déficit presupuestario de Reagan. La vigilancia de Volcker no causó que el gobierno de Reagan redujera el déficit. Más bien, redujo los impuestos y aumentó el gasto militar.

No se puede evitar completamente una mala política. Esa es la debilidad de la democracia. Y de cualquier otra forma de gobierno. Lo bueno de la democracia es que los votantes pueden expulsar a los funcionarios electos de vez en cuando y, si bien la Fed no es directamente responsable ante los votantes, está sujeta a la acción del Congreso.

El problema es que la mayoría de la gente piensa que la independencia de la Fed es natural, deseable e inmutable. Pero en realidad, es una rama del gobierno y una criatura del Congreso. Entonces, la pregunta se limita a esto: ¿puede la Fed comportarse discrecionalmente sin que el Congreso la vuelva a colocar en el lugar apropiado? Aquellos que adoptan la Teoría Monetaria Moderna y creen en ese temor, tienen un pobre entendimiento de la economía política y del mandato de la Fed tal como lo define el Congreso.

El dinero moderno es un dinero del Estado: el Estado elige el dinero de la cuenta, impone impuestos y acepta el pago en esa unidad. Además, normalmente el Estado emite sus propios pagarés y los acepta al mismo tiempo como medio de pago. Otras entidades generalmente también emiten pagarés denominados en el dinero de la cuenta del Estado. Los emisores deben aceptar sus propios pagarés. Hay una jerarquía de pagarés monetarios, con la moneda del Estado (incluidas las reservas del Banco Central) en primer lugar, que se utilizan para compensar entre las instituciones financieras. Pagarés estatales y bancarios deben emitirse primero antes de que puedan devolverse a sus emisores en forma de rescate. Lógicamente, el Estado debe emitir su moneda a través de su gasto o mediante préstamos antes de que pueda recibir su moneda en pago. Lo mismo puede decirse del sector bancario: deben prestar sus bonos o depósitos antes de que sus acreedores puedan realizar pagos. A diferencia de los bancos, sin embargo, el Estado puede garantizar la demanda de su moneda mediante la imposición de pagos obligatorios, como los impuestos que deben pagarse en su moneda.

Todo esto era más transparente cuando los estados gastaban "recaudando una cuenta" o acuñando una nueva moneda para financiar una guerra. Se volvió un poco más oscuro cuando ofrecían letras del Tesoro para el descuento de bancos privados, obteniendo billetes que gastarían y recaudarían en impuestos. Y después de que a un banco se le otorgó el poder de monopolio para convertirse en el propio banco del Estado, un Banco Central, los asuntos aparentemente se volvieron opacos para muchos observadores. El Estado ya no gastó sus pagarés, sino que llevó a cabo sus operaciones fiscales a través de su Banco Central, emitiendo letras, recibiendo créditos en su cuenta, gastando sus propios pagarés y recibiendo lo mismo en impuestos. Mucho más tarde, los bancos privados entraron en un esquema triangular, con gastos de tesorería que conducen a créditos en bancos privados, con el Banco Central intermediando entre los bancos privados y el Tesoro para facilitar estas operaciones fiscales. Todo esto oscureció las finanzas soberanas, haciendo más fácil suponer que el emisor de la moneda soberana opera como un hogar, recibiendo ingresos (impuestos), gastando de los mismos y "tomando prestado" si no le alcanza.

Los problemas con la emisión excesiva de notas bancarias, debido al gasto en tiempos de guerra, o emisiones para financiar especulaciones excesivas, o problemas de billetes falsos, condujeron a intentos de vincular el papel moneda con el metal precioso. La experiencia relativamente breve con un patrón oro cambió el pensamiento sobre las finanzas soberanas y sobre el "papel moneda" en general. Se desarrolló una visión alternativa que sostenía que era necesario asociar la moneda (y los billetes de banco privados) con el metal. En la década de 1920, se descubrió el multiplicador de depósitos, que vinculaba la expansión de depósitos privados con las reservas del Banco Central (respaldadas por oro). El oro fue abandonado en la Gran Depresión y reemplazado por Bretton Woods y un enfoque keynesiano para las finanzas fiscales. Sin embargo, en la década de 1950 la teoría cuantitativa fue "re-expresada" por Friedman, trayendo al centro de la escena el stock de dinero, pero irónicamente asignándole a la moneda una pequeña parte en la determinación de los valores nominales. La comprensión de las finanzas soberanas discutida anteriormente se perdió. A fines de la década de 1960, la restricción presupuestaria microeconómica de los hogares se aplicó a los presupuestos del gobierno (el gasto se "financia" mediante impuestos, préstamos o impresión de dinero). Visión en la cual se ha estado atrapado desde entonces. El presupuesto de un Estado es "como el de un hogar", por lo que debe adoptar "finanzas sanas".

En la visión de la Teoría Monetaria Moderna, eso es precisamente incorrecto. Un emisor de moneda soberana no se parece en nada al usuario doméstico de la moneda. De hecho, nuestra comprensión de las finanzas soberanas está mejor concebida al volver a las cuentas o monedas que los estados "gastan" poniendo en circulación y luego recaudan en impuestos. Los procedimientos operativos modernos oscurecen, pero no modifican sustancialmente la lógica.

Antes de concluir, volvamos a la cuestión de la independencia del Banco Central. Hay una serie de índices que intentan clasificar a los bancos centrales según el grado de independencia, y algunos estudios lo vinculan con la inflación. Estos normalmente clasifican a la Fed (y al *Bundesbank* antes de la unificación, o al BCE después de la unificación) como relativamente independientes. Incluso si desechamos la afirmación de que los tenedores de bonos del mercado pueden hacer subir las tasas de interés soberanas argumentando que el Banco Central puede controlar las tasas, existe la posibilidad de que, por ejemplo, la Fed se niegue a aliviar la presión sobre las finanzas del gobierno federal. De todos modos, los reclamos de independencia de la Fed son exagerados.

En primer lugar, por las razones antes mencionadas, la Fed debe coordinar con el Tesoro las operaciones necesarias para garantizar que pueda alcanzar los objetivos de tasas de interés *overnight*. En segundo lugar, es una "criatura del Congreso", creada por una ley pública que ha sido enmendada varias veces. Esto es reconocido por la misma entidad de reserva. Como ya se discutió anteriormente, MacLaury lo expresó de esta manera:

El Sistema de la Reserva Federal se piensa, más apropiadamente, como "protegido", más que independiente, de la política del gobierno y de los bancos, y de las presiones de intereses especiales.

En efecto, el acuerdo [de 1951] estableció que el Banco Central actuaría independientemente y ejercería su propio juicio sobre la política monetaria más apropiada. Pero también trabajaría estrechamente con el Tesoro, estaría plenamente informado y simpatizaría con las necesidades del Tesoro en la gestión y el financiamiento de la deuda pública. De hecho, en circunstancias especiales, la Reserva Federal apoyaría el financiamiento si condiciones inusuales en el mercado causaran que una emisión fuera poco aceptada por los inversionistas privados. (MacLaury, 1976)

Nuestra comprensión de la política y de las realidades operativas de la política fiscal y monetaria mejoraría si abandonáramos el mito de la independencia del Banco Central.

### Referencias bibliográficas

Felkerson. J.A. (2012) "A Detailed Look at the Fed's Crisis Response by Funding Facility and Recipient". *Public Policy Brief Levy Economics Institute of Bard College* n° 123. Disponible en: <http://www.levyinstitute.org/pubs/ppb_123.pdf>.

Kelton, S. (2013) "Former Dept. Secretary of the U.S. Treasury Says Critics of MMT are 'Reaching'". *New Economic Perspectives*. Disponible en: <http://

neweconomicperspectives.org/2013/10/former-dept-secretary-u-s-treasury-sayscriticsmmt-reaching.html>.

MacLaury, B. K. (1976) "Perspectives on Federal Reserve Independence - A Changing Structure for Changing Times". *The Federal Reserve Bank of Minneapolis*, Annual Report 1976. Disponible en: <http://www.minneapolisfed.org/publications_papers/pub_display.cfm?id=690>.

Moe, T. G. (2013) "Marriner S. Eccles and the 1951 Treasury – Federal Reserve Accord: Lessons for Central Bank Independence". *Working Paper Levy Economics Institute of Bard College* n° 747.

Shull, B. (2014) "Financial Crisis Resolution and Federal Reserve Governance: Economic Thought and Political Realities". *Working Paper Series Levy Economics Institute of Bard College* n° 784.

Wray, L.R. (2004) "The Fed and the New Monetary Consensus: The Case for Rate Hikes, Part Two". *Public Policy Brief Levy Economics Institute of Bard College* n° 80.

Wray, L.R. (2012) "Improving Governance of the Government Safety Net in Financial Crisis". *Research Project Report Levy Economics Institute of Bard College*. Disponible en: <http://www.levyinstitute.org/pubs/rpr_04_12_wray.pdf>.

Wray, L.R. (2013) "The Lender of Last Resort: A Critical Analysis of the Federal Reserve's Unprecedented Intervention after 2007". *Research Project Report, Levy Economics Institute of Bard College*. Disponible en: <http://www.levyinstitute.org/publications/?docid=1739>.

# 6/ Basilea:
## El régimen regulatorio de la globalización financiera

*Guillermo Wierzba[1]*

## 1. Introducción

Argentina ha tenido desde sus orígenes como Nación distintas lecturas respecto del papel de las finanzas y el rol en su articulación en el sistema financiero internacional. Esas visiones alternativas y contrapuestas adquieren una fisonomía más definida y estructurada a partir de la organización de un sistema financiero con banco central a comienzos de la década de 1930. En la evolución del mismo confrontan una mirada centrada en el rol del crédito para el desarrollo nacional, como elemento sustancial de la regulación financiera y otra que se concentra en la regulación de la actividad de los bancos y de las intervenciones coyunturales generadas por fluctuaciones de emergencia que impactaban severamente en la solvencia y liquidez de las entidades afectando la vida económica y las condiciones de estabilidad del sistema. Estos últimos temas no estaban excluidos del primer enfoque, pero éste estaba basado no sólo en un control estricto de las entidades bancarias por parte del Banco Central, sino que esta entidad en su actuación en tales situaciones contaba con herramientas con un grado de discrecionalidad mucho mayor, como así también toda la actividad estatal. Así, el objeto y la concepción sobre el sistema financiero y de sus organismos reguladores eran de un orden distinto.

El enfoque predominante y hegemónico estaba sustentado en seguir pautas internacionales en términos de regulación financiera, dándole a los bancos el rol de agentes centrales del sistema y una destacada participación en las decisiones y opiniones sobre la forma del funcionamiento del mismo. Un sistema de carác-

---

1 Economista. Ex Director del Centro de Economía y Finanzas para el Desarrollo de la Argentina (CEFI-DAR)

ter privado, concebido como un negocio de privados. Los ahorros captados se comprendían como una relación cliente-entidad y, con matices, las entidades bancarias tenían libertad de asignación para los recursos que captaban siendo el mercado el asignador de los mismos porque los bancos actuaban libremente en base a criterios de optimización de sus beneficios. Los instrumentos legales que regulaban el sistema eran la carta orgánica que refería a los parámetros que regían la actividad del Banco Central y la ley de entidades financieras que disponía el régimen de funcionamiento de las entidades.

En cambio durante los dos gobiernos peronistas del siglo XX fue primordial la valoración del crédito como motivación que le daba el sentido a la existencia del sistema financiero. Por eso la carta orgánica tuvo como uno de sus ejes al dispositivo de regulaciones que permitían al Estado direccionar el crédito y fijar las tasas de interés en función de la política económica y la estrategia de desarrollo productivo que se planeaba. Por otra parte la Ley de Entidades Financieras disponía las actividades para las cuales estaban autorizadas los distintos tipos de entidades y establecía, entre otras cuestiones, las condiciones que evaluaría el Poder Ejecutivo a fin de aceptar o rechazar el inicio de actividades de entidades extranjeras. Por otra parte, en esas experiencias tenía relevancia la ley de depósitos, que en esas circunstancias fue un instrumento para la centralización de estos, ya que los bancos captaban por cuenta y orden del banco central y debían inmovilizar la totalidad de los fondos captados. Era ese ente regulador el que otorgaba redescuentos que le daban la capacidad prestable a las instituciones financieras, las que a su vez, debían otorgar los créditos atendiendo a los lineamientos por él previstos.

A partir de la última dictadura militar, que inicia el primer período de reconversión neoliberal de la economía argentina, el sistema financiero experimenta una profunda modificación alcanzando un grado de liberalización, apertura al capital extranjero e integración a las finanzas internacionales en un grado e intensidad desconocido hasta entonces. La libertad de tasas y la libre asignación del crédito se da en conjunto con una capacidad prestable creciente producto del ingreso de fondos prestables del exterior que tenían un indudable componente especulativo. Comienza un período de concentración bancaria y, debido al debilitamiento regulatorio, a la inconsistencia de la política macroeconómica, y a las fluctuaciones importadas de la economía internacional, –asociadas a diferentes necesidades e intereses de los grupos de poder– el experimento deviene en una crisis de proporciones. El instrumento legal clave de la época fue la Ley 21.526 que estableció de hecho un sistema de banca universal, abandonando las especializaciones y modificando la obligación del banco central de definir tasas de interés convirtiéndola en una simple facultad, que el régimen terrorista de estado nunca usó.

La segunda experiencia de ese carácter es la del menemismo, en ésta la modificación clave fue la Carta Orgánica del Banco Central, que por la nueva Ley que la estableció fijaba un único objetivo para ese ente: defender el valor de la moneda. O sea que la entidad que regulaba el sistema financiero se desentendía del costo del dinero y de los destinos de los préstamos. Sería el mercado el que los definiría por las condiciones de automaticidad en la relación entre la oferta y la demanda. Ahora la misión otorgada al Banco Central sería encorsetar los grados de libertad del Estado Nacional para definir la forma de financiar el presupuesto público.

Poco tiempo después de la sanción de la Carta Orgánica, el BCRA de los noventa comienza a adoptar los criterios recomendados por el Comité de Basilea a los fines del establecimiento de regulaciones microprudenciales para perseguir la estabilidad financiera. O sea, que se abandona la regulación de las condiciones de liquidez del sistema en su conjunto como elemento central que construye las lógicas de equilibrio conducentes a garantizarla y las normas específicas sobre el crédito como base de la garantía de solvencia. En sí Basilea significa que las entidades deben constituir capitales en base al riesgo de sus carteras de activos, mientras las condiciones de liquidez habrían de ser construidas en las relaciones entre privados (entidades financieras) que a su vez estarían vinculadas con el mercado internacional a fin de proveer o ser proveídas por déficits de demanda u oferta de dinero. Permanecía en el esquema la capacidad de acción del banco central con mecanismos de intervención mercantiles (operaciones de mercado abierto) con colocaciones primarias de títulos o su compra en el mercado secundario, o su venta como mecanismo inverso, un margen de maniobra claramente más acotado que con las regulaciones directas de la liquidez. La Ley de la convertibilidad que impedía cualquier creación de dinero que no se generara en la compra de dólares era una restricción que agudizaba las restricciones de la posibilidad del ente emisor para regular la liquidez, transformándolo en una cuasi-caja de Conversión.

## 2. La financierización

La construcción de un enfoque teórico para el diseño de una dinámica central de las finanzas en la economía internacional y expandir el predominio del neoliberalismo a nivel global resultó una cuestión clave para impulsar las modificaciones del paradigma de política económica que rigió en muchos países de la región, entre ellos Argentina, hasta mediados de la década del setenta.

El despliegue de una verdadera ofensiva teórica adoptó más que un debate académico y científico con las corrientes que se oponían a esa oleada de ideas que buscaba expandirse, una lógica de imposición que adoptaba la pretensiosa posición de constituirse en la "Verdad", impugnando las otras miradas. Ese pensamiento avanzó en el subcontinente de América del Sur de la mano de muchos gobiernos autoritarios, entre ellos el de las dictaduras terroristas argentina y chilena, aunque en el primero de ellos ya había anclado sus primeros avances durante el otro tiempo dictatorial que lo precedió.

Los trabajos específicos sobre el área financiera fueron escritos por McKinnon y Shaw, en la misma corriente que pregonaban Hayek y Friedman. Era una restauración de las teoría marginalistas y neoclásicas que asignaban al sistema de precios la virtud de una asignación óptima de los recursos. En esa perspectiva los dos primeros autores impugnaban la intervención del Estado en la definición de políticas crediticias, tanto en la fijación de destinos específicos para los préstamos como en la regulación de las tasas de interés. Así es que la objeción del papel del Estado en el sistema financiero abarcaba tanto a las regulaciones de orden cuantitativo como también a las efectuadas sobre los precios. El enfoque criticaba lo que llamaba "represión financiera" que sostenía que la participación del banco central en la asignación del crédito y la determinación del tipo de interés actuaba distorsivamente sobre los equilibrios mercantiles, y que la evitación de precios más altos en los créditos deprimía el ingreso de depósitos en el sistema debido al desaliento provocado por las bajas tasas. Sostenían que la liberalización del sistema conduciría a un crecimiento de los fondos que manejaría el sistema financiero lo que sobrevendría en un crecimiento del crédito. Las más altas tasas, supuestamente introducirían racionalidad en el sistema económico financiando las actividades más eficientes y desplazarían a las que no pudieran afrontar los costos del financiamiento. El esquema se completaba con la convocatoria a abrir los mercados a la participación irrestricta de banca extranjera y a la liberalización de la cuenta de capitales de las economías.

Esta corriente del pensamiento económico, resistente al debate y al pluralismo, penetró con fuerte hegemonía en los claustros universitarios y los programas de estudio se reconformaron adoptándola en muchos casos como única "verdad". En América Latina se constituyó en la práctica en una reacción política frente a las teorías del desarrollo y de la dependencia que desplegaron un intenso debate en el período previo. El papel del Estado, el pensamiento cruzado sobre los problemas políticos, económicos y sociales fue desplazado por el estudio restringido a la esfera de la circulación mercantil, con una premisa de análisis especializado sobre la misma que se desplegaba con modelos que sufrían de un verdadero "autismo" respecto a las categorías de clase social, especificidad nacional y tipo de estructura productiva. Así los intentos de industrialización definidos desde estrategias y planes establecidos extraeconómicamente por los pronunciamientos ciudadanos fueron ahogados por la restauración de una concepción teórica que autonomizaba la esfera económica de la esfera política, reservando la primera al ámbito privado de la sociedad civil.

Los resultados fueron la reprimarización de las economías de América Latina, la conquista de la hegemonía por parte de minorías oligárquicas articuladas con el capital financiero especulativo internacional y una creciente volatilidad e inestabilidad monetaria, que confluyó con un grave deterioro de la estabilidad financiera, ambos fenómenos que alcanzaban su cenit en las sucesivas crisis económica que tenían al sistema financiero como uno de los lugares claves en que las mismas se desencadenaban. A su vez, la apertura externa generó las condiciones para el crecimiento del endeudamiento de los países de la región, mientras se habilitaba un proceso estructural de fuga permanente de capitales. La reprimarización implicó la simplificación de las economías, la destrucción de numerosas pymes, la desintegración vertical de las industrias, la mayor dependencia importadora de insumos y bienes intermedios, y una exposición a crisis ampliadas de la conocida restricción externa de economías jóvenes que no cuentan con una moneda que sea divisa internacional.

En nuestro país, como se dijo, el instrumento jurídico pionero para estas reformas regresivas fue la Ley 21.526 de entidades financieras del año 1977 de Videla-Martínez de Hoz; que se completaría con la Ley 24.144 de 1992 de Menem-Cavallo. Luego de esta última se avanzó en el diseño de un Banco Central a tono con el ingreso de la banca extranjera que pasaría a controlar más del 51.5% de los depósitos en el 2001 cuando en 1995 representaba el 17%; asumiendo un dispositivo de gestión de la entidad basado en la premisa de autorregulación de las entidades financieras y del sistema. Las asunción de las recomendaciones de Basilea fueron adoptadas progresiva pero raudamente, siendo éstas una forma radical de avanzar hacia ese paradigma autorregulatorio. Así, la salud del todo pasaría a ser el resultado del buen estado de las partes, en una réplica simplista que construye en la microeconomía neoclásica la curva de demanda de mercado como la suma simple de las curvas de demanda individuales de los agentes. Las normas microprudenciales van por la solvencia de cada banco con la ilusión que de la misma devendrá la solvencia del sistema.

## 3. Basilea I y II

Previamente a la estructuración de los sistemas bancarios funcionales a la globalización financiera los bancos centrales tenían como parte de sus objetivos velar por la estabilidad financiera y evitar la insolvencia y quiebras de las entidades. Se manejaban estableciendo regulaciones sobre la relación proporcional de sus activos y créditos respecto del capital de las entidades sumándole las reservas que tenían constituidas, otra alternativa era establecer un límite máximo al monto de depósitos captados, refiriéndolo a una función que dependía de su capital más reservas. Se le agregaban normas que atendían a evitar el descalce de plazos, relacionando mediante regulaciones las asignaciones máximas de créditos de mediano y largo plazo que atendían a la estructuración de la cartera de depósitos que tenía cada entidad. Por otra parte, había regulaciones del crédito que disponían sobre los límites a la concentración en firmas y grupos. Estas regulaciones microprudenciales resguardaban aspectos de solvencia de las entidades. Pero la salud del sistema no descansaba sólo ni centralmente en ellas. Se completaban con la regulación macroprudencial que concebía las fluctuaciones y problemáticas de la liquidez como cuestiones sistémicas, disponiendo las bancas centrales de una cantidad de herramientas de intervención para resolver y evitar situaciones de crisis provenientes de las fragilidades propias de las finanzas, cuyos ejemplos paradigmáticos son los típicos fenómenos de contagio, en los que los problemas en determinada entidad se extienden en desconfianza hacia las demás, mientras los comportamientos de manada que se manifiestan en conductas de cambio de cartera o preferencia por la liquidez de corto plazo de un grupo de inversores se esparcen en el sistema como un todo.

Estas regulaciones macroprudenciales también atendían a la estabilidad monetaria de la economía, como la atemperación de fluctuaciones del ciclo económico, muchas veces mediante el sostenimiento con emisión de la expansión del gasto público para evitar la precipitación de una caída del nivel de actividad. Y por otra parte se disponían regulaciones crediticias vinculadas a la expansión de largo plazo de la economía, cuyo despliegue era fundamental en el dispositivo de políticas de industrialización y desarrollo.

Los acuerdos de Basilea, sostenidos en un Comité no resolutivo sobre el conjunto de los países –constituido para regular la actividad de entidades de carácter internacional–, avanzaron en sustituir el paradigma regulatorio anterior por un nuevo de carácter básicamente microprudencial.

Los nuevos criterios regulatorios venían a habilitar la participación de las entidades financieras de actuación internacional, casi exclusivamente pertenecientes a los países centrales, en un funcionamiento de las finanzas globales sin barreras de desplazamiento de unas economías a otras. Este objetivo condujo a transitar de regulaciones dispuestas por lo estados, de carácter macroeconómico, a regulaciones sobre las entidades que tendían a ser uniformes.

La regulación eje del nuevo sistema era y es la que vincula las exigencias de capital de cada entidad al riesgo de los activos que la misma posee. Se supone entonces que el capital requerido a cada entidad no es una relación fija entre activos y capital, de carácter cuantitativo, si no que esa relación dependerá de una supuesta calidad de los activos que posee. Pero este criterio técnico aparentemente neutral esconde fuertes intereses económicos que descansan detrás del mismo. Esos intereses se distinguen cuando se escrutan los resultados de su aplicación. Una rápida expansión de la relación depósito/capital demostró que los grandes bancos eran beneficiados con el crecimiento de su rentabilidad de manera significativa y podían captar y prestar mucho más con un capital menor. De forma que el cambio regulatorio no obedecía a una razón exclusivamente teórico-ideológica sino que respondía a intereses concretos del capital financiero.

La primera versión de Basilea (del acuerdo de Basilea I) que se estableció en Argentina consideró tres tipos de riesgo que corrían los activos y por la tanto estableció criterios para evaluarlos y definir la calidad de los mismos: a) el riesgo de crédito o de contraparte, que era entendido como el de mayor significación y atendía a la capacidad de repago devenida de las condiciones de solvencia del deudor, b) el riesgo de tasa de interés correspondiente al descalce de plazos entre las imposiciones pasivas y los préstamos otorgados por cada entidad, y c) referida a los riesgos devenidos de la tenencia de activos cotizables por parte de las instituciones. En la iniciación de su aplicación el índice obtenido por la ponderación de los riesgos precedentes se basaba centralmente en la calidad de la garantía y la tasa de interés, a las que se sumaba un ponderador que respondía a la evaluación de la condición en que se encontraba la entidad. Si bien la aplicación de Basilea I en Argentina fue sui generis respecto del régimen recomendado por el Comité, la conceptualización y los objetivos perseguidos por las autoridades del país eran los mismos que tenía el Comité originado en el G10 y que respondía a la determinación de los países centrales que componían el núcleo central de ese grupo.

El Comité no es un ente de Supervisión supranacional formal, y su motivación expresa es uniformar la supervisión sobre los grandes bancos, sin embargo como se ha visto sus recomendaciones sobre las regulaciones que debían asumir esas entidades transfronterizas se dieron en el marco de una fuerte expansión de éstas, a partir de la apertura financiera que alcanzó a la mayoría de los países del mundo. Las entidades supervisoras, que en el caso argentino y muchos más, eran los propios bancos centrales fueron conducidas y sometidas, debido a la importancia de los bancos foráneos que intervenían en sus mercados, a avenirse al tipo de supervisión que el Comité compuesto por los países a lo cuáles esas instituciones pertenecían, había dispuesto. Sin obligación formal, pero por el peso de las recomendaciones del Fondo Monetario Internacional y el Banco Mundial, el régimen de Basilea se instaló como esquema de supervisión también para los bancos locales de los países periférico-dependientes, teniendo que ser asumido aun por parte de entidades de dimensión pequeña. Así los costos de implementación del régimen fueron muy altos para los estados de esas naciones y también para sus entidades no transnacionalizadas.

El capital estándar mínimo requerido fue del 8% sobre los activos ponderados por riesgo. Argentina comenzó la aplicación del régimen con un coeficiente del 3% y un sendero de adecuación hacia el 8%. A partir de ese ratio mínimo el Banco Central reglamentó tabularmente un esquema de evaluación de activos, mediante el cual los de mayor riesgo relativo requerían una constitución de capital mucho mayor.

Este sistema de evaluación, como se dijo, tenía como razón principal de su creación el aumento de los beneficios de las entidades respecto de su capital invertido, la rápida apertura de nuevos mercados que permitieran una mayor ampliación de sus volúmenes de actividad y la desregulación financiera, que completaba el cuadro impidiendo que el Estado interviniera fijando normas que limitaran la función de optimización de costos y beneficios de las entidades. El régimen produjo marcados sesgos que implicaron una seria obstrucción al desarrollo económico de los países periférico-dependientes.

El predominio de la garantía para premiar el riesgo de crédito significó que para los créditos cuyo destino eran empresas más pequeñas, o nuevas, y que en general importan una tasa mayor de interés si éstas son fijadas libremente por las entidades, la tabulación del Banco Central disponía una mayor exigencia de capitales. Esta lógica devenía en una actitud reacia de los bancos a prestarles a las empresas de menor envergadura, lo que significó un agudo racionamiento de crédito a las pymes. También provocó el retaceo de prestar a proyectos de buena rentabilidad en sectores que hubieran permitido la diversificación productiva. En cambio la evaluación de este riesgo de contraparte, clave en el esquema Basilea, promovía el crédito a las firmas de envergadura situadas en actividades tradicionales y menos necesitadas de fondos de terceros. Así quedaba invertida lo que constituía una herramienta reclamada por las políticas de ruptura con el subdesarrollo: el crédito y las regulaciones promovían la concentración del mismo y la conservación y refuerzo de las condiciones productivas de atraso.

Más tarde las condiciones se agravaron porque se introdujo una variable adicional que castigaba los créditos otorgados a tasas de interés más altas, agudizando el racionamiento a los tomadores menos concentrados. Por otro lado Basilea disponía una valuación de riesgo mayor para un mismo activo tomado fuera de los países de la OCDE (el mundo desarrollado) que en éstos, agravando la discriminación en el sistema financiero internacional.

Los efectos mencionados se agudizaron en 1995, cuando por las condiciones de emergencia debido a acontecimientos vividos en la región, comenzaron a aplicarse regímenes de Basilea plus, que significaron aumentar las exigencias de capital respecto a las dispuestas en los países centrales. Así en Argentina se exigió un coeficiente estándar del 11,5% en lugar del 8% precedente. Las consecuencias negativas se amplificaron.

El régimen también era inefectivo para la propia estabilidad financiera, que se suponía era su fin último, ya que en las situaciones de holgura financiera y expansión económica los activos y préstamos tendían a sobreestimarse respecto de su solvencia en relación a su exposición al riesgo, mientras que en las instancias contractivas y de mayor restricción en el orden de las finanzas se subestimaba su calidad. Así el comportamiento del sistema era procíclico y contrario al resguardo de la resiliencia de las entidades, en tanto tampoco respondía a jugar un rol de contrajuego en las recesiones económicas.

La caída del régimen de la convertibilidad fue acompañado con una grave crisis financiera en la que las entidades fueron salvadas y rescatadas por políticas y recursos públicos puestos en disposición para tal efecto, demostrándose que las exigentes regulaciones microprudenciales fueron decididamente infectivas en cumplir con los objetivos que les estaban previstas, de acuerdo al enfoque ortodoxo que descansa detrás de la técnica de supervisión que se nutría de esa lógica normativa.

Hacia final del siglo pasado el Comité de Basilea avanzó y recomendó la preparación de un régimen más completo que denominó Basilea II. Durante la década del noventa la primera versión del paradigma regulatorio recomendado por este ámbito no sólo se adoptó por los bancos de actividad de transnacional, sino que se extendió como mecanismo regulatorio a los países desarrollados y a los periférico-dependientes. Las crisis regionales sucesivas acontecidas en la época demostraron la ineficacia del régimen, que quedaba plasmada también en la muy lenta recuperación del crédito en relación al producto en las naciones que la sufrían; y también en los costos fiscales que implicaban las intervenciones de los países para resolver las catástrofes financieras provocadas por el neoliberalismo. A pesar de ello, el nuevo emprendimiento de Basilea II, mucho menos que buscar atemperar los problemas que devenían de la mirada teórica de la versión primera, bregaba por profundizarla. El objetivo pareció haber sido siempre promover el aumento de las posibilidades de apalancamiento (relación entre el crédito total otorgado y el capital exigible) de las entidades financieras que les garantizaba cada vez mayores beneficios. Es decir que el dispositivo de seguridad bancaria se reformulaba en función de la apropiación de mayores utilidades para el capital financiero.

La propuesta técnica de Basilea II tenía tres pilares. El primero de los cuales era una versión reacondicionada de la que lo precedió. Se mantuvo el 8% como mínimo a constituir de capital sobre los activos ponderados por su nivel de riesgo. Pero este pilar se sofisticó estableciendo alternativas para su implementación. La primera de ellas era que las entidades descansaran en las calificadoras de riesgo, quienes externamente debían establecer la ponderación del riesgo sobre la base de sus lógicas para fundar su juicio, siendo las calificadoras agentes privados remunerados por el calificado, lo que obviamente no garantiza independencia de intereses. Pero la segunda alternativa permitía la elaboración de complejos modelos de evaluación interna de las entidades prestadoras, con el requisito de la certificación del organismo de supervisión. O sea que en ambos casos la liberalización conducía a la autorregulación financiera, que ya no sólo impregnaba los mercados de créditos y depósitos sino que invadía la propia actividad de regulaciones de solvencia y liquidez de las entidades. Agregaban al algoritmo el riesgo de mercado que ya estaba en Basilea I respecto de las variaciones potenciales de la tasa de interés y el de mercado con relación a las precios de los activos que operaban con cotización. Pero además se incorporaba un factor de riesgo operativo que ponderaba las fallas del personal, errores de adecuación y de procesos internos. Este último factor agregaba un encarecimiento a los costos de las entidades de mucha consideración. Todo el esquema implicaba para su utilización en el ya extendido ámbito de naciones involucradas en el dispositivo de Basilea, de altos costos para sus instituciones, costos pensados en función del tamaño de la banca transnacional, que soportados en las escalas de bancos locales y regionales constituían una verdadera desnivelación competitiva.

El segundo pilar era el de supervisión y se centraba fundamentalmente en la guardia de la lógica de construcción del capital mínimo, cuidando que el mismo supere los requerimientos de riesgos por activos, con una actuación de alta discreción del organismo supervisor en estas funciones.

El tercer pilar, la disciplina de mercado, implicaba un régimen de publicaciones en donde se especificaran las cuestiones de estructura del capital, exposición de riesgos, y suficiencia del primero. El objetivo era una supuesta transparencia que la información garantizaría y la suposición de que se propendería a la información perfecta de los agentes que operen con las instituciones, como si la masa de depositantes fueran expertos y atentos analistas entrenados en la evaluación de las entidades.

Este intento, el más neoliberal de todas las propuestas de regulación bancaria, tuvo el destino del Titanic, su despliegue en su aplicación concreta coincidió con la gran crisis financiera de 2008/9 y más que ineficaz fue corresponsable de lo ocurrido. En los mismos ámbitos en que se generó el Comité, se comenzó un proceso de revisión para avanzar hacia otro esquema.

## 4. Basilea III como continuismo

La crisis del 2008/9 puso como uno de los temas clave a discutir la cuestión de la regulación bancaria. En un principio desde el rol que asumió el G20 se instaló un debate en relación a la necesidad de fortalecer las regulaciones, incorporando inclusive en el CEF –Consejo de Estabilidad Financiera– a miembros de países en desarrollo. Habíase extendido un gran desprestigio sobre las calificadoras de riesgo por su papel central en no prevenir, sino más bien crear las condiciones, para la crisis de las hipotecas. Así puesto en cuestionamiento el régimen de Basilea II, comienzan las discusiones respecto de una nueva forma de control de las entidades. Sin embargo, un énfasis inicial sobre el retorno de regulaciones cuantitativas de liquidez, que reinstalaba las inquietudes de las épocas de regulaciones macroprudenciales, con el tiempo se fue debilitando y devino en dos tipos de controles, uno sobre la liquidez misma y otro respecto del calce de activos y pasivos de las propias entidades que no constituyen medidas de prevención seria en caso de crisis. Más bien, y sobre todo la segunda, significaría también una tendencia a novedosos sesgos a la concentración del crédito en grandes empresas que se financian en el corto plazo, y mayores restricciones sobre el crédito de largo que perjudican a las pequeñas y medianas empresas. Por otro lado son los bancos transfronterizos los que han demostrado ser propagadores de las crisis y de adaptación continua de los países periférico-dependientes, a las normas construidas para la regulación de aquéllos. Estas conllevan costos a su medida y fueron impulsando una notable concentración y extranjerización de los sistemas financieros en estas naciones. Estas condiciones del funcionamiento internacional de las finanzas también condicionaron que el acceso a las líneas menos costosas en términos de tasa sean accesibles en este nuevo tipo de entidades privadas trasfronterizas que con sus características de desempeño no garantizan su mejor asignación sino más bien lo contrario, retrasando las inversiones necesarias para el desarrollo.

A pesar de la introducción de limitadas normas de liquidez, el corazón del sistema sigue siendo la determinación del capital mínimo medido por exposición de riesgo de los activos, sin tomarse las medidas necesarias para impedir efectivamente su prociclicidad. Así atravesado el momento de advenimiento de la crisis continuaron los criterios de las versiones anteriores de Basilea, sustentadas en la autorregulación de las entidades, ahora con mayores exigencias de los mismos que supondrían, de acuerdo a los criterios ortodoxos, una mayor fortaleza pero que como se enunció en los casos anteriores conserva la misma mirada equivocada que descansa en que la solvencia del sistema deviene de la fortaleza de los bancos, el todo se resuelve como la suma de las partes, criterio que mostró que no rige como eje central en el funcionamiento del sistema financiero. Así las desprestigiadas calificadoras de riesgo continúan jugando su papel en el marco de Basilea III como así también los regímenes de valuación interna. Aun así la resistencia a mayores precauciones frente al apalancamiento ha sido sostenida por parte de los bancos transnacionales. Tampoco se avanzó en promover controles al movimiento internacional de capitales que acentúa las fluctuaciones económicas y facilita el contagio de las crisis.

## 5. El imperativo de abandonar el régimen regulatorio de Basilea y algunas alternativas

Avanzar entonces en un régimen de estabilidad financiera y prevención de crisis sistémicas para el ámbito de las finanzas requiere de otra manera de encarar la regulación. Si se quiere promover el desarrollo, el crédito para la inversión, el apoyo a las pequeñas y medianas empresas, es necesario implantar mecanismos de regulación de carácter macroprudencial como centro de manejo del sistema, acompañados por regulaciones sobre las entidades que acompañen a las primeras.

La regulación del crédito y las tasas de interés son primordiales para impulsar una política integral de apoyo a planes que los estados concreten en función de proyectos de país decididos por la ciudadanía. Es por lo tanto necesario abandonar la lógica del mercado como mejor asignador de recursos.

En cuanto a la regulación, existen distintas alternativas como la posibilidad de encajes fijados sobre los pasivos del sistema en función de financiar redescuentos para determinadas políticas crediticias. También la propuesta de Thomas Palley y Jane D`Arista, respecto de la constitución de reservas diferenciadas sobre los distintos tipos de activos, resulta una herramienta útil para evitar el despliegue de burbujas que incrementen la tenencia de valores o el otorgamiento de préstamos excesivos sobre sectores indeseados, tanto para evitar fluctuaciones peligrosas en sus precios o capacidades de repago, como su destino hacia fines no deseados por la política económica.

Por otra parte, el grado de apalancamiento de las entidades debería obedecer a una regla simple de solvencia sustentada en una relación fija entre los créditos y el capital o entre los depósitos y el capital. Estas alternativas de regulación evitarían la variabilidad del apalancamiento y fijarían condiciones iguales para bancos con distinta especialización y con diferentes sectores tomadores de créditos. La regulación de la calidad del crédito debe construirse con su propia especificidad normándoselo desde la autoridad supervisora. Estos principios generales importan la posibilidad de una mejor asignación crediticia y resultan, en su sencillez, una normativa que requiere firmeza frente a las tendencias predominantes de la globalización financiera.

## Referencias bibliográficas

UNCTAD (2015) "Informe sobre el comercio y el desarrollo". *Documento de trabajo UNCTAD/TDR/2015*, número de venta: S.15.II.D.4. Nueva York y Ginebra: Naciones Unidas. Disponible en: <http://unctad.org/es/PublicationsLibrary/tdr2015overview_es.pdf>.

WIERZBA, G. y GOLLA, J. (2005) "La regulación bancaria en Argentina durante la década del noventa". *Documento de trabajo CEFID-AR*, n° 3.

WIERZBA, G.; DEL PINO SUÁREZ, E.; KUPELIAN, R. y LÓPEZ, R. (2008) "La regulación financiera. Basilea II. La crisis y los desafíos para una cambio de paradigma". *Documento de trabajo CEFID-AR*, n° 22.

WIERZBA, G. y LÓPEZ, R. (2011) "La regulación de la banca en Argentina 1810-2010. Debates, lecciones y propuestas". *Documento de trabajo CEFID-AR*, n° 37.

# 7 / Desregulación financiera y fragilidad jurídica

*Pedro M. Biscay[1]*

## 1. Notas en torno a la desregulación financiera.

En la literatura especializada existe un largo debate en torno a las bondades y contra indicaciones de establecer medidas regulatorias en el campo de las finanzas. A lo largo de todo el mundo, ese debate ha venido tomando cuerpo en decisiones relacionadas con la liberalización de las tasas de interés y los tipos de cambio, la reducción de los requerimientos de reservas y otras medidas, que procuran imprimir la mayor flexibilidad posible a las prácticas financieras de bancos y fondos de inversión. El principal fundamento que impulsó este proceso fue la necesidad de generar dentro del campo financiero, incentivos propicios para la mayor competencia y eficiencia de las instituciones bancarias. Bajo esa óptica, la noción de innovación financiera, ha cobrado cada vez mayor fuerza, transformando aspectos centrales de la actividad financiera, con el propósito final de intensificar las diversas modalidades de intermediación y consolidar modelos de rendimientos basados en la eliminación de costos transaccionales y generar coberturas frente a los riesgos vinculados al precio de los activos.

Actualmente la práctica bancaria tradicional compite con formas alterativas que brindan servicios financieros en plataformas enteramente digitales y que desplazan la administración de riesgos, el procesamiento de datos y las tecnologías vinculadas con transferencias, hacia múltiples jurisdicciones extraterritoriales dificultando la identificación de un centro de imputación normativa en términos de responsabilidad legal. Este desmembramiento operativo, que caracteriza a muchísimas entidades financieras a lo largo del mundo, genera fuertes obstáculos desde el punto de vista del derecho regulatorio y el desarrollo de las funciones

---

1    Abogado. Ex-Director del Banco Central de la República Argentina.

de supervisión de operaciones financieras. La expresión paradigmática de este proceso, es la expansión del shadow banking system, que se ha desarrollado hasta superar en proporciones desmedidas el volumen de transacciones involucrados en prácticas de mercado institucionalizadas.

Asociado a este proceso, los riesgos inherentes a la práctica bancaria y financiera también crecen exponencialmente y toman forma en diferentes expresiones: desde el enmascaramiento de conductas fraudulentas ejecutadas en base a complejas ingenierías financieras plasmadas en manipulaciones contables (ocultamiento de previsiones por incobrabilidad), pasando por la interferencias no autorizadas en la administración y registro de operaciones en hubs informáticos con fines de dificultar la trazabilidad de operaciones financieras realizadas a nivel global, generando un ámbito propicio para el lavado de activos (HSBC),[2] la manipulación en el manejo de información financiera asociadas a las determinantes estadísticas de tasas de interés (manipulación Libor),[3] especulaciones contra tasas de cambio, vínculos con el narcotráfico[4] y toda otra serie de conductas que revelan que la actividad de bancos y fondos de inversión, son susceptibles de producir riesgos no tolerados socialmente por su fuerte impacto destructivo sobre la estabilidad financiera, la economía real y el derecho patrimonial de los consumidores.

Si bien durante los períodos de abundancia de liquidez los problemas asociados a la administración fraudulenta de entidades bancarias tienden a no salir a la luz, una vez que la falta de aquella se transforma en un problema para la estabilidad de una entidad y/o del sistema en su conjunto, junto a la crisis bancaria emergen los atributos característicos del delito financiero. Incluso algunos autores críticos de la óptica regulatoria en materia financiera, no dejan de reconocen el fuerte vínculo entre crisis y ausencia de regulaciones. Reinhart y Rogoff (2009) en una laboriosa obra de mediciones y hechos estilizados, puntualizan que desde finales de los años cuarenta hasta principio de los años setenta, una relativa calma se vivió en los mercados financieros a raíz de la ausencia de

---

2  Ver U.S. Vulnerabilities to Money Laundering, Drugs and Terrorist Financing: HSBC Case History. Majority and Minority Staff Report. Permanent Subcommitteee on Investigations. United State Senate. Committee on Homeland Security and Government Affairs. Carl Levin, Chairman, Tom Coburn, Ranking Minority Member, July 17, 2012, Hearing.

3  McBride, James. "Understanding the Libor Scandal." Council on Foreign Relations, 12 Oct. 2016. Web. 9 Sept. 2018 <www.cfr.org/backgrounder/understanding-libor-scandal>.

4  <https://www.forbes.com/2007/11/15/money-laundering-mexico-biz-wall-cz_nv_1115casa.html#a46f1f129f37>.

crisis bancarias. Indican los autores que si bien uno de los factores explicativos podría ser la incidencia del crecimiento económico mundial iniciado a partir del final de la segunda posguerra, la mayor preponderancia explicativa estuvo asociada al papel que de las regulaciones prudenciales y los controles de capital generaron en términos de estabilidad.[5] Ambos concluyen que:

> desde principios de la década de 1970, la liberalización financiera y de la cuenta capital –esto es, el recorte y la eliminación de barreras a la inversión dentro y fuera de un país– se ha arraigado en todo el mundo, como se han arraigado, en la misma medida, las crisis bancarias. Después de un largo paréntesis, el número de países con problemas financieros comenzó a aumentar por primera vez en la década de 1970. (Reinhart y Rogoff, 2009 p. 228)

La Gran Depresión marcó el hito más profundo de las crisis financieras durante el siglo veinte. A raíz de sus consecuencias, la principal respuesta institucional adoptada por los Estados Unidos, fue el establecimiento de una batería de medidas, orientadas a generar mallas de protección del ahorro y los dineros del público invertidos en entidades bancarias. En el año 1933, la sanción de la denominada Glass Steagall (Banking Act, 1933), introdujo directrices precisas para separar tajantemente las operaciones de banca comercial y banca de inversión.[6] Esa separación tajante, con el paso de los años, fue objeto de sucesivas reinterpretaciones por parte de la Reserva Federal que terminaron por debilitar, y finalmente eliminar, sus principios fundamentales,[7] cuando el fuerte cabildeo del Citibank y las vías de hecho,[8] forzaron la derogación de la ley en el año

---

5    Los autores no ahorran sus criticas al desarrollo de medidas prudenciales, a las que consideran como "represivas" u "opresivas" en la misma sintonía que el pensamiento ortodoxo en materia económico financiero.

6    La ley también puso en funcionamiento el Federal Deposit Insurance Corporation (FDIC), cuya misión es asegurar el cumplimiento de los depósitos de los consumidores financieros.

7    Por ejemplo, la admisión de avalamiento de bonos corporativos dentro de las actividades permitida a bancos comerciales.

8    Relata Matthew que durante 1998, se produjo la fusión entre Travelers Insurance Group y Citicorp bajo la estructura del Citigroup, en violación a las disposiciones de la Glass Steagall. Las autoridades del Citi pusieron en conocimiento de la fusión al Presidente del FED Alan Greenspan, al Secretario del Tesoro Robert Roubin y al Presidente de los Estados Unidos Bill Clinton. A pesar de que el acuerdo de fusión era ilegal, el recién formado conglomerado financiero tuvo dos años para desarmar la inversión, plazo durante el cual se produjo la derogación de la ley por parte del Congreso.

1999.[9] La regulación Q (adoptada también en el año 1933), introdujo límites a los topes de tasa de interés de los depósitos, con el propósito de prevenir la competencia excesiva entre entidades en la dinámica de captación de depósitos. En 1980, a través de la sanción de la Ley de Desregulación y Control Monetario de las Instituciones de Depósito, se eliminaron estas regulaciones que pasaron a estar en manos del mercado. También, bajo la visión de que Reserva Federal debía limitarse estrictamente a la política monetaria, se eliminaron las facultades para establecer requerimientos de reserva a las instituciones de crédito (Swary, Itzhak & Topf, Barry, 1992).

Isenberg (2000), reconstruye el proceso de liberalización de las finanzas que tuvo lugar en los Estados Unidos durante 1980 y 1982, a partir de las conclusiones desarrolladas por la Comisión Hunt para fundamentar la reforma financiera. Entre algunos aspectos relevantes, aquella comisión sostuvo que debían eliminarse las regulaciones protectoras y la segmentación entre bancos comerciales y sociedades de inversión, con miras a rediseñar la estructura de las instituciones de crédito en función de criterios basados en el mercado. Según la comisión, uno de esos criterios era la libertad de mercado mientras que el otro era la necesidad de re organizar las disposiciones del regulador (requisitos de capital y otros), en base a criterios indiferenciados entre los distintos tipos de instituciones. Agrega que el proceso de reforma introdujo una cuota de politicidad ejercida por las corporaciones financieras a través del ejercicio de lobby en favor de sus intereses.

Podríamos continuar con esta enumeración, que no hace más que reflejar que las finanzas están en permanente estado de tensión entre una fuerza orientada hacia la regulación frente a otra que actúa en sentido contrario: el alejamiento del regulador del proceso financiero. Sin embargo, resulta más importante resaltar que la desregulación que tuvo lugar desde los años setenta en adelante, incidió activamente en la generación de condiciones para el estallido de la crisis financiera global del año 2008 (Sherman, 2009). El fuerte impacto de aquella crisis sobre el conjunto de la economía global, demostró las falencias inherentes a la desregulación y forzó a un restablecimiento de algunas medidas prudenciales tanto en los Estados Unidos (Dodd Frank Act), como en otros centros financieros alrededor del mundo (Gómez Jara Diez, 2014). Sin embargo, esas medidas fueron fuertemente resistidas por los principales bancos y fondos de

---

9   A través de la sanción de la ley Finantial Modernization Act - Gramm-Leach-Bliley Act se derogó el marco regulatorio creado en respuesta a la crisis del año ′30. John Reed, ex CEO de Citigroup reconoció muchos años después que había sido un error la derogación de aquella ley <https://money.cnn.com/2015/11/12/investing/citigroup-john-reed-glass-steagall/index.html>.

inversión con proyección global, contando muchas veces con el apoyo de la jurisprudencia. Ese proceso, está plagado de fuerzas contradictorias, marchas y contramarchas, tensiones persistentes en los que se juegan visiones de política publica y el lobby de las instituciones financieras, cuyo peso específico es lo suficientemente importante, como para generar presiones hacia la desregulación.

Currie (2009) comparte el punto de vista en torno a que los mecanismos regulatorio emergieron principalmente desde los años de la gran depresión a partir del establecimiento de medidas de protección hacia los consumidores. Sin embargo, en los esfuerzos por construir una teoría general de la regulación financiera, reconoce que a partir de los años setenta se fue desplegando una nueva batería de regulaciones indirectas, basadas principalmente en el mercado, a las que identifica como medidas prudenciales (*ibíd.*). Cómo parte de estos esfuerzos desarrolla una taxonomía compuesta por las regulaciones legales y la estructura de gobierno del sistema bancario, la implementación de medidas prudenciales de adecuación de capital y ejercicios de supervisión bancaria y revisiones de auditoría para control de riesgos y fallas operativas (Currie, 2006). A partir del reconocimento de que las entidades bancarias y financieras no bancarias, pueden generar riesgo sistémico[10] cuando son mal administradas, el epicentro de su trabajo consisten en identificar –en el marco de la elaboración de una teoría general– fallas de regulación en torno a las crisis financieras.

La desregulación financiera, realizada a través de una fuerte intervención planificada o partir de un retraimiento de la observancia del regulador sobre prácticas que podrían (o no) configurar según los casos, un abuso de mercado, consiste en generar un vacío normativo que permita la emergencia plena de la hipótesis de mercados eficientes. Ese vacío de regulación, es un vacío de legalidad que estimula la rentabilidad financiera, bajo el presupuesto de que los mercados funcionan mejor cuando lo hacen libremente, es decir sin interferencias del regulador.

El principal riesgo asociado a la visión que estimula la eliminación del derecho regulatorio sobre el mercado, está dado por las fuertes asimetrías que separan a los bancos de sus clientes financieros, es decir la creación de escenarios propicios para la desprotección de los derechos del inversor y el ahorrista. Precisamente la asimetría que vincula a bancos y clientes, genera condiciones para la opacidad financiera y los fuertes vínculos que ya han sido fuertemente probados, en torno a finanzas y criminalidad económica. Desde el propio

---

10  Sobre el concepto de riesgo sistémico ver BIS Systemic Risks in Global Banking: What Can Available Data Tell Us and What More Data Are Needed? <https://www.bis.org/publ/work376.pdf>.

campo de la teoría económica, Currie (2004), reconoce las vinculaciones con la defraudación bancaria y el lavado de dinero, como uno de los aspectos que también están ligados a fallas regulatorias en economías emergentes. Aunque desde un punto de vista distinto Saviano (2013), reconocen los fuertes vínculos entre ambos mundos, al punto de arriesgar como hipótesis que el narcotráfico constituye una fuente de liquidez permanente para el mundo de las finanzas, que se vuelve un recurso inestimable en momentos de retracción económica (Marazzi, 2014). En trabajos recientes, Medialdea (2015), incorpora el capítulo flujos financieros delictivos dentro del estudio de los problemas vinculados a la economía política mundial.

Regresando a la pregunta por la necesidad de fortalecer la regulación financiera, la razón más importante que desde el punto de vista del análisis del sistema en su conjunto justifica el uso de esta clase de medidas, es simplemente que el pasivo de las entidades financieras (bancarias y de otro tipo), es el principal activo con que cuentas las familias, es decir el depósito de sus ahorros. Los verdaderos deudores del sistema financiero son los bancos que basan su negocio en la intermediación de activos del público (Mehrling, 2016). Es desde este punto de vista que se justifica la aplicación de regulaciones prudenciales y modelos de supervisión eficientes, a los efectos de prevenir abusos sobre los derechos de los inversores y consumidores financieros, riesgos de fraudes, riesgos asociaciones a iliquidez e insolvencia y generación de efectos desestabilizadores causados a raíz de operaciones inherentemente inestables.

## 2. La integración financiera y la globalización de la juridicidad

El proceso de desregulación financiera se amalgama con el desarrollo de "consensos impuestos" por las potencias económicas, a través de una red de mecanismos difusores de nuevas reglas de juridicidad, en la que estudios de abogados asociados con empresas transnacionales, firmas de consultoría y organismos internacionales, promueven el desplazamiento del derecho vigente desde la heterónima hacia la autonomía normativa. Ese desplazamiento se edifica en torno a un paradigma de autorregulación de los mercados financieros, que impera en gran parte de las practicas institucionales de los operadores del sistema y también, en los fundamentos de la elaboración del campo de respuestas jurídicas en la materia. El corazón de ese proceso, que no implica otra cosa más que un movimiento de descodificación del derecho positivo vigente dentro de los Estado, seguido por su recodificación en términos de juridicidad global (Deleuze, 2005, 2017), es la internacionalización del capital en clave de integración financiera y, por lo tanto, la subordinación de los derechos internacional público y privado, al dispositivo de poder financiero.

El papel de la integración en la imposición de los consensos normativos que establecen reglas de armonización y uniformidad en la practica financiera y comercial, se produce sobre una asimetría de origen entre países centrales y periféricos. Los primeros fijan reglas de libertad de comercio, políticas de aranceles, patentes, libre movilidad de capitales y otros condicionamientos jerarquizados, que los segundos deben aceptar sin ningún margen de negociación de condiciones favorables que reviertan la desigualdad en los intercambios comerciales. La contrapartida de este proceso, es el desarrollo de reglas jurídicas y pautas regulatorias, que las potencias aplican efectivamente dentro de sus territorios o incluso en esferas extraterritoriales, cuando sus intereses comerciales y el estatus de sus inversiones, puedan verse afectados.[11]

La serie de acuerdos impulsados desde la OMC, la Unión Europea y otros organismos internacionales tienden a volcar la ecuación de poder en torno a los intereses comerciales de las grandes potencias. En cada uno de estos acuerdos se establecen también reglas específicas que delegan la jurisdicción en materia de resolución de conflictos en árbitros componedores que laudan en favor del costado más poderoso de la relación.[12] En materia de servicios financieros los

---

11 Es el caso de los innumerables procedimientos iniciados en los Estados Unidos en virtud de la Foreign Corruption Practices Act (FCPA), e incluso las investigaciones abiertas por la SEC contra empresas cuyas acciones esté listadas en la NYSE. Dentro del campo de estudios sobre protección penal de los mercados financieros, la dimensión transnacional de gran parte de las operaciones suele dar lugar a discusiones sobre la aplicación del principio de extraterritorialidad penal como en el caso 130 S.Ct. 2869 (2010) - *Morrison v. National Bank of Australia,* dictaminado ante el Tribunal Supremo de los Estados Unidos. Ver Gómez Jara Díez, Carlos. La protección penal transnacional de los mercados financieros. Marcial Pons.

12 Durante los años 2006 y 2008, la República Argentina fue objeto de diversos reclamos iniciados ante el Centro Internacional de Arreglo de Diferencias Relativas a Inversiones (CIADI) por tenedores italiano de bonos soberanos caídos en default. En aquella instancia, creada en el seno del Banco Mundial, la Argentina tuvo que defenderse en el marco de procedimientos que no garantizaban debidamente la imparcialidad y la igualdad de armas entre las parte, a pesar que la actividad financiera no se encontraba directamente enmarcada en un tratado de servicios financieros. Sin embargo, los más de 60 mil bonistas italianos agrupados en la Associazione per la Tutela degli Investitori in Titoli Argentini (TFA), formularon tres demandas colectivas por un valor cercano a los USD 2.500 millones y fundaron su legitimación invocando el Tratado Bilateral de Inversión celebrado entre nuestro país e Italia durante los años noventa, como fuente de protección de los bonos adquiridos. La historia de estos litigios indica que en los casos "Giovanni Alemanni and others v. Argentine Republic (ICSID Case N° ARB/07/8)" y "Ambiente Ufficio S.p.A. and others v. Argentine Republic (ICSID Case

acuerdos orientados a fortalecer reglas de integración financiera, conocidos como acuerdos Trade in Service Agreement (TiSA)[13] sientan las bases para la consolidación de la desregulación financiera a nivel local y también incluyen cláusulas que prorrogan la jurisdicción el tribunales arbitrales.[14] La firma y

---

N° ARB/08/9)", el tribunal arbitral emitió una resolución procesal cerrando los procedimientos por falta de pago de los anticipos necesarios establecidos en el Reglamento Administrativo y Financiero (Regla 14.3.d), mientras que el tercer caso, caratulado "Abaclat and others v. Argentine Republic (ICSID Case N° ARB/07/5)", se encontraba pendiente la admisibilidad de prueba cuando el actual gobierno decidió asumir el pago de lo reclamado en todos los casos (el tercero y los anteriores también), además los costos financieros asociados a la individualización de los tenedores de bonos.

13 El corazón de estos acuerdos no es más que la extensión del proceso de desregulación en materia financiera que es impulsado por los países que presiones a nivel global por la eliminación del cuerpo de reglas que, sobre regulación de capitales financieros, han sido desarrollados con el propósito de evitar el impacto negativo de las finanzas sobre la economía real. Principalmente, estos acuerdos comenzaron a difundirse ampliamente, impulsado por la Unión Europea a raíz de la adopción de una estrategia localizada, principalmente en intensificar la presencia de servicios financieros en los acuerdos de libre comercio firmados con economías emergentes. Junto a la UE participa impulsando estos acuerdos otros 22 países participantes del World Trade Organization (WTO), entre los que se destacan Estados Unidos, Canadá, Suiza y Panamá. Se calcula que entre estos 22 países + UE contabilizan cerca del 70% del comercio de servicios financieros alrededor del mundo. Sin embargo, el impulso de estos acuerdos cuenta –en todos los casos– con la activa participación de bancos globales, agencias de crédito y fondos de inversiones con participación preeminente en mercados de derivados, cuyo poder de lobby ha permitido tomar parte en consultas, reuniones y foros de decisión clave a nivel de las instituciones globales, con el único propósito de revertir el proceso de regulación financiera y ganar mayor participación y densidad en los mercados emergentes. Las consecuencias negativas de la crisis financiera ocurrida en Asia durante los años noventa, ha llevado a mantener cierta distancia a países como Malasia, Indonesia y Thailandia, mientras que otros como Corea de Sur firmaron acuerdos. En América Latina países como Chile, Perú, Colombia, Ecuador y aquellos que integran el Foro del Caribe, firmaron acuerdos estableciendo preferencias comerciales con capítulos en materia financiera.

14 El sistema de arbitraje de diferencias previsto en sus cláusulas (*Investor-state dispute settlement*), es un instrumento que permite al inversor extranjero que considera que el Estado Anfitrión de las inversiones, transgredió principios y reglas previstas en los acuerdos, someta el caso de diferencias ante un tribunal de arbitraje, siempre que los estados de origen y recepción de inversiones hayan acordado la concurrencia a dicho mecanismo. En estos casos, los inversores podrán llevar el caso al CIADI o a otras instituciones como el Tribunal de Londres de Arbitraje Internacional, la Cámara de Comercio Internacional o el Centro de arbitraje Internacional de Hong Kong. En los hechos, este instrumento funciona a modo de una "tribunal resolutorio" a favor de las pretensiones jurídicas de las corporaciones multinacionales, en tanto utilizan esta

entrada en vigencia de estos acuerdos plantea el otro costado del problema ligado a la cristalización local de las prácticas jurídicas globalizadas. Cuando este proceso se perfecciona, las reglas diseñadas y promovidas desde los despachos de abogados globales dedicados a la asesoría legal de bancos y fondos de inversión, encarnan como parte constitutiva del derecho local de los Estados, a pesar de que en un número significativo de casos, puedan entrar en colisión con principios fundamentales del derecho constitucional y del derecho internacional de los derechos humanos.[15]

---

instancia para determinar favorablemente los límites normativos que definen casos de expropiación (en tanto, la referencia semántica prevista en los tratados de inversión suele ser amplia y ambigua) y valerse del carácter secreto de las disputas. Los abusos y consecuencias negativas que se están generando a raíz del empleo de estos mecanismos en desmedro de las jurisdicciones locales, ha sido reconocido incluso por el periódico The Economist, en una nota publicada el 11 de octubre de 2014 bajo el título *"the arbitration game"*, en la que además presenta estadísticas sobre el creciente numero de casos que han sido presentados desde el año 1995 en adelante.

15   Los acuerdos TiSA incluyen dos cláusulas, una denominada *ratchet clause,* la otra *standstill clause.* Ambas deben ser tenidas en cuenta con especial cuidado, a tenor del desarrollo de cualquier programa progresivo en materia de regulación financiera. La cláusula *ratchet* significa que la adopción de cualquier medida desregulatoria en materia financiera, es decir aquellas cuyas consecuencias impliquen reducir o eliminar restricciones sobre transacciones, operaciones o actividades relacionadas con el negocio financiero, quedan automáticamente bloqueadas una vez adoptadas en el marco de los acuerdos. El efecto inmediato es, entonces, asegurarle a las instituciones financieras que aquellas modificaciones normativas que hayan logrado obtener a partir de decisiones adoptadas por los organismos de regulación financiera, no serán modificadas con posterioridad. Revertir decisiones relacionadas con normas desregulatorias, implicaría entonces consecuencias severas para cada país. No se podría en este sentido, revertir una decisión de política pública cuyo impacto fuera la estatización del sistema de pensiones como tampoco se podría revertir fácilmente el status de no restricciones en materia de flujo de capitales. En el caso de la cláusula *standstill*, se prohíbe a los gobiernos que firmen estos acuerdos adoptar cláusulas restrictivas en materia financiera sobre aspectos que hasta el momento no se encuentran regulados. Por ejemplo, si un país determinado decidiera por cuestiones prudenciales establecer regulaciones sobre tasa de interés para operaciones de corto plazo (por ejemplo, des incentivar el *hot money*), no podría avanzar en este sentido extendiendo el marco de regulaciones restrictivas en dicha materia. El desarrollo de ambas cláusulas es el fiel reflejo del proceso de captura de los organismos de regulación financiera internacional por parte de los principales bancos y fondos de inversión, que doblegan la voluntad política y soberana de los estados miembros, para adaptar las regulaciones a sus intereses y modelos de rentabilidad. A nivel de los estados firmantes, la adopción de las mismas neutraliza la capacidad de supervisión y regulación prudencial sobre la actividad financiera.

Resta decir que este movimiento de descodificación positiva local y recodificación global del derecho positivo, provoca fricciones severas al nivel de las relaciones internacionales y en el llamado "clima de negocios" de los inversores y crisis en la esfera política, cada vez que emergen manifestaciones de reivindicación de la soberanía jurídica del Estado frente a la poder de imposición de las inversiones internacionales (De Souza Santos, 2009). Por eso la clave de este proceso deberá ser leída en términos de una pugna entre la fuerza que el capital financiero global imprime sobre los Estados Nación y la defensa de principios y reglas establecidas en el sistema jurídico de cada Estado, como derivación lógica del ejercicio de soberanía. Bajo este prisma se enmarcan las tensiones que presenta el proceso de desregulación financiera actual, que lejos de ser un proceso acabado, está en permanente fricción.

## 3. La desregulación financiera en contexto

La pugna entre estas dos fuerzas contrapuestas genera un desequilibrio permanente en el campo de las finanzas que se traslada al campo jurídico e implica que la soberanía de los Estados subordinados, se resiente fuertemente frente al mayor peso que organismos financieros internacionales, empresas globales y fondos de inversión ejercen sobre los sistemas jurídicos, con el objetivo de modificar los patrones de intervención del Estado sobre la economía, limitando su capacidad de *enforcement*. La modificación de esos patrones tiene por finalidad incrustar modelos diseñados conforme al mercado, en los que el rol del Estado queda debilitado o directamente, eliminado. Sin embargo, este proceso requiere de una fuerte regulación que se asienta sobre el principio de creación de una laguna normativa, de una zona de indefinición jurídica sostenida en la opacidad del derecho y las prácticas legales.

Boaventura de Souza Santos (2009) señala que las formas contractuales basadas en la autorregulación representan una particular manifestación de los llamados "contratos sin ley", en el sentido de que han sido diseñados para edificar un orden jurídico autónomo y separado de la ley nacional y que incluso podrá estar incorporada dentro del contrato pero bajo una modalidad supeditada a la prelación que las partes quieren asignarle. Los orígenes de estos "contratos sin ley", remiten a los inicios mismos de la LEX MERCATORIA. Si bien su antecedentes más lejano fueron las prácticas comerciales surgidas en el medioevo, mantiene aún su vigencia luego del proceso de codificación realizado por los Estados modernos. La particularidad que introduce la conformación actual de la LEX MERCATORIA, sería la de generar condiciones favorables a la inmunidad de una de las partes, precisamente aquella que representa los intereses del capital financiero (De Souza Santos, 2009).

La autorregulación del mercado y la globalidad de las transacciones internacionales, adopta una profundidad y velocidad mayor a partir del salto cualitativo a la financierización, como forma de organización del capital luego de la crisis del modelo fordista de acumulación. El epicentro de la financierización no es sólo la expansión de las finanzas por sobre las esferas de la producción y circulación de mercancías. Marazzi (2014), explica que la configuración de una serie de procesos congnitivos, lingüísticos, sociales, políticos y simbólicos que hacen de las finanzas una forma de gobierno ejercida a través de la creación de deuda, como condición de sometimiento social. La financierización ha producido un desplazamiento de la esfera de creación monetaria desde el banco central hacia los mercados financieros, a través del despliegue de la deuda.

Allí donde es predominante la creación de liquidez bancaria, se tiene la soberanía del Estado nacional. Allí donde, por el contrario, es predominante la creación de liquidez financiera, se tiene la soberanía de la opinión pública y de la convención socio financiera que es históricamente propia. En el primer caso, la forma dinero define un modo de pertenencia a la sociedad basado sobre el principio de ciudadanía. En el segundo caso, el de la liquidez financiera, la forma dinero define un espacio de pertenencia supranacional, una ciudadanía global en la que el régimen de opinión prevalece sobre el régimen representativo del Estado de derecho nacional. (Marazzi, 2014, p. 66)

Sobre este telón de fondo, la globalización del derecho modifica el funcionamiento de los sistemas jurídicos, destruyendo prácticas normativas y reglas institucionales concebidas bajo la óptica del interés general y la decisiva intervención del Estado en la economía realizada con la finalidad de morigerar conflictos del mercado. Hasta mediados de los años sesenta, el paradigma regulatorio mantuvo vigencia, sin cuestionamientos por parte de los estudios en ciencias sociales dedicados a estos temas, luego comenzó a resquebrajarse a partir de la formulación de nuevos estudios orientados a justificar la racionalidad de mercado (Baigún, 1989).

La autorregulación es la configuración actual del modelo de racionalidad de mercados basado en la noción de eficiencia, bajo la que se apoyan todas las vertientes orientadas a desregular prácticas financieras. Sin embargo, los mercados financieros, lejos de actuar bajo esta premisa, recurrentemente generan fallas y desequilibrios de suficiente entidad para afectar al conjunto de las relaciones económicas y sociales. Por eso la presuposición de normalidad en el funcionamiento de mercados, es decir que los fenómenos financieros podrían representarse de acuerdo a una función normal con una distribución de probabilidades asociada al cumplimiento de la ley de los grandes números, no contempla la ocurrencia de eventos en los extremos, como por ejemplo las crisis de confianza sobre el comportamiento esperando de variables. Para ser más preciso, en realidad, la visión de la autorregulación contempla este tipo de eventos, pero sólo al modo de una referencia ajena y contingente a la racionalidad del sistema monetario, cuya característica principal sería la autoreferencialidad del dinero como medio de pago (Luhmann, 1997). Este tipo de axiomáticas, se apoya en la exclusión de situaciones no contempladas en modelizaciones,[16] de modo que los eventos desestabilizadores en los mercado no son tenidos en cuenta a pesar de ser un foco especialmente proclive a generar ganancias financieras.

Las estrategias orientadas a la construcción de esa base de confianza necesaria para dar previsibilidad al negocio financiero, jamás pueden estar sostenidas en la concepción del *free market* que promueve todo tipo de especulaciones entre precios desarbitrados, máxime cuando el la economía contemporánea se organiza en torno a las expectativas del precio de los activos financieros (Kregel, 2009). El crecimiento de las burbujas especulativas es el ejemplo más paradigmático en este sentido. Cuando esto sucede, la noción de confianza muta en grados de especulación, que serán admisibles de acuerdo a las condiciones estructurales de cada mercado financiero y en especial, en función del grado de elasticidad que tenga la infraestructura de aquellos. Cuando esa elasticidad se quiebra (al igual que una banda elástica), se destruye la apariencia de confianza y vuelve a emerger la pregunta por los efectos de la inestabilidad y las herramientas de intervención regulatorias sobre el mercado.

Lapavitsas (2016), considera que en la financierización, la función del regulador se repliega exclusivamente a su actuación en tres planos: a) como "prestamista de última instancia", b) al diseño de de enfoques de supervisión prioritarios sobre los bancos identificados como *"too big to fail"* y, c) al aseguramiento de los depósitos a través de sistemas de garantía. Ese proceso no excluye la actividad del regular. Sin embargo, su signo cambia de sentido, para quedar enmarcado en criterios desarrollados por el propio mercado. Los Acuerdos de Basilea, I, II y III, sobre el ratios de riesgo por ponderación de activos, el establecimiento de exigencias de adecuación de capital, la valuación de carteras conforme precio de mercado, la medición de probabilidades sobre de riesgos de

---

16  De acuerdo a Dowd y Hutchinson, los comportamientos gaussianos presumen que los precios se mueven continuamente y no tienen ningún tipo de saltos. Bajo esta suposición los precios de un activo financiero están dados en relación exógena a las prácticas financieras. Las falacias de este tipo de visiones, llevan comúnmente a no prever escenarios de crash financieros o leerlos bajo la tesis del eventos imprevisibles (tormentas perfectas).

mercados, riesgos operativos, el establecimiento de coeficientes específicos para el apalancamiento, etc., introducen otra óptica regulatoria, basados menos en la intervención directa del regulador y más en el desarrollo de pautas modelizadas estadísticamente. La convergencia de sus criterios, proyectada para confluir en un punto de simetría común durante el 2019, desplazó la regulación bancaria hacia un modelo de supervisiones micro prudenciales realizadas a partir del desarrollo matricial de test aplicados a la calidad de la cartera de activos. A raíz de diversas quiebras de entidades bancarias, durante el año 2006 (Farinati, 2009), el Comité de Basilea realizó una enmienda a los acuerdos firmados en el año 1988 (Basilea I). Entre otros aspectos, esa enmienda introdujo la regla de riesgo de mercado. Sin embargo, el estallido de la crisis del año 2008 demostró el fracaso de los acuerdos alcanzado en Basilea II (Lapavitsas, 2016), que de acuerdo a Griffith-Jones y Persaud introdujeron asimismo, efectos prociclícos y desestabilizadores en países en desarrollo (Herrera, 2017).

Si bien los estándares fueron negociados dentro del Comité de Basilea de Supervisión Bancaria (por las autoridades de los Bancos Central de los países del G-10) la influencia de bancos globales de inversión no se hizo esperar, tal como demuestra la incorporación del modelo de medición de riesgo métrico denominado Value at Risk (VaR),[17] que originalmente habían sido desarrollado por algunos bancos de inversión, como el Banker Trust[18] y el J.P. Morgan (Banco Francés [BBVA] ¿Qué es el Valor en Riesgo –VaR?, Marzo 2015, <https://www.bbva.com/es/que-es-el-valor-en-riesgo-var/>), a modo de respuesta a la expansión de los mercados de derivados y el establecimiento de regímenes de tipo de cambio flotante, que tuvieron lugar desde mediados de los años setenta en adelante (Damodaran, s.f.).

La incorporación de estos acuerdos en las reglas de Basilea (a partir de su aceptación generalizada en el sector financiero), estableció estándares holgados en términos de manejo de riesgo. Incluso, al medir perdidas basadas en desviaciones normales, el modelo deja escapar aquellos eventos no previstos en término de probabilidades. Dowd y Hutchinson (2010), denominan a esta debilidad como "ceguera de cola" e incluso afirman, que en términos de riesgo

---

17  Value at Risk se utiliza para medir perdidas potenciales del valor de los activos en un intervalo de tiempo.

18  El desarrollo de modelo de medición basados en métricas de riesgo para calcular perdidas esperadas sobre operaciones de inversión en mercados de derivados, no impidió que el Banker Trust quedase envuelto en serios problemas reputacionales por la valuación incorrecta de operaciones pactadas en estos mercados. La escalada de problemas creció hasta que se detectaron operaciones fraudulentas realizadas por las autoridades de la entidad.

legal por perdidas asociadas con eventos imprevistos, facilita a los gestores de carteras de inversión, licuar su responsabilidad, bajo el argumentos de tormentas perfectas o eventos de imposible previsión. David Viniar CFO de Goldman Sachs en agosto de 2017, en pleno desarrollo de la crisis financiera, declaró al Financial Times que estos eventos eran medibles en un 25-sigma de ocurrencia.[19] De acuerdo con Dowd, Cotter, Humphrey y Woods (2008),[20] una desviación de tal magnitud sólo sería aprehensibles si su medición se establece en escalas cosmológicas, demostrando entonces que el manejo de riesgos bajo este tipo de modelos, reflejo la incompetencia de los grandes bancos para administrar fortunas ajenas.

Los modelos de administración de cartera asociados a estos diseños permiten entonces a los grandes bancos diseñar carteras de inversión explotando la fragilidad del sistema, por más sofisticación que tengan los desarrollos. Un punto crucial es el conjunto de riesgos asociados a la alta gerencia. Gai (2013), considera que "un banco puede tener procesos de gestión de riesgo que parecen buenos, pero a los gestores individuales de riesgo a menudo se les "recomienda" no hacer olas, guardar silencio y mirar para otro lado" (citado en Herrera, 2017, p. 287).

Este análisis de la cuestión formula toda otra serie de problemas ligados con la necesidad de establecer modelos de compliance suficientemente claros para alinear incentivos en torno a las hipótesis de manejo imprudente o fraudulento de carteras ajenas. Sin embargo, las reglas del compliance, también han caído bajo las garras del paradigma de la autorregulación del mercado.

## 4. Algunas ideas para pensar la fragilidad jurídica

La condición de fragilidad financiera expresa un momento particular de las finanzas asociado a modelos basados en una relación inversa entre ingresos y salidas financieras. Una economía es financieramente frágil cuando los ingresos son –siempre– menores a los egresos financieros. El emblema de la fragilidad financiera son los esquemas de Ponzi, justamente porque su punto de inflexión,

---

19  <https://www.ft.com/content/d2121cb6-49cb-11dc-9ffe-0000779fd2ac>.

20  De acuerdo con Kevin Dowd, John Cotter, Chris Humphrey and Margaret Woods, el calculo de probabilidad de una desviación de 8-sigma no resiste la capacidad de inserción de datos en Excel para lo cual se requiere del uso de comandos de matrices de laboratorio (MATLAB). Indica el autor que un 8-sigma de probabilidad de ocurrencia, se corresponde aproximadamente con una notación de 6.429e+012 años, ejemplificando a modo nocional, que equivaldría a un período similar a la erupción del Big Bang: entre 12 y 14 billones de años, según datos de la NASA.

coincide con la imposibilidad financiera de retirar la totalidad del activo invertido a su valor final. Un modelo Ponzi, llevado hasta sus últimas consecuencias, deriva en un escenario de default combinado con un precedente defraudatorio en base al abuso de confianza en el manejo de intereses ajenos. Esto y no otra cosa, es la consecuencia de prometer a un inversor la remuneración de una tasa de interés sobre el capital, cuyo cumplimento de antemano, es financieramente imposible para quién captura la inversión. En momentos de crisis financiera provocada bajo este tipo de esquemas, el fraude societario emerge como una de los medios idóneos en la creación de un perjuicio económico y/o social (dependiente de su magnitud y expansión hacia otras esferas del orden económico), imputable al financista. Por detrás de las fragilidades financieras existe un sinnúmero de relaciones jurídicas que además de dar fundamento a los deberes de fidelidad establecen el umbral entre riesgos permitidos y prohibidos en materia de derecho penal económico. El estudio de estos problemas desde el punto de vista de la fragilidad jurídica, permite establecer la formulación de algunas reflexiones valiosas para la teoría del derecho.

Partimos del reconocimiento de un dato empírico y definitorio dentro de los estudios sobre el delito económico, como es la condición de inmunidad de los autores de delitos de cuello blancos. Esta condición de inmunidad, analizada ya con vasta amplitud y rigorismo en el ámbito de la criminología y el derecho penal económico (Virgolini, 2003), es posible en la medida que la fragilidad jurídica, está íntimamente asociada a la generación de vacíos normativos resultantes de procesos desregulatorios.[21] Es en esta dimensión donde aquello que aún siendo reprobado socialmente por su alta capacidad de impacto deses-

---

21  Tanto la condición de fragilidad financiera como la de fragilidad jurídica se retroali-mentar cíclicamente, generando las condiciones de posibilidad de mayores grados de inestabilidad financiera y de ineficacia de las respuestas jurídicas frente a los reclamos de solución de conflictos sobre derechos de propiedad y sobre la administración de bienes públicos. Este es un rasgo central del proceso de financierizacion de la econo-mía, que en países subordinados se agudiza aún más a raíz de la presión que la fuga de capitales y otros fenómenos nocivos, que la dinámica financiera generan sobre la esta-bilidad de la moneda. Ambos componentes de la fragilidad son por tanto procíclicos y sólo pueden ser contrarrestados con medidas regulatorias y prudenciales, adoptadas en los niveles macro y micro. Por ello, el enfoque de política regulatorias basado en pautas de intervención del Estado en la economía se basa en una compresión de estas dinámicas, procurando actuar de manera contra cíclica, es decir en sentido contrario a la dirección hacia la que se dirigen las fuerzas del mercado. Allí reside el núcleo del problema de la regulación, en tanto formula una serie de planteos institucionales, cuya naturaleza es de difícil solución en la medida de las dificultades inmanentes a la conciliación entre intereses particulares y razones universales, como son aquellas que dan base y fundamentos a las políticas públicas.

tabilizador, es admitido como parte inherente de las formas de articulación de las reglas económicas y por lo tanto puesto por fuera del ámbito de punición formal y material del sistema jurídico. Esta característica es común a todo tipo de comportamientos económicos y, por tanto, aplicable frente a la desregulación de exigencias en materia de prevención de daños industriales o la eliminación de regulaciones estatales en materia financiera. Simplemente consiste en asegurar la vigencia de leyes informales, ocultas, que están presentes en el sentido de la práctica económica que los agentes del mercado realizan (Virgolini, 2003), a través de actos de estado que deciden el carácter "no criminal" de ciertos comportamientos. En el campo financiero, el caso más evidentes es la ausencia de sanciones penales específicas frente a la fuga de capitales, cuyo impacto dañoso es comprobable sobre la base de la simple confrontación del estado de situación del balance de pagos de un país.

Claro que la inmunidad como rasgo definitorio, divide aguas entre una concepción que valora la formulación y protección del orden económico, frente a visiones antagónicas que no conciben esa posibilidad desde el punto de vista de las bases epistemologicas del pensamiento económico. En esta última región afinca toda la red de dispositivos discursivos destinados a desregular las finanzas, mientras que en la primera anida una visión orientada a establecer criterios de intervención sobre el precio y volumen de activos, supervisar las prácticas de actuación de bancos y sancionar comportamientos delictivos asociados con el abuso de mercado.

Sin embargo, el punto de vista del orden económico no logra resolver los problemas de ambigüedad definitoria en materia de delito económico, puesto que circunscribir este tipo de delitos según un criterio estrictamente legalistas, deja por fuera del radar un innumerable conjunto de conductas socialmente disvaliosas. A raíz de esta constatación, resulta evidente la adopción de un criterio de política criminal en materia de derecho penal económico, puesto que "el delito económico refleja lo que ya es y lo que puede ser, el hecho tipificado y el que sin serlo exhibe desaprobación social, segundo término éste de la ecuación que, sin duda, será resuelta por el desarrollo de la contradicción entre las fuerzas sociales" (Baigún, 1989).

En el caso de la fuga de capitales, corresponde señalar que si bien puede ser un comportamiento organizado estructuralmente dentro de la economía (como en el caso argentino), la eliminación de medidas de regulación cambiarias y de monitoreo sobre el flujo de capitales, llevara al Estado a presentar este fenómeno socialmente disvalioso como un proceso natural dentro de la economía (e incluso, desde algunos puntos de vista, analizado como virtuoso dentro del sistema). Cuando esto sucede los mecanismos de fuga de capitales, pierden sus notas de irregularidad, incentivando aún más la salida de divisas, sin preocupación por el impacto en el balance de pagos. Las dificultades asociadas a los problemas legales que su criminalización conlleva, podrían solucionarse a partir de la identificación de este comportamiento en términos similares a la evasión tributaria, es decir en base a un conjunto de conductas realizadas con el fin de eludir el pago de cargas tributarias exigidas por el fisco. La tipificación penal de la fuga de divisas, expresa un comportamiento de similar índole, en la medida que también agrupa conductas destinadas a eludir –a través de medios fraudulentos– cuantías de divisas que son necesarias para mantener en orden el flujo de ingresos y salida del sector externo. Es por ello, que para repensar jurídico penalmente este tipo de comportamientos, es decisivo priorizar la delimitación del bien jurídico a partir de una subcategoría dentro de la clásica noción de orden económico (Baigún, 2005), ya incorporada en en nuestra legislación penal. Esta subcategoría se define como la administración adecuada de las políticas de balanza de pagos (Cohen, 1975). A partir de estos criterios la fuga de capitales cobraría relevancia penal como evasión de divisas.

El fenómeno de la desregulación de los flujos de capital, revela que otra de las notas distintivas de la fragilidad jurídica es la confusión entre las fronteras que separan la legalidad de comportamientos económicos de su ilegalidad. Los vínculos entre el sistema económico y la ley, está atravesados por estas zonas difusas, que vuelven indistinguible el ámbito de prohibición del resto de los comportamientos permitidos. Es decir que la fragilidad jurídica es opacidad y permite el ocultamiento de un sinnúmero de prácticas, algunas directamente ilícitas y otras enmascaradas detrás de actos jurídicos aparentes o de actos jurídicos admitidos sobre la base de un vacío regulatorio. Una mirada crítica sobre este aspecto identifica la criminalidad de empresa en el corazón del modelo de financierzación de la economía. Este podría ser el caso de algunas formas de administración fraudulenta configuradas como resultado de un cúmulo de acciones que en su individualidad no son percibidas ni mater delictivas (ni siquiera irregulares), pero concebidas como formando parte de un todo, construyen una comportamiento complejo, integrado por diferentes conductas que globalmente sí lo son (Baigún, 1989).

Un tercer despliegue del fenómeno de la fragilidad jurídica, aparece representado por la justicia penal. Su cuota de ineficacia persecutoria frente a las manifestaciones más graves de delincuencia financiera, es una nota característica. Este problema, ampliamente constatado a nivel global, expresa la capacidad de los autores vinculados a estos delitos de escapar rápidamente de las consecuencias punitivas de sus actos. Inciden en este procesos un conjunto de factores de los cuales hemos hecho referencia al efecto de creación de vacíos legales y zonas de opacidad que produce la desregulación financiera. Al momento en que estos aspectos se analizan por jueces y fiscales, un océano de dudas emerge fruto de la confrontación de aspectos particulares de las normas con el análisis global de las conductas sometidas a investigación. Tomemos como ejemplo la realización de operaciones de cambio encubiertas detrás de operaciones de compra de bonos adquiridos localmente pero liquidables en plazas del exterior. Esta maniobra que permitía evadir capitales de la plaza financiera nacional, fue interpretada por la jurisprudencia cómo una operación de índole bursátil, desatendiendo que su finalidad consistía en eludir controles de cambio establecidos en regulaciones específicas.[22] Este tipo de interpretaciones, favorece una mirada fragmentada del proceso financiero en su conjunto. Fragmentar la realidad financiera, contribuye al desarrollo de esquemas de arbitraje normativo que también forma parte de los rasgos prototípicos de la fragilidad jurídica.

También la falta de conocimientos y formación específica de los operadores judiciales incide activamente en generar condiciones de fragilidad. Esta cuestión ampliamente estudiada en el campo de políticas públicas relacionadas con las reformas del sistema de justicia, también es destacada en el campo de la teoría económica. Currie (2005), analizando la crisis bancaria ocurrida durante los años noventa en Indonesia, destaca como un aspecto crucial frente a la imposibilidad de detectar fraudes bancario ocurridos durante varios años, la falta de conocimientos específicos de jueces y fiscales tanto en temas de derecho penal bancario como del sistema de regulaciones financieras. El desconocimiento sobre estos temas facilita la construcción de barreras comprensivas que dificultan el análisis de operaciones de sofisticada complejidad, como podrían ser la hipótesis de criminalidad mediante la manipulación de tasas o de operaciones de lavado de activos en mercados interbancarios.

Por otro lado, la practica del derecho penal, especialmente bajo la vertiente del estudio dogmático de casos, enfatiza el análisis según los estratos de la teoría del delito, sin comprender acabadamente el modo de composición de pragmas delictivos en materia financiera, según el estudio de casos y modalidades de

---

22  En el año 2012, el Juez Nacional en lo Penal Económico N° 8, Gustavo Meirovich, condenó a la entidad Banco Francés por operaciones de "contado con liqui", instrumentadas en una maniobra de evasión de capitales. Posteriormente, la Sala B de la Cámara Nacional del Fuero Penal Económico, anuló dicha sentencia declarando la validez de las operaciones. Finalmente, en julio de 2015, la Corte Suprema de Justicia de la Nación, declaró inadmisible un recurso extraordinario presentado por el Ministerio Público Fiscal contra la sentencia que había revocó la condena originalmente dictada. Tal como muestra la siguiente nota de prensa, el conocimiento público del rechazo de la CSJN, provocó subas en la cotización del dólar ilegal <https://www.lanacion.com.ar/1826521-la-justicia-despejo-dudas-sobre-el-contado-con-liqui>.

negocios. Claro que, en estos aspectos no solo inciden problemas de formación de los jueces y fiscales, sino también cuestiones institucionales ligadas a la independencia judicial, las formas de organización del proceso penal y el uso de herramientas especializadas para perseguir este tipo de criminalidad, todo lo cual revela que la fragilidad jurídica, es también de índole institucional.

El otro aspecto de fragilidad jurídica vinculado con la eficacia en la persecución, está asociado con la falta de una visión de política criminal basada en el punto de vista de los mercados criminales (Binder, 2011). Sin esta visión construida en instituciones específicas (equipos de investigación basados en el análisis de mercado, en las estrategias de los actores económicos que dentro del campo especifico, sea e financiero, industrial, comercial, agropecuario, en su capacidad de manipulación, de incidencia sobre el sistema de precios y transacciones, etc.), que estudien en profundidad el entorno en que tiene lugar cierto comportamiento económico o financiero, el análisis será fragmentado y con nula capacidad de incidir en la reducción de las tasas de criminalidad. Perseguir el delito financiero sin un conocimiento especifico de cómo funciona el mercado, difícilmente conduzca a sanciones penales útiles desde el punto de vista político criminal, es decir con capacidad de provocar reducciones de la tasa de criminalidad de que se trate. Sin este tipo de visión, el vínculo entre economía y crimen tiende a ser vistos como fenómenos exógenos o desviados, cuando en realidad conforman uno de los aspectos centrales en el diseño de modelos de negocios, especialmente en el manejo de los márgenes de rentabilidad asociadas a la administración de portafolios. Estos límites conforman problemas epistemológicos y políticos, que requieren de miradas ajustada a los desafíos que generan las formas más poderosas de criminalidad. Sin duda alguna, este es el caso de la criminalidad financiera.

## 5. La desregulación desde el Banco Central

Bajo este prisma de análisis, como respuesta a la crisis financiera del año 2001 el sistema financiero argentino fue objeto de diversas regulaciones, adoptadas con la finalidad de mejorar el seguimiento del ingreso y salida de capitales del país, procurando también establecer ciertos límites y controles prudenciales orientados a prevenir el impacto negativo de las dinámicas de inestabilidad financiera global que pudieran afectar la economía argentina. Estas medidas permitieron soportar, en mejores condiciones, los efectos desestabilizadores provocados por el impacto de la crisis financiera del año 2008 y encarar iniciativas de política monetaria orientadas hacia el desarrollo, como ha sido el caso del apoyo financiero a la línea de créditos a la inversión productiva.

El cambio de gobierno –en diciembre de 2015– significó la sustitución del enfoque regulatorio y el desarrollo de una batería de medidas destinadas a liberalizar la actividad del sector. Basados en la innovación e inclusión financiera como vectores de fuerza, el Banco Central llevó adelante un programa desregulatorio, implementado bajo cuatro pilares. Primero, el desarrollo de un modelo de inflation targeting, que implicó centralmente la libre flotación del tipo de cambio y una política de tasa de interés real positiva y además exorbitante, combinada con la plena desregulación de la cuenta de capital). Segundo, la desregulación del entramado de normas relativas a la expansión del sistema financiero y sus actividades complementarias. Tercero, la adopción de nuevas regulaciones orientadas a facilitar el desarrollo de plataformas bancarias y de servicios financieros on-line, bajo el paradigma Fintech.

El hito que dio inicio a la desregulación cambiaria fue la emisión de la Comunicación A 5850 denominada "Flexibilización de las normas cambiarias". Esta norma re-habilitó la compra de dólares para tenencia personal por hasta la suma de USD 2 millones por mes calendario. También eliminó requisitos de validación fiscal previa del contribuyente para efectuar transacciones en el mercado de cambios. Por otro lado, a través de esa norma también se eliminaron los requisitos de encaje no remunerado del 30% para operaciones de ingreso de capitales, poniendo fin a una medida macro prudencial orientada a evitar los efectos negativos de la volatilidad de capitales de corto plazo.

A través de las Comunicaciones A 5955, 5963 y 5964 se liberaron los pagos de nuevas importaciones de Bienes y Servicios y se dispuso que todo nuevo ingreso de fondos del exterior tenga derecho a la libre salida por igual monto. Esta medida impactó de manera directa sobre las operaciones de endeudamiento financiero con el exterior, la repatriación de inversiones directas y de portafolio de no residentes. También se liberó la compra de moneda externa para formación de activos externos, incrementando el tope máximo mensual de 2 a 5 millones de dólares. Este último tope fue posteriormente liberado. También se permitió que la banca por internet y las casas de cambio elijan libremente el horario para operar y se eliminó la exigencia de que la cuenta de destino en una transacción de cambios con no residentes deba estar a nombre del operador local.

La Comunicación A 6037 del 9 de agosto de 2016 –entre otras cosas– eliminó las restricciones vigentes para acceder al mercado de cambios con fines de operar en derivados en mercados del exterior. También se estableció que los derivados financieros instrumentados bajo ley argentina, que no implicasen obligaciones presentes o futuras de realizar pagos con transferencias al exterior o pagos locales en moneda extranjera, quedasen exentos de cualquier requisito en materia cambiaria, sin distinción de residencia de las partes contratantes.

A través de la Comunicación A 6038, se fijaron lineamientos para concertar operaciones de futuros, "fowards" y otros productos derivados con contrapartes del exterior. A través de la Com. 6088 se introducen modificaciones a los límites de la PGC con miras a facilitar la adecuación de la posición de tenencia de dólares de los bancos en el marco del blanqueo impositivo, dispuesto por ley 27.260. Luego, a través de otras modificaciones se irán eliminando gradualmente dichos límites prudenciales.

Por medio de la Comunicación A 6094, se flexibilizaron los requisitos para el funcionamiento de casas de cambio, agencias y oficinas, simplificándose los requisitos para apertura de entidades de camino e instalación de sucursales. También se redujeron los requisitos de garantías y capitales mínimos. Adicionalmente se autorizó a los bancos a operar en el segmento como actividad complementaria y también se facilitó la apertura de sucursales en hoteles y agencias de turismo entre otros.

A través de la Comunicación A 5908, se incorporó la posibilidad de financiar en dólares a exportadores de servicios (como programas informáticos, o centros de atención telefónica), a exportadores en general siempre que cumpliesen con ciertos requisitos (vinculados directa o indirectamente con su flujo futuro de ingresos por exportaciones), e independientemente de si el préstamo fuese destinado a pre financiar una exportación, a proveedores de exportadores, incluso proveedores de servicios.

También se habilitó a los bancos a aplicar los depósitos en moneda extranjera a la suscripción instrumentos de deuda en dicha moneda del Tesoro Nacional (hasta un tercio del total de las aplicaciones) y se admitieron a las financiaciones de proyectos de inversión destinados a la ganadería bovina como un nuevo destino

Estas fueron sólo algunas medidas adoptadas por las autoridades financieras del país con miras a desregular el mercado de cambios, a las que correspondería agregar la eliminación de normas relativas al cumplimiento de regímenes informativos, con serios impactos en la consistencia estadística en materia de flujos de capitales.

La adopción de estas medidas estimuló un escenario de inestabilidad financiera acompañado de altos niveles de inflación, desplome de la moneda nacional, deterioro de los principales indicadores macro económicos, fuerte caída del poder adquisitivo, desequilibro en el balance de pagos, fuga de capitales en niveles récords y un aumento del endeudamiento externo del país sin precedentes en la historia financiera nacional. Hasta el momento, el desenlace conocido fue la vuelta al Fondo Monetario Internacional con quien se firmó un acuerdo stand by por 50 mil millones de dólares, que no logró contener la inestabilidad cambiaria y forzó nuevas rondas de negociación más severas.

# Referencias bibliográficas

BAIGÚN, D. (1989) "¿Es conveniente la aplicación del sistema penal convencional al delito económico?". En: *Gedachnisschrift fur Armin Kaufmann.* Berin, Bonn-Munchen: Carl Heymanns Verlag K.G. Koln.

BAIGÚN, D. (2005) "El bien jurídico orden económico". En: *Estudios sobre justicia penal. Homenaje al Profesor Julio B. Maier.* Buenos Aires: Del Puerto.

BINDER, A. (2011) *Análisis político criminal. Bases para una política criminal minimalista y democrática.* Buenos Aires: Editorial Astrea.

COHEN, B.J. (1975) *Política de balanza de pagos.*Madrid: Penguin Alianza.

CURRIE, C. (2004) "Regulatory Failure in Emerging Markets". *Working Paper* n° 118, School of Finance and Economics, University of Technology, Sydney, Australia <https://papers.ssrn.com/sol3/cf_dev/AbsByAuth.cfm?per_id=535917>.

CURRIE, C. (2005) "Towards a general theory of financial regulation: predicting, measuring and preventing financial crises". *Working Paper* n° 142. School of Finance and Economics, University of Technology, Sydney, Australia. <https://papers.ssrn.com/sol3/cf_dev/AbsByAuth.cfm?per_id=535917>.

CURRIE, C. (2009) "The banking crisis of the new millennium: why it was inevitable". En: GREGORIU, G. (ed.), *The banking crisis handbook.* Taylor-Francis, Boca Ratón.

DAMODARAN A. (s./f.) "Value at Risk (VaR). A big picture perspective". Stern School of Business, <http://pages.stern.nyu.edu/~adamodar/New_Home_Page/papers.html#VAR>.

DELEUZE, G. (2005) *Derrames I. Entre el capitalismo y la esquizofrenia.* Buenos Aires: Cactus.

DELEUZE, G. (2017) *Derrames II. Aparatos de Estado y Axiomática Capitalista.* Buenos Aires: Cactus.

DE SOUZA SANTOS, B. (2009) *Sociología jurídica crítica. Para un nuevo sentido común.* Madrid: Trotta.

DOW, K. y HUTCHINSON, M. (2010) "Modern financial theory's hideous flaws". En: DOW, K. y HUTCHINSON, M., *Alchemist of Loss: how modern finance and government intervention crashed the financial system,* Southern Gate, UK: John Wiley & Sons.

FARINATI, E. (2009) *Confianza y prácticas bancarias.* Buenos Aires: Editorial Ad Hoc.

Gómez-Jara Díez, C. (2014) *La protección penal transnacional de los mercados financieros*. Madrid: Marcial Pons.

Herrera Valencia, B. (2017) *Globalización Financiera: banca regulación y crisis*. Bogotá: Universidad Externado de Colombia.

Isenber, D. (2000) "The political economy of financial reform: the origin of the US deregulation of 1980 and 1982". En: Pollin, R. (ed.), *Capitalism, Socialism and Radical Political Economy*. Northampton: Elgar.

Kevin, D.; Cotter, J.; Humphrey, C. y Woods, M. (2008) *Unlucky is 25-Sigma?* <https://arxiv.org/pdf/1103.5672.pdf>.

Kregel, J. (2008) "¿Puede el Nuevo Consenso en política monetaria sobrevivir a la inestabilidad financiera y la inflación?". En: *Turbulencias Financieras: Impacto en economías desarrolladas y emergentes*. Jornadas Monetarias y Bancarias del BCRA. Anales 2008. Buenos Aires: Banco Central de la República Argentina.

Lapavitsas, C. (2016) *Beneficios sin producción. Cómo nos explotan las finanzas*. Madrid: Traficante de sueños.

Luhmann, N. (1997) Observaciones de la modernidad. Racionalidad y contingencia en la sociedad moderna. Buenos Aires: Paidós.

Marazzi, Ch. (2014) *Capital y Lenguaje. Hacia el gobierno de la finanzas*. Buenos Aires: Editorial Tinta Limón.

Mehrling, P. (2016) *The economics of money and banking*. Barnard College, Columbia University.

Medialdea, B. (2015) "Otros flujos: migraciones, ayuda al desarrollo y actividades delictivas". En: Palazuelos *et al.*, *Economía Política Mundial*. Madrid: Akal.

Reinhart, C. y Rogoff, K. (2009) *Esta vez es distinto. Ocho siglos de necedad financiera*. México: Fondo de Cultura Económica.

Saviano, R. (2014) *CeroCeroCero - Cómo la cocaína gobierna el mundo*. Barcelona: Anagrama.

Sherman, M. (2009) *A short history of financial deregulation in the United States*, Center for Economics and Policy Research <www.cepr.net>.

Swary, I. & Topf, B. (1992) *La desregulación financiera global. La banca comercial en la encrucijada*. México: Fondo de Cultura Económica.

Virgolini, J. (2004) *Crímenes Excelentes. Delitos de cuello blanco, crimen organizado y corrupción*. Buenos Aires: Del Puerto.

# PARTE III

# Financierización y vulnerabilidad social

# 8/ El nuevo modelo de desarrollo y el papel asignado a la relación salarial

*Julio César Neffa[1]*

## 1. Introducción

E l contenido de este trabajo es analizar las interrelaciones entre el régimen de acumulación y la relación salarial que configuran el modo de desarrollo argentino. Para ello recurriremos a la Teoría de la Regulación desarrollada por Robert Boyer (2015). *Nuestro análisis llega desde la crisis de 2001/02 hasta la firma del acuerdo con el FMI en junio de 2018.* El objetivo es también brindar información para los demás autores que van a poner su atención sobre las dimensiones monetarias y financieras, que jugaron en este periodo un papel determinante. Anteriormente, desde el fin de la Segunda Guerra Mundial y hasta mediados de los años setenta, la relación salarial ocupaba una posición dominante sobre las demás formas institucionales. Desde entonces la misma ha quedado subordinada a los procesos de mundialización y de financierización. Creemos que el nuevo modo de desarrollo que se está implantando se haya fuertemente condicionado a una transformación de la relación salarial, que implica una reducción del salario real y los costos laborales, a fin de hacer más competitiva la economía argentina. Pero dada la extraordinaria dinámica coyuntural del sistema productivo argentino es aventurado sacar conclusiones definitivas. Estas reflexiones solo se proponen mostrar los hechos para estimular el debate.

## 2. La Teoría de la Regulación

Es una teoría económica alternativa heterodoxa que se autodefine como institucionalista, se nutre del pensamiento keynesiano, marxista y schumpeteriano, pero los reformula. Está abierta a otras disciplinas, rechaza los determinismos,

---

1    Investigador Superior del CONICET en el CEIL. Prof de UNLP, UBA, UNNE, UNM. juliocneffa@gmail.com

asigna importancia a los actores sociales que tienen su propia estrategia y reconoce la heterogeneidad estructural. La articulación, a menudo dialéctica, del modo de regulación (MR) y del régimen de acumulación (RA) se denomina "modo de desarrollo".

El modo de regulación (MR) es el resultante de la configuración de varias formas institucionales:

1. la relación salarial;
2. las formas de la competencia en los mercados;
3. la inserción del sistema productivo nacional en el régimen internacional;
4. el Estado, que codifica los compromisos institucionales entre los actores sociales;
5. la forma monetaria.

La regulación puede ser competitiva, monopólica o administrada por el Estado y concretarse de manera autoritaria o con el consenso de los actores sociales.

A diferencia del marxismo ortodoxo, las formas institucionales condicionan y orientan el régimen de acumulación (RA) que tiene su propia lógica de producción y acumulación, el cual no obedece a ningún determinismo. El régimen de acumulación es un conjunto de regularidades que garantizan una progresión general y relativamente coherente de la acumulación del capital, según la evolución de los procesos de trabajo, la relación de los asalariados con los medios de producción, el comercio internacional, el horizonte temporal fijado para la valorización del capital, la distribución del valor generado, la composición de la demanda social y la articulación con las formas no capitalistas de organización de la producción. La acumulación puede ser extensiva o intensiva, con o sin consumo masivo, más igualitaria o generar desigualdades.

El modo de desarrollo actual está mundializado y dominado por las finanzas, debilitando la economía real. La financierización desestabiliza el equilibrio macroeconómico "keynesiano fordista" precedente, dando lugar a un régimen de acumulación heterogéneo que no es sustentable en el largo plazo.

Se ha verificado históricamente la frecuencia de las crisis y la capacidad demostrada por el modo de producción capitalista durante cuatro siglos para absorberlas y reestructurarse a pesar de sus contradicciones. Es específicamente sobre la articulación de la relación salarial con el régimen de acumulación que se centrará este trabajo.

## 3. El modo de regulación y la "relación salarial"

En el capitalismo domina un régimen basado en la propiedad privada, donde se instaura una relación social de producción (la relación salarial): los empresarios contratan a trabajadores que, a cambio del pago de un salario, quedan subordinados ante quienes se ocupan de la gestión empresarial para producir bienes o servicios. Es una relación de poder vertical, que no se da entre iguales y hay una sumisión que puede ser "voluntariamente consentida" o no. El trabajo genera el equivalente de su costo de reproducción y un excedente del que se apropia el empresario en virtud de la relación salarial y es lo que permite la reproducción ampliada del capital. La dirección de la empresa impone a los trabajadores asalariados un proceso de trabajo de donde surge objetivamente un conflicto objetivo de intereses sobre varios aspectos: la división social y técnica del trabajo impuesta, la duración del tiempo de trabajo (y si es de noche o en turnos rotativos), el control y la disciplina laboral, la intensidad del trabajo, los riesgos en el trabajo para la salud, la remuneración y el acceso a la protección social.

Cuando predomina la ideología neoliberal, los vencedores en el campo económico pueden cambiar las reglas de juego, reformar las instituciones (en particular la relación salarial) en su favor, cambiar el régimen de acumulación, y ejercer la hegemonía política de manera casi exclusiva. Cuando se desata una crisis, ésta es explicada por la rigidez de las instituciones heredadas del pasado, la falta de competitividad, el elevado déficit fiscal generado por un Estado sobredimensionado y los elevados costos salariales y laborales. Las medidas para controlar la crisis se inspiraron inicialmente en el "Consenso de Washington": la flexibilización laboral, las privatizaciones, la apertura del comercio exterior, la desregulación de los mercados, el endeudamiento externo, la mundialización y la financierización.

Dado que los demás trabajos de esta publicación analizan el régimen de acumulación y otras formas institucionales, nos vamos a concentrar específicamente en los avatares de la relación salarial desde la crisis de la convertibilidad.

## 4. La relación salarial en Argentina: avances y problemas pendientes en cuanto al uso y reproducción de la fuerza de trabajo 2002-2015

La crisis económica que se desata en 2001-2002 fue la más grave que soportó la economía argentina, desencadenó una crisis política y una situación social caótica provocada por la mega devaluación.

Durante la posconvertibilidad se pueden identificar varias etapas en cuanto a la relación salarial. Una primera etapa (presidencias de E. Duhalde y N. Kirchner) hasta 2007 caracterizada por la reparación de la legislación laboral vulnerada durante el régimen de la convertibilidad. Durante este período, el PIB creció a tasas elevadas sin interrupción gracias a los altos precios y a las retenciones sobre las *commodities* exportadas, disminuyó rápidamente el desempleo y aumentaron las tasas de actividad y de empleo. Asimismo, disminuyó el trabajo no registrado y aumentaron los salarios reales, especialmente los del sector privado registrado. El default permitió retrasar el pago de intereses y capital de la deuda (cuya reprogramación en 2005 permitió mayores márgenes de libertad para el manejo financiero y del tipo de cambio). El modelo macroeconómico se sustentó en una política de tipo de cambio alto, saldos positivos de balanza comercial, excedente fiscal y una política de desendeudamiento favorecido por un contexto externo favorable. A través de la política cambiaria, la aplicación de retenciones sobre la exportación, los subsidios a la provisión de energía y los reducidos costos laborales, se protegió a la industria de la competencia internacional. Los aumentos de salarios y las políticas sociales impulsaron la demanda interna.

En la segunda etapa (primer gobierno de Cristina Fernández de Kirchner 2008-2011), el impacto de la crisis financiera mundial (Lehman Brothers) y los conflictos con las grandes empresas del sector agropecuario presionaron hacia abajo el anterior crecimiento del PBI. A partir del año 2008, como resultado de la crisis internacional, se verifica una fuerte desaceleración del crecimiento que repercutió sobre los indicadores laborales, el consumo y la inversión. El empleo registrado creció poco en esta etapa, básicamente dentro del sector público. La tasa de empleo no registrado se mantuvo desde entonces alrededor de un tercio del total de asalariados.

Gracias a las moratorias previsionales y pensiones no contributivas se avanzó en el proceso de universalización de los beneficios jubilatorios y de pensiones (cuya cobertura alcanza actualmente poco más del 95%). Las tres cuartas partes del total, que antes estaban desprotegidos, perciben desde entonces jubilaciones mínimas o pensiones que están por debajo del salario mínimo y no cubren todavía la Canasta Básica Total. La estatización del sistema previsional fue, sin lugar a dudas, un hito relevante en relación con la recuperación de recursos fiscales. Como resultado, la ANSES administraba en 2015 casi el 45% del presupuesto nacional total, del cual aproximadamente un 13,4% se distribuye en planes sociales.

Durante la tercera etapa (2011-2015), la economía evolucionó de manera irregular. Se inicia un período de reducción del excedente del comercio exterior, aumento del déficit fiscal y disminución de las tasas de actividad y empleo. El trabajo no registrado mantuvo su proporción de un tercio de los asalariados. El empleo registrado en el sector privado aumentó entre 2012 y 2015 en 120.000 personas (sobre un total de casi seis millones y medio de personas), mientras que en el sector público el incremento fue de 483.000, sobre un total de más de tres millones de trabajadores estatales en los tres niveles de gobierno. De esta manera, el empleo siguió creciendo por debajo de la tasa de crecimiento de la PEA.

Las políticas activas de empleo dirigidas a los sectores más vulnerables, especialmente los jóvenes, contribuyeron a frenar el desempleo, pero no a disminuirlo sustancialmente. A pesar del esfuerzo realizado, permanecieron vigentes varios de los problemas relativos a las condiciones generales de vida (vivienda, acceso a los servicios públicos salud, educación, transporte y seguridad) y persistieron las desigualdades significativas existentes entre grupos sociales y provincias.

El bloque de poder económico estuvo enfrentado con las fuerzas sociales que apoyaban al gobierno. Entre las restricciones y límites con los cuales se llegó a diciembre 2015, se pueden destacar: el proceso inflacionario que se intensificó desde 2007, un bajo e irregular el crecimiento del PIB desde entonces, la fuga de divisas y la salida de divisas por turismo, actividades culturales y compras en el exterior. El saldo de la balanza comercial que había sido positivo desde la crisis del 2002, disminuyó desde 2009 y pasa a ser sistemáticamente negativo desde 2013.

Las devaluaciones, la apreciación cambiaria, la concentración económica debido al poder de los oligopolios y el creciente déficit fiscal impulsaron la inflación. El mercado de trabajo estuvo estancado y desde entonces solo creció de manera sustancial en el sector público, manteniendo en el sector privado un elevado porcentaje de trabajo no registrado, de pobreza e indigencia, a pesar de que se redujeran respecto de 2002.

El modelo económico vigente entre 2003 y 2015 estuvo basado en: 1) la industrialización sustitutiva de importaciones, pero que mantuvo su dependencia de la industria de bienes de capital y de las nuevas tecnologías; 2) la captación de un porcentaje de la renta agraria extraordinaria y del sector minero y pesquero por medio de las retenciones; 3) la presencia activa del Estado en el mercado como productor y regulador; 4) el incremento del gasto público para generar empleo y formular políticas para la inclusión social y como estímulo al consumo; 5) un tipo de cambio administrado y apreciado para tratar de frenar la inflación.

A partir de 2002, el incremento en los salarios reales permitió la mejora del bienestar de los trabajadores, estimuló la demanda interna de productos trabajo intensivos y empujó el incremento de los costos unitarios. Mientras hubo un tipo de cambio elevado hasta 2008, mejoró la competitividad externa vía precios, pero no hubo modificaciones del sistema productivo previo a la mega-devaluación ni se redujo la heterogeneidad estructural adoptando políticas industriales según un modelo de desarrollo estratégico.

Las políticas de inclusión social y de reducción de las desigualdades, que permitieron acceder progresivamente a numerosas familias que no gozaban de empleo registrado a mayores niveles de consumo, se basaron en las transferencias de ingresos debido a las políticas sociales y de seguridad social y el incremento del empleo. Bajaron los elevados índices de pobreza y de indigencia respecto de 2002, pero se mantuvieron estancados desde 2011. Las cifras oficiales sobre inflación y pobreza del INDEC desde 2007 son cuestionadas y dificultaron seguir la evolución hasta su normalización.

En materia de relaciones de trabajo se garantizó un piso de derechos, se modernizó la estructura del Ministerio de Trabajo que actuó para compensar los desequilibrios entre capital y trabajo y, en cuanto al derecho laboral, se logró compensar las consecuencias de la flexibilización impuesta por el "menemismo". Hacia el final del periodo se adoptaron políticas laborales para tres sectores postergados: el trabajo (doméstico) en casas particulares, el trabajo rural y las pequeñas y medianas empresas.

Un problema central que se agravó desde 2008 fue la inflación, problema estructural de la economía argentina desde la segunda posguerra. Está fuera de discusión que la inflación no se produce por excesivos aumentos salariales, porque en términos reales estos fueron reducidos o nulos y los aumentos se adoptaron siempre con retraso respecto del IPC del año precedente. La inflación tiene múltiples causas: se relaciona directamente con el elevado grado de concentración, oligopolización y extranjerización de la economía donde las grandes empresas fijan los precios, la baja productividad que aumenta los costos unitarios, el impacto de las devaluaciones, el déficit fiscal y la puja distributiva debido a la capacidad organizativa y de presión por parte de las organizaciones sindicales y empresariales.

El elevado y creciente déficit fiscal se explicó esencialmente por la falta de una política impositiva progresiva, la evasión y subdeclaración de impuestos, y a que un tercio de los asalariados no están registrados. Asimismo, por el aumento del gasto público social y los subsidios económicos a las empresas de servicios (las tarifas de gas, electricidad, agua y transporte quedaron prácticamente congeladas desde 2002, beneficiando más a las empresas y familias radicadas en el GBA).

Hacia la tercera etapa, la industria creció muy poco y de manera heterogénea ante la disminución de la demanda y de las inversiones, en parte restringidas por las limitaciones para importar bienes de capital. El año 2011 el sector industrial creció un 6,5%, pero a partir de entonces disminuyó sin pausa y desde el cambio de gobierno la tendencia se aceleró pues cayó 4,6% en 2016, siendo el sector que más desempleo produjo.

A causa del *default* declarado en 2001 se había dificultado el acceso al crédito internacional y desde 2008 comenzó a formarse un mercado paralelo de divisas aprovechando la apreciación cambiaria. La parte de la deuda externa que había permanecido en *default* no logró ser reestructurada ya que los "fondos buitres" ganaron los juicios en los tribunales de Nueva York con elevados intereses punitorios, presionando para cobrar la deuda con el apoyo de la justicia norteamericana y bloqueando el acceso a los mercados financieros internacionales.

Se trató de contener la restricción externa con las retenciones a las exportaciones agropecuarias y mineras, con un dólar más caro para el turismo al exterior, con encajes y plazos de permanencia para los capitales especulativos, controlando la remisión de utilidades de las empresas multinacionales y forzándolas a reinvertir, con trabas arancelarias y burocráticas a la autorización de importaciones y con el denominado "cepo cambiario".

Tal como puede apreciarse en el gráfico I, el tipo de cambio real multilateral, estimado en 2018 por Levy Yeyati (consultora Elipsis y consultor del BCRA) exhibe una caída sostenida desde 2010 (salvo cuando se devalúa en enero de 2014); abaratando las importaciones, dificultando las exportaciones y la competitividad internacional, creando las condiciones para el atesoramiento de divisas y el turismo al exterior (comportamientos perdurables de las clases medias y altas), y estimulando la fuga al exterior cuando no hubo controles eficaces.

**Gráfico N°1: Tipo de cambio real multilateral (1997- abril 2018)**

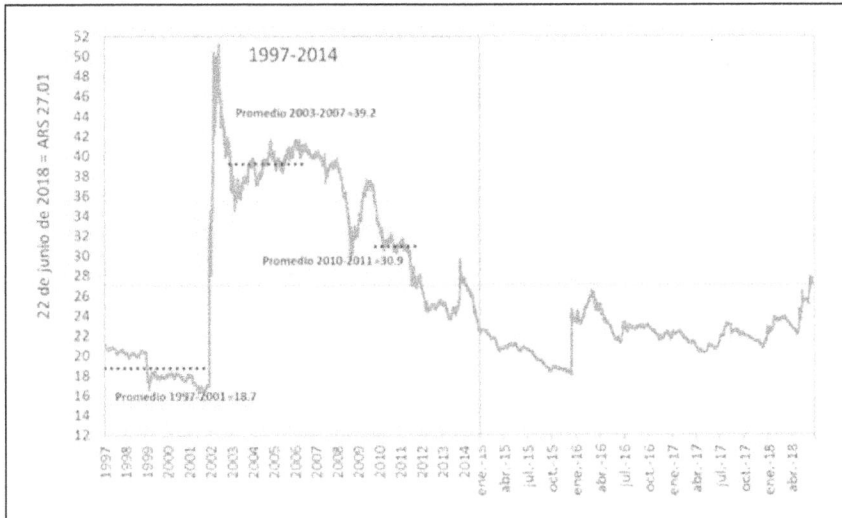

Fuente: Leyv Yeyatti, consultora Elypsis

De acuerdo con Basualdo, a fines de 2015 la mayor parte del PBI y de las ventas estaba asegurada por las grandes empresas donde predomina el capital extranjero, manifestándose un escaso incremento de la productividad global de los factores, una gran heterogeneidad entre sectores, ramas de actividad y empresas en función de las tasas de inversión y la incorporación de innovaciones científicas y tecnológicas. El 53,5% de las exportaciones estuvo realizado por empresas de capital extranjero. Las elevadas y persistentes tasas de inflación limitaron el crecimiento del salario real, y por esto también la demanda interna, frenando la tasa de inversión.

## 5. El nuevo modo de desarrollo: neoliberal-desarrollista (2015-...)

Por primera vez desde la Segunda Guerra Mundial, un grupo de partidos de centroderecha con electores influenciados por las fuerzas económicas dominantes ganó las elecciones de 2015, aunque por escaso margen. Esto se logró sin proscripciones, ni intervención de las fuerzas armadas, ni necesidad de hacer fraudes como había ocurrido en el siglo pasado. Reflejó el cambio de la estructura social ocurrida desde la crisis de 2001-2002, la mejora de la situación de los sectores medios y bajos y su comportamiento electoral, además de la poca credibilidad de los candidatos del gobierno anterior.

Dada la trayectoria del modo de desarrollo, la permanencia de la estructura heterogénea del sistema productivo y la configuración del sistema económico mundial, el sector financiero (la forma institucional moneda) es el que desde fines de la década pasada hegemoniza a las demás formas institucionales quedando la relación salarial en una posición subordinada. En lugar de la "sociedad salarial", se busca construir una "sociedad de mercado".

Si bien tiene contradicciones internas, el nuevo bloque de poder está constituido por las burguesías agraria, industrial y financiera, los grandes grupos económicos nacionales, sus centrales empresarias y las principales empresas transnacionales, dando lugar a una configuración de conjunto como nunca se había registrado en el pasado.[2] El gobierno está gestionado por un grupo de empresarios y profesionales que anteriormente tenían altos cargos en grandes empresas privadas con una ideología neoliberal buscando colocar a Argentina en los mercados mundiales como productora de materias primas y alimentos. Sus valores proclamados son la racionalidad, la eficacia, la productividad, la reducción de los costos –particularmente del costo laboral–, el aumento de la transparencia, la apertura "al mundo" y la competitividad vía precios, rechazando

---

2    La composición socioeconómica del nuevo gobierno es mucho más homogénea que la del anterior. Gran parte de los funcionarios son CEOs de grandes empresas.

lo que consideran valores del pasado populista: la influencia de la política en el mercado, el poder de los sindicatos, la ineficiencia, altos costos salariales y laborales, el gasto desordenado por encima de los recursos, la corrupción.

Predomina ahora en el Estado un estilo de gestión gerencial propio de las grandes empresas. Con respecto a la relación salarial, acentuaron el control sobre la asistencia, puntualidad y la disciplina, modernizaron la gestión introduciendo nuevas tecnologías (sobre todo *software*) buscando reducir los costos y los tiempos de procesamiento y aumentar la productividad; promoviendo el desarrollo de la formación como condición para los ascensos y una promoción individual basada en el esfuerzo y el mérito.

Quienes ocupan el gobierno actualmente tienen en común la orientación económica neoliberal, pero en lugar de recurrir a los *shocks* para tratar de provocar cambios bruscos, adoptaron inicialmente una política que autodefinen como "gradualista" con un horizonte de corto plazo. Se proponen como prioridad reducir el déficit fiscal (considerado la principal causa de la inflación) y se oponen a las políticas nacionalistas, industrialistas y "populistas" encarnadas en las diversas versiones históricas del peronismo que tendrían un "gen inflacionario", pero cuyas normas laborales y efectos redistributivos impiden o frenan el incremento de las tasas de ganancia.

Entre los objetivos centrales del nuevo gobierno pueden destacarse:

- Evitar la caída de las tasas de ganancia y provocar un "shock" redistributivo importante mediante la devaluación (que se transfirió rápidamente a los precios) y la reducción o eliminación de las retenciones sobre las exportaciones de muchos productos.
- Insertar la economía argentina en la nueva división internacional del trabajo, en una posición subordinada respecto a los países de la OCDE, propiciando el ingreso en la Alianza del Pacífico y un tratado con la Unión Europea, perjudicial para la industria argentina.
- Reducir el déficit fiscal y achicar el Estado –considerado como causa de la inflación.
- No asignar prioridad a la industria dentro del sistema productivo, debido a sus altos costos y baja productividad estimulando el desarrollo de los sectores primario exportador, el sector financiero, los servicios, las telecomunicaciones y el turismo.
- Atraer capitales extranjeros liberalizando el mercado financiero, ofreciendo seguridad jurídica, sin poner límites a la permanencia ni al monto de las operaciones.
- Recurrir al endeudamiento externo en divisas para asegurar el funcionamiento del Estado

- Reunificar el mercado cambiario, asignando al BCRA la función de fijar metas de inflación, para establecer un techo a los incrementos salariales pactados en los convenios.
- Flexibilizar el uso de la fuerza de trabajo reformando la legislación laboral para aumentar el control, reducir la litigiosidad y debilitar al movimiento sindical.
- Contener el incremento de los salarios reales, aduciendo que cuando son altos explican la poca generación de nuevos empleos y el alto porcentaje de trabajo no registrado.
- Reducir los costos laborales o salario indirecto (contribuciones a las ART, ANSES, Obras Sociales, beneficios extrasalariales, bonos compensatorios, cuotas solidarias de los no sindicalizados, etc.).
- Bajar los impuestos y disminuir la presión impositiva sobre los Bienes Personales e Ingresos Brutos, eliminar retenciones e impuestos considerados distorsivos, etc.
- Modernizar el Estado mediante la intensificación del uso de nuevas tecnologías, la reducción de normas y trámites burocráticos, la informatización de trámites y el aumento de los controles. Asimismo, se establecen premios y castigos en función de la asistencia tomando en cuenta este registro para los ascensos y la renovación de los contratos.
- Promover el desarrollo de las grandes empresas transnacionales y al mismo tiempo la generación de empresas monopersonales, de monotributistas y autónomos, simplificando y agilizando los trámites para la constitución de unidades económicas con pocos trabajadores asalariados.
- Política energética con fuerte presencia de empresas trasnacionales importadoras y promoción de las energías renovables en la Argentina, para instalar parques eólicos y solares, plantas de biomasa y biogás y centrales mini hidroeléctricas.
- Por último y con carácter prioritario, se busca cambiar la relación salarial para lo cual se proponen amenazar, controlar, disciplinar y debilitar por diversos medios las organizaciones sindicales y sociales adversas.

Dentro de las cien prioridades de políticas económicas y sociales enunciadas por el gobierno en 2015 que figuran en el sitio web de la Presidencia, están totalmente ausentes el aumento del nivel de empleo, la reducción del trabajo no registrado, la elevación del salario real, y la mejora de la distribución del ingreso[3].

---

3   La ideología que inspira el modo de desarrollo neoliberal penetró profundamente en las clases medias y sectores populares gracias a los medios masivos de comunicación convirtiendo esa ideología en un "sentido común".

## 6. Las políticas económicas y sociales y sus primeros impactos

La devaluación de diciembre 2015 provocada por la salida del "cepo cambiario" (del orden del 50%) y la quita simultánea de retenciones provocó una gran transferencia de recursos en beneficio de los sectores más concentrados de la producción primaria exportadora, impactando sobre los precios.

El rápido pago de la deuda con los *holdouts* con la Ley 27.249, por un monto de aproximadamente U$S 16.000 millones, facilitó poder contraer más deuda externa para asegurar el financiamiento del Estado sin tener que emitir demasiado. De esta manera, la deuda se incrementó más del 53% en relación al PBI, a las exportaciones y a las reservas del BCRA.

El ajuste de los gastos provinciales comenzó mediante el "Pacto Fiscal", un acuerdo entre el estado nacional, las provincias y los municipios en cuanto a la generación y la distribución de los recursos públicos buscando reducir impuestos para llegar al equilibrio fiscal a nivel del Estado nacional, transfiriendo obligaciones hacia las provincias.

Respecto al sector externo, se redujeron y eliminaron las Declaraciones Juradas Anticipadas de Importación (DJAI) creadas en el 2012, y se las reemplazó por el Sistema Integral de Monitoreo de Importaciones (SIMI), buscando la liberalización y agilizando los trámites de importación. En este sentido, la apertura se manifiesta con fuerza. Respecto de 2015, aumentaron las importaciones y el déficit del comercio exterior. En 2017 creció 23% la importación de bienes de capital, 15% los bienes intermedios, 16% los combustibles y lubricantes, 14% las piezas y accesorios, 21% los bienes de consumo y 41% los vehículos. La brusca apertura del comercio exterior para bienes de consumo impactó negativamente sobre la producción industrial nacional y la demanda interna, acarreó cierre o achiques de empresas, con su secuela de desempleo, suspensiones, vacaciones adelantadas, "retiros voluntarios" y provocando el achicamiento o el cierre de pequeñas y medianas empresas poco competitivas.

Las elevadas tasas de interés fijadas por el Banco central para atraer capitales extranjeros redujeron las posibilidades de las PYMES para acceder al crédito, comenzando a surgir problemas en la "cadena de pagos". El art. 2 de la Carta Orgánica del BCRA establece entre sus funciones la de controlar la inflación. La fijación de "metas de inflación" establece un tope estimado de antemano que se ajusta periódicamente, debiendo adoptar severas medidas de política monetaria y cambiara para lograrlo.

El "Sinceramiento fiscal" ("blanqueo") decidido por ley 27.260 de 2016, alcanzó los U$$116.800 millones y aportó al fisco $148.600 millones adicionales de recaudación. Fue el blanqueo más exitoso de la historia, pero, a diferencia de los anteriores, bastaba sólo con declarar los bienes y no era necesario ingresarlos al país.[4]

Se restablecieron en 2016 las relaciones con el Fondo Monetario Internacional, aceptando la revisión de las cuentas fiscales y tomando sus recomendaciones como eje de la política económica, proceso que se había frenado desde 2005 cuando se pagó la totalidad de la deuda con ese organismo.

El aumento elevado y consecutivo de las tarifas de servicios públicos y de los combustibles para reducir el déficit, afectó a las familias reduciendo sus ingresos reales y su nivel de consumo. También afectó a las pequeñas empresas y comercios, repercutiendo sobre sus costos de producción, que se transfirieron finalmente a los precios.

Para estimular el crecimiento y generar empleo, se implementó en 2016 y 2017 un ambicioso programa de inversiones en infraestructura (auto-rutas, ferrocarril, agua potable y saneamiento), pero luego se recurrió por Ley N° 27.328 de participación público-privada para financiar y realizar la obra pública, cobrando peajes y recibiendo bonos públicos una vez concluidas.

Se negociaron dos nuevos tratados bilaterales de inversión (con Qatar y Japón) y se buscó la firma de tratados de libre comercio de última generación con la Unión Europea, Chile, Canadá y México. Se intensificó la presencia argentina en foros internacionales de negocios, como el Foro Económico de Davos, y el país fue sede de la reunión ministerial de la Organización Mundial del Comercio en 2017 y del G20. En el relevamiento de las recomendaciones realizadas por el Fondo Monetario a fines de 2017 (cuando tuvo lugar la supervisión del Artículo IV) se destaca el interés para profundizar la reforma del sistema de seguridad social, modificar la fórmula de actualización de las jubilaciones y hacer los reajustes trimestrales en base a la inflación futura y no a la pasada. Las sugerencias implícitas incluyeron el aumento en la edad jubilatoria para las mujeres de 60 a 65 años y reducir los aportes personales y contribuciones patronales (para reducir los costos laborales, pero desfinanciando la ANSES).

La disminución de impuestos y controles al sector agropecuario y la devaluación producida estimularon un crecimiento de la producción de granos y del stock ganadero, a pesar de sequías e inundaciones. Pero la capacidad del sector exportador agropecuario para dinamizar la economía y generar nuevos empleos asalariados sigue siendo muy reducido porque se han introducido importantes progresos en los medios de trabajo que aumentaron la productividad sustituyendo mano de obra permanente. Cientos de tambos cerraron sus puertas a causa del

---

4    Permaneciendo sin declarar los capitales "fugados" hacia los paraísos fiscales cuyo monto estimado multiplica varias veces el monto de las reservas

incremento de costos, reduciendo la producción y el empleo; las exportaciones de aves cayeron, aumentaron las importaciones de carne porcina desalentando a los productores locales; cayó la producción exportable de peras y manzanas, de productos vitivinícolas, de olivo y yerba mate y al mismo tiempo aumentaron los precios al consumidor final. Se redujo el número de empleos estables en el sector agropecuario lo cual estimuló la migración rural hacia los suburbios de las grandes ciudades.

Luego del cambio de gobierno, diciembre 2015, el predominio del mercado sobre el Estado, la fuerte devaluación desatada al eliminar el "Cepo", la apertura importadora, la reducción de impuestos a las ganancias y a los bienes personales, la eliminación o reducción de las retenciones a la exportación y de las restricciones a los exportadores para obligarlos a ingresar rápidamente las divisas redujeron fuertemente los ingresos fiscales. La desregulación financiera levantó los límites a la compra de divisas y su libre transferencia al exterior, con autorización para que entraran sin restricciones capitales especulativos y aprovecharan las elevadas tasas en dólares de las Lebacs con libertad para entrar y salir, con un tipo de cambio flotante.

El elevado déficit fiscal y la persistencia de una elevada tasa de inflación, el acceso al endeudamiento externo para cubrir los gastos del Estado sin forzar la emisión, así como el déficit de cuenta corriente, contribuyeron a la apreciación del tipo de cambio y ante la vigencia de políticas neoliberales y permisivas, los inversores extranjeros empezaron a percibir a fines de 2017 un mayor riesgo y dada la desregulación financiera, dolarizaron sus carteras y las fugaron del país, provocando una crisis cambiaria.

El Gobierno no anticipó el proceso, reaccionó tarde y de manera improvisada, rebajó los encajes bancarios para estimular más demanda de Lebacs por parte de los bancos y a pesar de dejar flotar libremente el dólar, tuvo que intervenir masivamente para tratar de controlar la corrida malgastando casi 15.000 millones de las reservas. Con una devaluación del 50% en los primeros seis meses de 2018 se produce un rebrote inflacionario, se desata la fuga de divisas, se anuncia una violenta suba de la tasa de interés de Lebacs que superó en junio el 40% y se anuncia un fuerte ajuste del gasto público. Bajo este escenario, la economía real se paraliza desde junio de ese año ante la caída de la producción y de la demanda.

Debido a la ideología predominante en el gobierno, a los grupos económicos que lo apoyan y por la composición socioeconómica de los grupos dominantes dentro del bloque de poder, hasta junio 2018 se pensaba que había una sola orientación posible de la economía ("no hay un plan B") y no se formula una política alternativa consistente en un Plan Nacional de desarrollo económico y social (que sería tildado de populista), centrado en: la industria y el desarrollo científico y tecnológico, controlar y reducir el déficit y la inflación, frenar selectivamente la apertura comercial y financiera, no aumentar la deuda externa en divisas, restablecer progresivamente las retenciones a la exportación, modificar el sistema tributario para hacerlo progresivo y estimular la equidad, promover las exportaciones y no solo las del sector primario, controlar los precios de los productos de primera necesidad, aplicar políticas de fomento a la producción y de equidad distributiva, promover la autosuficiencia energética recurriendo a las energías renovables, reducir las tasas de interés y promover el crédito para las Pymes, establecer diversos tipos de cambio, regular el movimiento de las divisas y exigir que vuelvan al país las generadas por el comercio exterior, frenar la economía de especulación y estimular inversiones en el sector directamente productivo para generar empleos, estimular el aumento de los salarios reales y de los beneficios del sistema de seguridad social para fortalecer la demanda. El incremento del empleo directamente productivo, por tiempo indeterminado y con garantías de estabilidad y un mejoramiento de las condiciones y medio ambiente laboral controlando los riesgos psicosociales en el trabajo, contribuirían a aumentar la calidad de vida de la población.

## 7. La situación generada cuando se desencadena la crisis cambiaria

Desde fines de 2015 el endeudamiento externo es considerable y creciente. Los últimos pasivos con el FMI fueron cancelados en 2006, cuando el Gobierno decidió pagar US$ 9530 millones con fondos de las reservas del BCRA. A mediados de 2018 el perfil de vencimientos de deuda externa ya comprometidos por el Estado nacional superaba los U$S71.399 millones (en moneda local y extranjera) y continuará por encima de los U$421.400 millones anuales hasta 2022, sin todavía contar el uso que en el futuro haga el Gobierno del préstamo por $50.000 millones recientemente negociado con el Fondo Monetario Internacional . En esa fecha, para 2019, los compromisos de pago de deuda de mediano y largo plazo ya ascienden a U$ 24.945 millones y pueden incrementarse. El rojo con organismos internacionales, BID y BM, es de US$ 1.749 millones y este año la deuda con ellos entre capital e intereses, es de US$ 1.909 millones. El pago de intereses este año será superior a los $239.000 millones. En la comparación con el primer cuatrimestre de 2017, el incremento nominal de intereses a mediados de 2018 ya es del 57%.

Como resultado de las políticas mencionadas, en 2017 Argentina perdió aproximadamente por año U$S 22.000 millones por compra y atesoramiento de divisas del sector privado, U$S 12.000 millones de dólares por el déficit de turismo, y U$S10.000 millones por el rojo de las cuentas comerciales. Las emisiones de deuda totalizaron U$S 142.948 millones. Salieron U$S 65.252 millones de divisas en concepto de Formación de Activos Externos del Sector Privado no Financiero, giro de Utilidades, Dividendos y Otras Rentas, y Turismo. Si se suman los U$S 22.832 millones por intereses pagados al extranjero la cifra se eleva a 88.084 millones de dólares. Por otra parte, el déficit externo se incrementó hasta llegar al 5% del PBI.

La relación entre la crisis que está viviendo el país y el frente externo de la economía es directa: Argentina sufre desde 2017 el déficit comercial más elevado, especialmente por el incremento de las importaciones –incluso de bienes de consumo– que se financian con deuda e ingreso de capitales especulativos.

EL BCRA desde 2016 y hasta junio 2018 impuso una política errática de metas de inflación y elevadas tasas de interés para estimular que quienes tenían dólares los vendieran y compraran Lebacs, otros instrumentos financieros o hagan plazos fijos. De esa manera aumentaba el monto de reservas, para mantener apreciado el tipo de cambio, pero esto complicó el desequilibrio del comercio exterior.

Hasta la firma del acuerdo con el FMI no había planes de despido masivo de empleados públicos de planta permanente, aunque si se previa la no renovación de contratos y la disminución de personal jerárquico por un intento anunciado de reducir el número de Ministerios, incrementado al asumir el nuevo gobierno. Sin embargo, ante las dificultades originadas por la corrida cambiaria y la necesidad de acordar con el Fondo Monetario, el gobierno anunció a comienzos de junio de 2018 un ajuste para "control y reducción de gastos" en la Administración Pública Nacional que es importante en sí mismo, pero muy débil en cuanto al monto del déficit. Este incluyó:

- Freno al ingreso de personal al Estado durante 24 meses, salvo en las universidades, el Consejo Nacional de Investigaciones Científicas y Técnicas (Conicet) y el Servicio Exterior.
- Habilitar un régimen de retiro voluntario para el personal de toda la Administración Nacional, que comprende al Poder Ejecutivo, los ministerios y los organismos descentralizados e instituciones de la seguridad social que engloban tanto al PAMI y la Anses como a la AFIP, el Senasa, INTA e INTI, entre otros, con algunas excepciones.
- Dar por finalizados a partir del 31 de diciembre los convenios de asistencia técnica contratados con universidades, designados básicamente a la contratación de profesionales como monotributistas o autónomos.

- Analizar todo tipo de bonificación/premio vigente para establecer su pertinencia, alcance e impacto presupuestario.
- Revisión de los Ministerios de horas extras y servicios extraordinarios (comidas y viáticos).
- Se prohíbe la contratación de viajes en "clase ejecutiva" a toda persona con rango inferior a ministro o equivalente.
- Se relevarán los vehículos de uso oficial de funcionarios y flotas operativas y mientras tanto quedan suspendidos los procesos de adquisición.
- Los vehículos oficiales podrán únicamente estar a disposición del traslado de funcionarios con rango superior a secretario.
- Se revisarán las estructuras de entes descentralizados y desconcentrados, buscando un ahorro presupuestario mayor al 25% en el conjunto de organismos.
- Se reducirá en un 15% los fondos destinados a las empresas públicas.

Sin embargo, las posibilidades de reducir fuertemente el déficit fiscal quedaron limitadas por la decisión de reducir impuestos:

- El Estado se financia con el 75% de los ingresos fiscales, pero en 2018 se redujo el impuesto a las ganancias, que pasó a representar el 9,25% dentro de la recaudación, cuando el año pasado era del 11%.[5]
- Se eliminaron retenciones a las exportaciones de la minería y la pesca, de maíz y trigo y se aplicó un programa de rebaja paulatina en la soja.
- En la Seguridad Social, se estableció un mínimo no imponible de 12 mil pesos por trabajador por mes –ajustable por inflación– que se deduce de los costos laborales que paga el empresario.
- Bajó la alícuota de las contribuciones patronales en las actividades de servicios y subió en la manufactura,
- Subió el mínimo no imponible para el impuesto a los Bienes Personales y se eliminó el Impuesto a la Ganancia Mínima Presunta.
- La reforma previsional estableció una reducción de la alícuota para las ganancias no distribuidas por las empresas, del actual 35% al 30% en 2018, al igual que en 2019 y hasta el 25 por ciento en 2020.

---

5    Desde la perspectiva de la recaudación fiscal, uno de los problemas que genera más desigualdad es el impuesto a las ganancias, que en los países desarrollados se sitúa entre el 15 y el 10% del PIB, y en Argentina está cerca del 5%, explicado por la importancia de la economía no registrada y la evasión. Por otra parte, es elevado el porcentaje del IVA que es el impuesto que más afecta a los sectores de menos recursos, y que ellos lo pagan con cada una de sus compras.

Pero el problema de "fondo" no es solo el déficit fiscal que estimula la inflación, sino también el déficit de cuenta corriente provocada por la apertura importadora y la desregulación financiera que permiten la especulación y la fuga. Para hacer frente a la crisis cambiaria, el país recurrió al FMI y logró en tiempo record un préstamo por un monto significativo e inédito. El acuerdo firmado el 20 de junio 2018 con el FMI, da acceso a un préstamo considerable con el que se busca sortear la corrida cambiaria y programar un ajuste estructural con la reducción del gasto público, la liberalización del mercado financiero, la reducción de subsidios asociado al aumento de tarifas, promoviendo la aprobación de reformas regresivas en materia laboral y previsional. Los pronósticos de una contracción del nivel de actividad y el acuerdo con el FMI obligan a una mayor reducción del déficit: en la obra pública, las inversiones en energía, transporte, vivienda y agua potable y su reemplazo por los PPP, reduciendo en términos reales de las compras y servicios del Estado, disminuyendo el empleo público al congelar vacantes, no renovar contratos temporarios y promover los retiros voluntarios y las jubilaciones anticipadas, y el freno al crecimiento de los salarios reales, reduciendo los subsidios con el consiguiente incremento de las tarifas, disminuyendo en términos reales el presupuesto para educación, las universidades, el sistema científico y las empresas públicas con el objetivo de alcanzar un equilibrio operativo para 2020.

Está previsto que, si la crisis no se controlara, el gobierno podría llegar incluso a frenar el incremento de las jubilaciones, asignaciones familiares, pensiones no contributivas u otros programas como Progresar y Argentina Trabaja y promover una reforma previsional para aumentar la edad de retiro, utilizar los recursos del FGS para hacer frente a las deudas de ANSES con los beneficiarios y restablecer la capitalización privada generando más heterogeneidad entre los beneficiarios.[6]

Como resultado del estancamiento y de las políticas de ajuste, se estima que en 2018 la tasa de crecimiento del PIB será baja o nula.

La economía quedó así bajo la tutela general del FMI. Pero además si la tasa de inflación de este año supera el 32% en diciembre próximo, el acuerdo puede caerse, dado que "las perspectivas de inflación serán una parte crítica de cada revisión dentro del acuerdo". Las condicionalidades del acuerdo firmado acentuarán las políticas de ajuste ya diseñadas por el gobierno. De acuerdo con el Memorándum de Entendimiento, en 2020 debería alcanzarse el equilibrio

---

6   El fondo posee acciones del Grupo Clarín, Banco Macro, Siderar-Techint, Transportadora Gas del Sur, BBVA Banco Francés, Telecom, Molinos Río de la Plata, Gas Natural Ban, Edenor, Consultatio, San Miguel, Grupo Financiero Galicia, Aluar, Holcim, Camuzzi, Quickfood y Cresud.

fiscal. Las tarifas de todos los servicios deben seguir subiendo para hacer posible la reducción de subsidios. En el sector público se congelarán vacantes, no se renovarán todos los contratos temporarios y de planta transitoria en puestos no prioritarios, presumiblemente aumentarán los retiros "voluntarios" y habrá despidos de contratados, se congelarán las nuevas contrataciones en el gobierno nacional durante dos años y se eliminarán las "posiciones redundantes" (implicando despidos). También en el Memorándum se establece que para financiar el pago de pensiones y los ajustes previstos en la Ley ómnibus de Reparación Histórica de 2016, progresivamente se recurrirá al Fondo de Garantía de Sustentabilidad para pagar prestaciones, reajustes de beneficios mal calculados y las deudas previsionales con 1,2 millones de jubilados sin necesidad de obtener una autorización parlamentaria y en el caso de que eso sea insuficiente, "podrá disponerse la realización de activos" (su venta). Se recortarán las actuales transferencias de recursos a las provincias para que ellas aseguren enteramente los servicios de educación y salud que por la Constitución de 1994 quedaron a su cargo.

Después de nueve años, la Argentina consiguió que la sociedad Morgan Stanley Capital International (MSCI) reclasifique al país como "mercado emergente", y lo puso a la par de economías como China, Brasil, Colombia, México, Chile, Perú, o Rusia. Esto sucedió el mismo día en que el FMI firmó el acuerdo. Esta clasificación abre la puerta a la llegada de capitales externos solo para un grupo de bancos, grandes empresas petroleras, de energía, telecomunicaciones y agroindustriales, pero impide poner restricciones de acceso al mercado financiero, instaurar controles a la entrada o salida de capitales o de divisas.

## 8. El impacto del cambio de régimen de acumulación sobre la relación salarial

Entre los sectores más afectados por el acuerdo con el Fondo Monetario Internacional se encuentran los trabajadores asalariados tanto registrados como no registrados, trabajadores precarios, jubilados y pensionados, desocupados y beneficiarios de planes sociales, cuya participación en el ingreso nacional tenderá a disminuir.

Consideramos que el nuevo modo de desarrollo produjo fundamentalmente un cambio de la relación salarial preexistente: reducción de los salarios reales y de los costos laborales, la flexibilización de la relación salarial. En este sentido, el Ministerio de Trabajo, Empleo y Seguridad Social no interviene a favor de los trabajadores como el gobierno anterior, a fin de restablecer un equilibrio. Las reformas laborales disminuyen el poder de los sindicatos para oponerse a las políticas económicas y sociales y frenar el ajuste. Las huelgas y paros se intensificaron, pero no logran modificar la situación. La inflación deteriora los salarios reales y la devaluación reduce su valor en dólares, dando como resultado una fuerte caída en moneda constante. A continuación, se analiza lo que sucede con las principales variables que definen la relación salarial.

## 8.1. Empleo

La estrategia oficial en materia de trabajo y empleo del actual gobierno concentra sus esfuerzos en flexibilizar el uso de la fuerza de trabajo, reducir los costos salariales y laborales, frenar en los convenios colectivos el incremento de los salarios reales por encima de la inflación, bajo la premisa de que al aumentar la rentabilidad empresaria tendrá lugar una mayor inversión y se estimularía la contratación de nuevos trabajadores.

Con respecto a 2015 disminuyeron las tasas de empleo y aumentaron las de desempleo, subempleo y sobre todo las tasas de inactividad, porque muchos desocupados desalentados dejaron de buscar trabajo debido a la reducción de la oferta de empleos y por factores estacionales, o accedieron a planes sociales. Si bien no existe todavía una grave crisis de desempleo en el país (como la de 2002), el mercado laboral sigue estancado y se deteriora. Las tasas de actividad y de empleo que cayeron desde 2012, crecen en 2017 pero de nuevo se estancan desde mediados de 2018. En el sector privado se generaron pocos nuevos empleos netos por encima de la PEA, predominando la precariedad y aumentando el desaliento de los desocupados. Según la EPH la evolución de las principales variables del mercado de trabajo desde 2003 están expuestas en los siguientes gráficos, notándose los cambios de tendencia desde fines de la década pasada.

**Gráfico N°2: Tasa de actividad, en % de la población (2003-2017)**

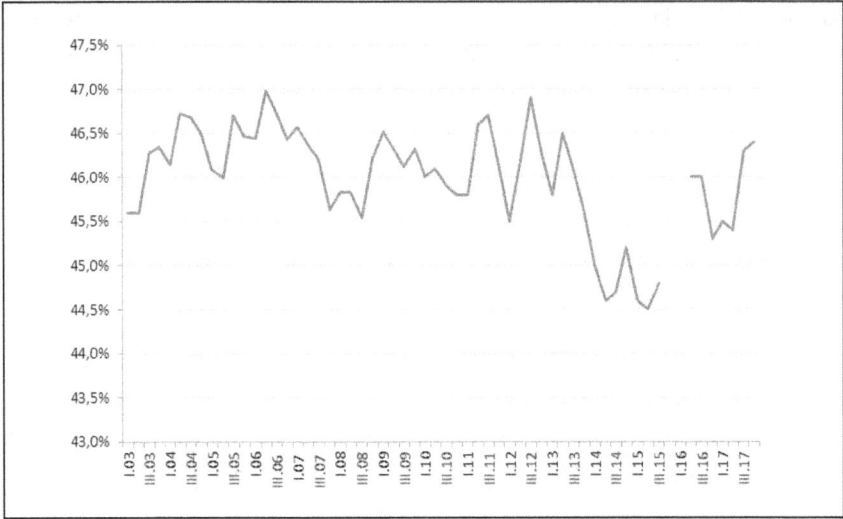

Fuente: INDEC- Encuesta Permanente de Hogares

**Gráfico N°3: Tasa de empleo, en % de la población (2003-2017)**

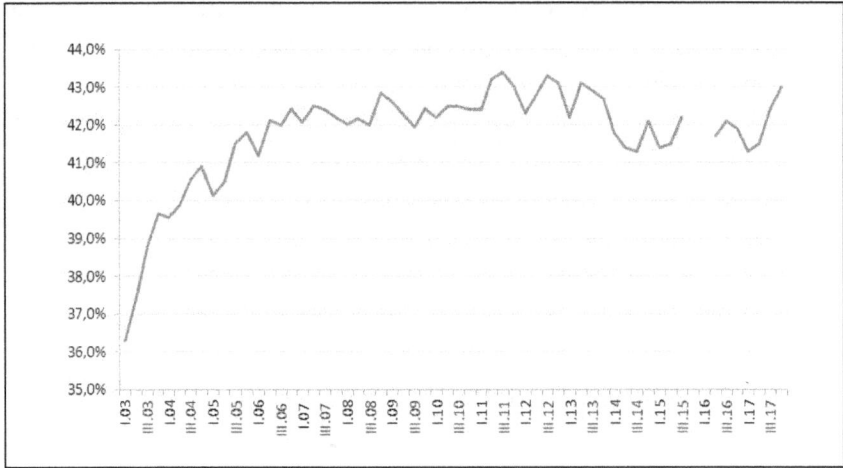

Fuente: Fuente INDEC, Encuesta Permanente de Hogares

EL IMPERIO DE LAS FINANZAS

En cuanto a las numerosas suspensiones y "retiros voluntarios", la mayoría se produjo en el sector industrial que utilizan tecnologías intensivas en trabajo y en particular en los sectores textiles, confección, calzado, automotrices, financieras, tabacaleras, lecheras, electrónicas, autopartistas, químicas, fabricantes de electrodomésticos e imprentas. Dentro de cada sector es más grave la situación de las pequeñas y medianas empresas. En 2017 mejoró el mercado de trabajo respecto de 2016 y el empleo asalariado en el sector privado representaba el 51% del total, el empleo estatal el 26% y los monotributistas (sociales o de tipo social) no asalariados el 13%.[7]

**Gráfico N°4: Tasa de desocupación, en % de la PEA (2003-2017)**

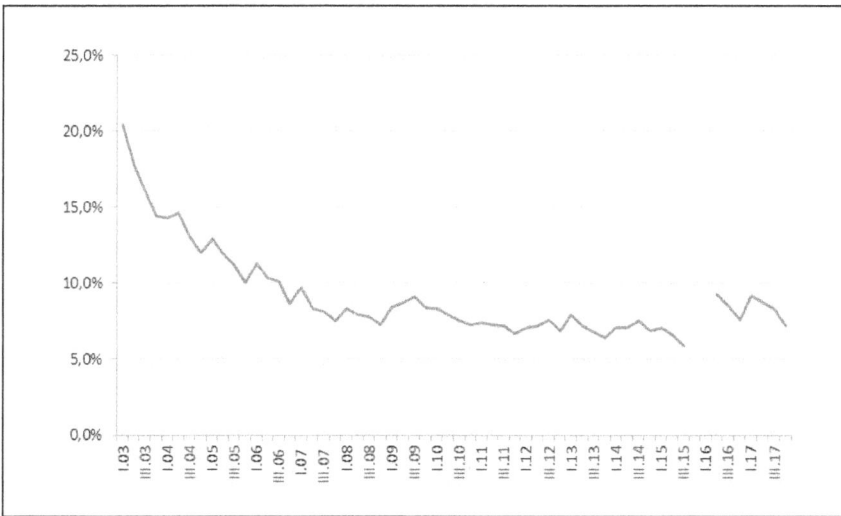

Fuente: INDEC-Encuesta Permanente de Hogares

---

7   El sector privado cuenta con 8,7 millones de trabajadores entre los cuales se incluyen: 1) asalariados del ámbito privado -6,2 millones-; 2) monotributistas –casi 1,6 millón–; 3) autónomos y trabajadores de casas particulares –cerca de 900 mil–. El sector público abarca alrededor de 3,2 millones de trabajadores.

**Gráfico N°5: Tasa de subocupación, en % de la PEA (2003-2017)**

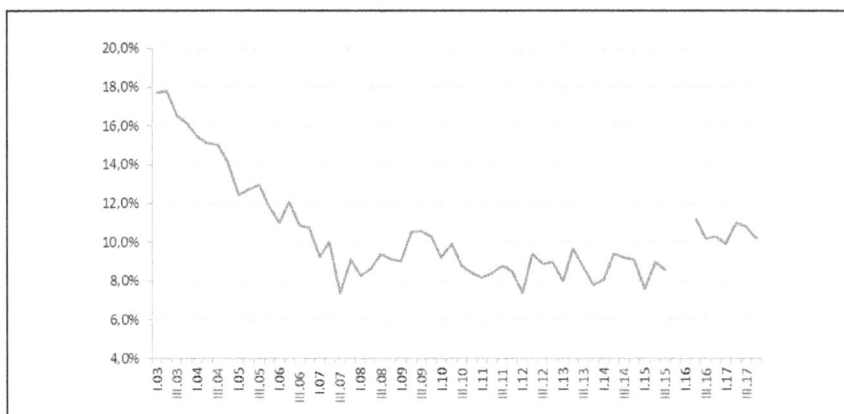

Fuente INDEC, Encuesta Permanente de Hogares

Entre enero de 2012 y octubre de 2017, el empleo público asalariado creció un 24% con la incorporación de 607 mil trabajadores, mientras que el sector privado aumentó un 6,2% con la incorporación de 505 mil trabajadores. De estos últimos, 261 mil (52%) son monotributistas, 175 mil ingresaron al sector privado registrado (35%) y 80 mil fueron empleados en casas particulares (16%). De acuerdo a la Encuesta Permanente de Hogares (EPH), la tasa de desocupación se ubicó en 9,1% de la Población Económicamente Activa (PEA) en el primer trimestre 2018, frente al 9,2% observado en el mismo trimestre de 2017.

El total de personas con "problemas de empleo" –desocupados más subocupados, en las zonas urbanas del país– corresponde al 17,4% de la PEA, cerca de 3,1 millones de personas. Pero según el CERES, si a ellos se agregan los que sólo trabajan hasta 12 horas a la semana queriendo trabajar más, los ocupados que trabajan hasta 30 horas a la semana por menos de $5.304 (beneficio social) y los desocupados "desalentados" (porque "se cansaron de buscar" o "hay poco trabajo en esta época"), un 32/33% de la PEA urbana argentina se encuentra en esa situación. En 2018 el trabajo no registrado afectó al 33,9% de los asalariados, siendo el nivel más elevado desde el primer trimestre desde 2011.

Desde diciembre de 2015 puede apreciarse como el empleo público se precariza "en cadena". En varias dependencias del sector público, donde había muchos trabajadores contratados o de planta transitoria que realizaban tareas necesarias pero estacionales, se procedió desde 2016 a no renovar los contratos o despedirlos si eran empleados transitorios y cuando posteriormente se necesitaban se les ofrecía un contrato como monotributista.

EL IMPERIO DE LAS FINANZAS

**Gráfico N°6: Tasa de asalarización, en % de los ocupados (2003-2017)**

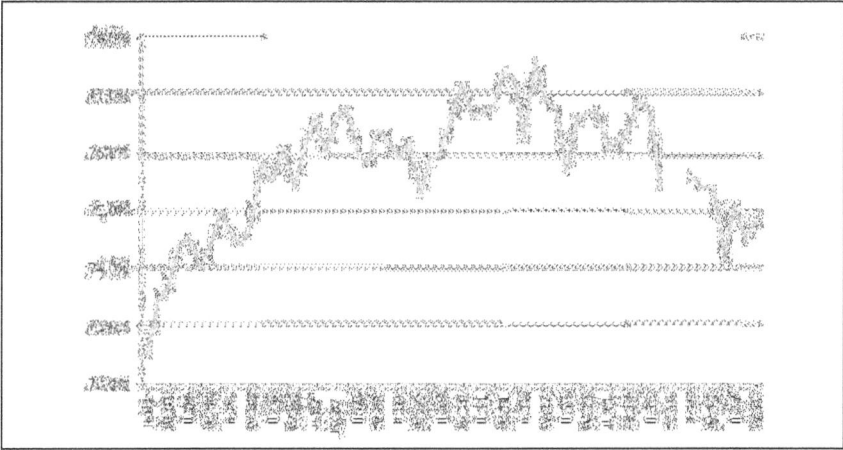

Fuente: INDEC, Encuesta Permanente de Hogares

En las empresas medianas y grandes alteradas a partir de la política oficial de apertura de las importaciones, es donde más aumentaron las solicitudes para activar Procedimientos Preventivos de Crisis (PPC), los cuales permiten a las empresas obtener un subsidio para pagar parte de los salarios de quienes podrían despedir, concretar suspensiones y pagar menos por las indemnizaciones. Los sectores que más recurren a este procedimiento son las industrias metalúrgica, automotriz, textil y transporte de pasajeros de larga distancia (pues las *low-cost*, compiten con este segmento). Pero además de los despidos hubo suspensiones, jubilaciones anticipadas y retiros voluntarios. Un caso paradigmático de PPC benefició a Carrefour (19.000 empleados), que para acogerse al programa negoció la reducción de sus contribuciones a la seguridad social y al mismo tiempo promovió retiros voluntarios con el acuerdo del sindicato.

El sector de la industria manufacturera representa a 2018 sólo el 15,4% del PIB y el 21% del empleo registrado. Los sectores "perdedores" de empleo son más empleo-intensivos y lo contrario sucede con los sectores ganadores. El gobierno considera que el futuro del empleo está en el emprendedurismo, el trabajo cuenta propia y el monotributo, porque allí el ingreso a la actividad es relativamente fácil, se necesita poco capital y al no ser asalariados no presiona sindicalmente por aumentos de sueldos y protección social, ni provocan conflictos laborales. El mencionado porcentaje total de trabajadores con problemas de empleo es similar al de los trabajadores no registrados, lo que significa que, adicionándolos, aproximadamente dos tercios de la PEA tiene problemas de empleo e ingresos.

**Tabla N°1: Trabajadores registrados según modalidad de la ocupación principal. Octubre de 2017. Total país**

| Modalidad de la ocupación principal | Cantidad de trabajadores oct-17* En miles | Variación Mensual Serie original | | Variación Mensual Serie desestacionalizada | | Variación interanual Serie original | |
|---|---|---|---|---|---|---|---|
| | | Absoluta En miles | Relativa | Absoluta En miles | Relativa | Absoluta En miles | Relativa |
| Total | 12.289,9 | 47,8 | 0,4% | 16,7 | 0,1% | 248,6 | 2,1% |
| Sector Privado | 8.693,5 | 47,2 | 0,5% | 20,4 | 0,2% | 154,5 | 1,8% |
| Asalariados del sector privado | 6.247,7 | 31,3 | 0,5% | 4,7 | 0,1% | 72,3 | 1,2% |
| Monotributistas | 1.575,5 | 14,1 | 0,9% | 14,1 | 0,9% | 85,8 | 5,8% |
| Casas particulares | 471,2 | 1,1 | 0,2% | 1,4 | 0,3% | 13,8 | 3,0% |
| Autónomos | 399,1 | 0,6 | 0,2% | 0,2 | 0,0% | -17,4 | -4,2% |
| Sector Público** | 3.166,9 | 2,2 | 0,1% | -2,1 | -0,1% | 40,7 | 1,3% |
| Asalariados del sector público | 3.166,9 | 2,2 | 0,1% | -2,1 | -0,1% | 40,7 | 1,3% |
| Monotributistas sociales | 429,4 | -1,6 | -0,4% | -1,6 | -0,4% | 53,4 | 14,2% |

Fuente: CEPED, F.C. Económicas UBA.

## 8.2. Salarios

El Banco Central había propuesto en 2017 una pauta inflacionaria de 10%, para que los incrementos salariales negociados en la CCC no la sobrepasaran, pero a fines de 2017 la elevó al 15%.

Como sucedió en el pasado, las devaluaciones provocaron rápidamente inflación y cayeron los salarios reales promedio en aproximadamente 10% desde 2015 impactando sobre la demanda. El impacto fue mayor entre los trabajadores no registrados y con empleos precarios. El objetivo buscado por el gobierno era reducir la inflación, considerando que la causa casi exclusiva eran el déficit fiscal y los elevados costos laborales; había que disminuir estos últimos para aumentar la competitividad, en una economía más abierta reduciendo los subsidios a las empresas de servicios públicos y en su lugar aumentar las tarifas hasta que los consumidores y usuarios cubran el costo de producción, sin tomar en cuenta que esto genera inquietud en los sectores populares y de clase media que ven caer el poder de compra de sus salarios. Tal como puede apreciarse en el siguiente gráfico, el salario real a junio 2017 ha caído respecto a noviembre de 2015.

EL IMPERIO DE LAS FINANZAS

Gráfico N°7: Salario real, estimaciones varias (noviembre 2015-junio 2017)

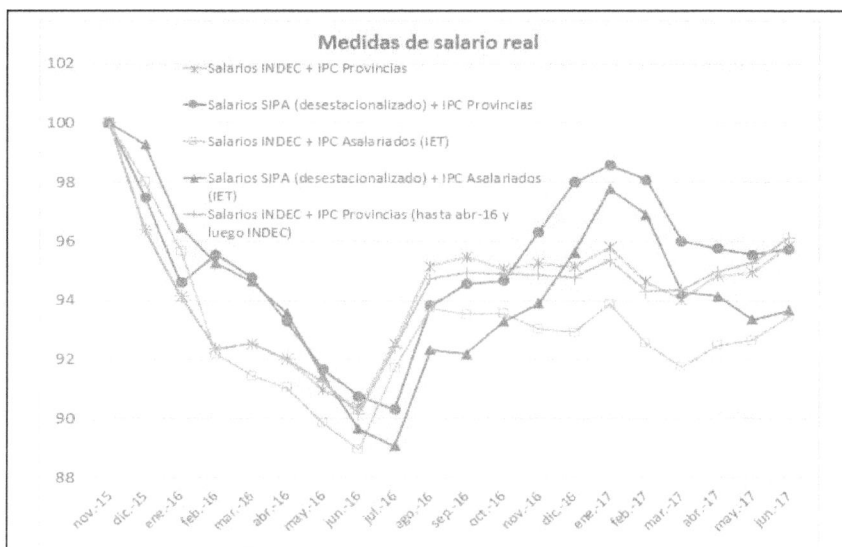

Fuente: CEPED, Facultad de Ciencias Económicas

La elevada tasa de inflación, el peso del desempleo y las amenazas de despido, la reducción de las horas extras y los topes fijados por el gobierno a los aumentos salariales (siempre por debajo de la inflación pasada) hicieron disminuir la masa salarial. Al mismo tiempo, las fuertes devaluaciones de diciembre de 2015 y las posteriores hasta 2018, junto con la quita de retenciones a los principales cultivos del agro generaron un incremento de la renta extraordinaria para los sectores exportadores. Los precios de los productos de la Canasta Básica crecieron por encima del promedio de los demás productos, siendo más grave para los sectores de ingresos bajos, que destinan una mayor proporción para comprar alimentos, así como para los trabajadores pobres, precarios y no registrados, para quienes la caída de los ingresos fue mayor. Ese sector es el que más se endeuda con los comercios del barrio donde residen y muchos ancianos niños y jóvenes recurren a comedores y merenderos vecinales. A su vez, la política en materia de "sincerar tarifas" estimuló la inflación. Esta tendencia fue en paralelo con el deterioro del salario indirecto debido a los mayores costos de los servicios privados de educación, salud, vivienda y las restricciones ya mencionadas de la seguridad social. La caída de los salarios reales arrastró la demanda interna de los "bienes salario" que consumían los sectores de menores ingresos afectando también a los comerciantes primero y a las empresas fabricantes luego, que primero redujeron las "horas extras" y más tarde suspendieron o despidieron personal para ajustar la producción a la demanda solvente. Además, aumentó la capacidad productiva ociosa y generó dificultades y/o el cierre de empresas poco competitivas. Comparando con 2015, y según la EPH, desde 2016 el salario real promedio disminuyó a pesar de las convenciones colectivas y no se recuperó, estimándose hasta mediados de 2018 una pérdida en torno al 10%. Además de la fuerte caída de los salarios reales, aumentó considerablemente la desigualdad entre los mayores y menores ingresos. Se estima que el 10% más rico de la población obtiene un tercio de los ingresos totales, mientras que el decil inferior obtiene sólo el 1,2%.

**Gráfico 8: Tasa de no registro, en % del total de asalariados (2003-2017)**

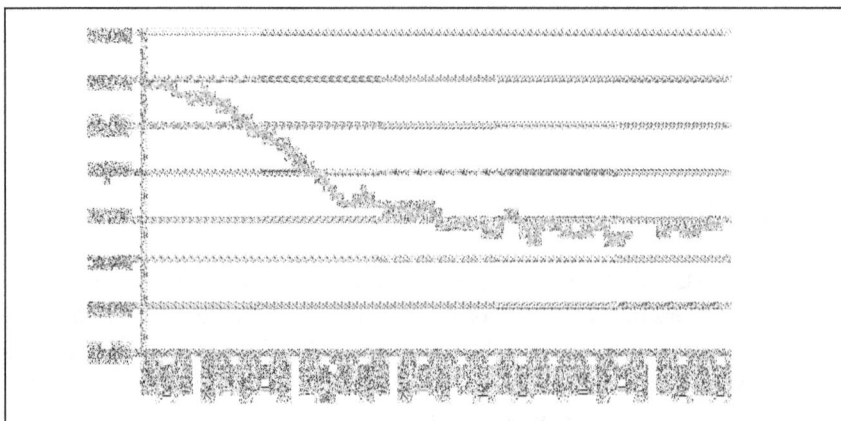

Fuente: INDEC, Encuesta Permanente de Hogares

Según la EPH del INDEC, el 34,2% de los asalariados no está registrado, seis décimas más que los registrados en el mismo período de 2016 (33,6%). Esto indica que, a pesar de la baja del desempleo, los que se sumaron al mercado lo hicieron "en negro". Más de la mitad de estos trabajadores precarios se concentra en tres actividades: el trabajo en casas particulares (más de 74%), la construcción (71%) y el comercio (41%), comprendiendo alrededor del 35% de los ocupados de entre 15 y 65 años. Poco más de cuatro millones de personas que trabajan en relación de dependencia carecen de aportes previsionales. Tampoco aportan a las ART, a las obras sociales, al seguro de vida colectivo obligatorio y la cuota sindical, siendo en su mayoría trabajadores que reciben bajos salarios y que "son pobres, aunque trabajen". Según el Observatorio de la Deuda Social de la Universidad Católica Argentina (UCA) entre 2010 y 2016 el porcentaje de asalariados que no participan del sistema de seguridad social pasó del 29,7% al 33,3%, mientras que la tasa de no asalariados que están al margen de lo formal pasó del 70,9% al 71,4%. Se trata de personas ocupadas como cuentapropistas y pequeños emprendedores ligados a actividades económicas de subsistencia

Pese a que el mercado laboral argentino continúa reflejando un reducido dinamismo, en 2017 la cantidad de ocupados registrados –en blanco– aumentó lentamente desde 2015, sin llegar a superarlo. Dinamismo que se detiene en 2018.

### 8.3. La pobreza

En 2017 la pobreza bajó en la Argentina casi cinco puntos respecto del segundo semestre de 2016 y se ubicó en el 25,7%. Proyectado al total nacional la población urbana que sufre este flagelo llega a los 10,4 millones. La indigencia se redujo al 4,8% y afecta a 1,9 millones de argentinos. Proyectada sobre la población total incluyendo a la rural, alcanzaría a 13,3 millones de personas. En total 23.7 millones de personas son pobres.

De acuerdo con el Observatorio de la Deuda Social de la Universidad Católica Argentina (UCA), los sectores más vulnerables en materia de pobreza y empleo, según dicho Observatorio, son: 1) Los jóvenes: la pobreza por ingresos afecta al 35% de los jóvenes de entre 16 y 25 años y sus tasas de desempleo y subempleo triplican los promedios nacionales. 2) Los discapacitados, que según el Censo 2010, eran 5,1 millones, casi el 13% de la población. La mitad está en edad de trabajar. El 50% de ellos están activos, pero el 33% tienen dificultades para obtener un empleo. 3) Las mujeres madres y hombres mayores de 45 años: donde un cuarto de las mujeres que son madres de entre 35 y 45 años son pobres. Según la OIT hay 900.000 mayores de 45 años sin trabajo. 4) Personas liberadas luego de estar en prisión, y las personas con un consumo problemático de sustancias.

### 8.4. La seguridad social

En 2017 el total de gastos del Estado en prestaciones sociales en proporción del PBI fue importante: 12,9%: el 9,9% para jubilaciones y pensiones y 3% para financiar el resto de las prestaciones sociales a cargo de la ANSES. La relación entre el número de aportantes a la seguridad social y la cantidad de beneficiarios es inquietante: alrededor de 1,1 aportantes por cada beneficiario. El sistema previsional argentino enfrenta una crisis y acarrea los impactos de numerosas reformas que no han sido coherentes entre sí. En 1994 se pasó de un sistema de Reparto a uno Mixto con un componente de capitalización privada (que dejaba afuera del sistema a desocupados y trabajadores informales, y que incrementó el déficit fiscal). En 2008 se volvió a un sistema de Reparto previa estatización, quedando en manos del Estado los flujos que desde 1994 iban a las AFJP además de otros fondos y acciones que administraban. El sistema es ahora contributivo y solidario. Pero en la actualidad casi el 75% de los beneficiarios de ANSES cobran la jubilación mínima muy por debajo del salario mínimo legal. El actual gobierno mantuvo el volumen del gasto público social, pero con otras orientaciones. Mediante el Decreto 593, a partir de marzo de 2016, se incorporan al régimen de Asignaciones Familiares los Monotributistas que antes no lo estaban. Al mismo tiempo varios programas sociales y de empleo, como el Progresar, quedaron desactivados desde el cambio de gobierno y se reformularon, transformándose en un programa de becas.

El sistema de seguridad social a cargo de ANSES corre en el futuro riesgo de no disponer de recursos suficientes como para hacer frente a todas las prestaciones, pues a un tercio de los asalariados (no registrados) no se les hacen aportes, es elevada la tasa de cobertura (casi 98%) y la mayoría de las políticas sociales quedaron a su cargo. En virtud de las políticas de inclusión social, numerosas pensiones no contributivas y jubilaciones mínimas fueron otorgadas a trabajadores o "amas de casa" que no habían hecho todos los aportes, estaban desocupadas o no estaban registrados. El ajuste aplicado en el sistema de seguridad social consiste básicamente en mantener reducido el monto de las prestaciones al modificar el índice de actualización, aumentar la edad jubilatoria empezando por las mujeres beneficiarias del PUAM, frenar los beneficios para quienes tienen otros recursos, reducir las jubilaciones consideradas "de privilegio" porque necesitan menos años de aportes y auditar los beneficios considerados inapropiados, incluso la posibilidad de abrir la posibilidad para regímenes privados complementarios de jubilación.

Desde 2006 la Corte Suprema de Justicia emitió una sentencia –no cumplida por el gobierno– para que se pagaran con ajustes y retroactividad los montos de juicios con sentencia firme por jubilaciones mal calculadas, que no se habían ajustado entre 2002 y 2006. El gobierno por la ley 27.260 adoptó en 2016 la política de la "reparación histórica de los jubilados" que involucró a un millón y medio de jubilados, por la que se paga se paga un monto retroactivo durante 48 meses, sin embargo tardó en implementarse. Durante el primer año, esos recursos adicionales provinieron del "Blanqueo", pero para seguir cumpliendo en el futuro se deberá disponer de un mayor presupuesto. Según dicha Ley ese pago, "podrá ser atendido con lo producido" del Fondo de Garantía de Sustentabilidad (FGS), es decir, con la rentabilidad de sus inversiones; y agrega que, en el caso de que eso sea insuficiente, "podrá disponerse la realización de activos" (su venta). El 56,6% del FGS está invertido en títulos públicos, en tanto que un 19,4% son acciones de empresas y el 5,4% está en créditos del sistema Argenta, entre otras inversiones.[8] Si bien el incremento de los beneficios se calcula y se ajustará ahora cada tres meses, la reducción decidida en 2017 del índice progresivo de ajuste de los beneficios para los beneficiarios a cargo de ANSES, significó una reducción de aproximadamente 100 millones de pesos, que fueron transferidos a la Provincia de Buenos Aires, para reparar la "deuda con el conurbano". Pero como se adelantó el periodo a partir del cual se debía hacer la reducción, un Tribunal declaró inconstitucional el intervalo que sirvió de base para el cálculo.

En el PAMI se dejaron de entregar medicamentos gratis a los jubilados que cobren más de 8500 pesos y menos de 8500 pesos en caso de que estos cuenten con una prepaga o se constaten signos exteriores de riqueza. El PAMI compra el 40% de todo lo que producen los laboratorios, que tienen altas tasas de ganancia por los aumentos de los medicamentos. El Gobierno negoció actuando como un monopsonio, logrando una baja de precios para los medicamentos ambulatorios y para los especiales, incluidos los oncológicos.

Buscando la reducción del gasto público social, el viernes 27 de julio se publicó en el Boletín Oficial el decreto 702, que estableció tres importantes modificaciones en el régimen de asignaciones familiares "salario familiar", que perciben los trabajadores registrados. Por un lado, se elevó el piso del mínimo de ingreso familiar total para la percepción de las asignaciones familiares (de $2000 a $2.816). En segundo lugar, se redujo el tope del ingreso familiar total, de $94.786 a $83.917. Asimismo, un hogar no puede percibir la asignación si un integrante del grupo familiar cobra más de $41.959, cifra que se redujo pues ante se ubicaba en torno a los $47 mil. En tercer lugar, se eliminaron los plus o extra por zona desfavorecida que se habían establecido en la norma original, de 1996, y buscaban impulsar el desarrollo de regiones específicas de la Argentina, como el norte, Cuyo y la Patagonia. Entre los afectados se encuentran los trabajadores temporarios, que vienen de otras regiones y para quienes el recorte de la asignación alcanzará al 50 por ciento del monto actual del beneficio. En la misma jornada se conoció una resolución de la Administración Federal de Ingresos Públicos, AFIP, que limitó la deducción impositiva de hijas o hijos a cargo a sólo un cónyuge, y que tenía por objetivo –según palabras oficiales– evitar la superposición entre quienes percibieran asignación familiar por hija/o.

---

8   El fondo posee acciones del Grupo Clarín, Banco Macro, Siderar-Techint, Transportadora Gas del Sur, BBVA Banco Francés, Telecom, Molinos Río de la Plata, Gas Natural Ban, Edenor, Consultatio, San Miguel, Grupo Financiero Galicia, Aluar, Holcim, Camuzzi, Quickfood y Cresud.

El relevamiento de las recomendaciones realizadas por el Fondo a fines de 2017 en la supervisión del Artículo IV y el texto recientemente firmado en el acuerdo con el FMI propone profundizar la reforma del sistema de la seguridad social, definiendo un pilar no contributivo para adultos mayores de 65 años pobres y otro contributivo, pero sin regímenes especiales. A su vez, "recomienda" una nueva modificación en la fórmula de actualización de las jubilaciones (hacia abajo) y propone ahora que los reajustes trimestrales se produzcan en base a la inflación futura (metas de inflación) que se preveía menor, y no a la pasada. Las sugerencias previstas en el documento para bajar los costos laborales consisten en reducir en hasta 10% los aportes patronales y personales a la seguridad social, como sucedió durante la convertibilidad –con malos resultados– poniendo en riesgo el sistema.

El FMI propone hacer "sustentable el sistema", es decir que, para reducir el gasto público, el sistema de seguridad social se financie exclusivamente con aportes y contribuciones, sin recurrir a contribuciones impositivas, para así reducir el déficit. Eso deja entrever la posibilidad de reformar el sistema jubilatorio y abrir la puerta a empresas de seguros previsionales privados.

Los planes de inclusión jubilatoria fueron reemplazados por la Pensión Universal para el Adulto Mayor (PUAM), que paga una prestación de sólo el 80% de la jubilación mínima y aumenta la edad jubilatoria de las mujeres más vulnerables a 65 años, así como no genera derecho a pensión al compañero o los hijos menores a cargo o discapacitados en caso de muerte del titular.

### 8.5. Los riesgos del trabajo

La Ley nacional reformada en 2016 está siendo discutida en los Congresos provinciales, y estableció un freno al acceso de los trabajadores víctimas de accidentes de trabajo o enfermedades profesionales a los Tribunales del Trabajo sin antes pasar por las Comisiones Médicas designadas por la Superintendencia de Riesgos del Trabajo (SRT). Estas Comisiones son pocas, hay provincias donde hay una o dos, y por causa de la distancia, los costos inherentes y por la orientación de los médicos designados se procura reducir los porcentajes de incapacidad, y solo después de ese dictamen las víctimas podrán recurrir a los tribunales, pero no ya a los tribunales del trabajo, sino a los comunes, de comercio o civiles. Esto es otro indicativo de la pérdida del valor asignado al trabajo y a su especificidad. El gobierno luego de la reforma a la Ley de Riesgos del Trabajo en 2016, impulsa un nuevo proyecto que se elabora en la SRT, centrado en la prevención en materia de higiene y seguridad y es discutido con representantes de la CGT y de centrales empresarias. Busca reducir los costos producidos por la siniestralidad y la litigiosidad causadas por problemas de salud laboral. Tiene el mandato de tomar en cuenta los convenios y recomendaciones de la OIT ratificados por el país y permitirá además incluir normativas en los convenios colectivos de trabajo de acuerdo con las características de cada actividad. Se busca no solo reducir la siniestralidad sino sobre todo la litigiosidad. Pero todavía no hay certeza acerca de si se incluirán los riesgos psicosociales en el trabajo y la constitución de los Comités Mixtos de Salud, Seguridad y Condiciones de Trabajo, institución decisiva para que los trabajadores participen en la prevención.

## 8.6. Las relaciones de trabajo

El gobierno se propuso reformar el sistema de relaciones de trabajo para hacerlo acorde con el nuevo modelo de desarrollo y básicamente flexibilizar el uso de la fuerza de trabajo, reducir los salarios reales y el costo laboral. El objetivo es cambiar profundamente la tradicional relación salarial, las reglas y las instituciones que regulan el uso de la fuerza de trabajo (legislación del trabajo) y la reproducción de la fuerza de trabajo (salario directo e indirecto). En materia de relaciones de trabajo la estrategia adoptada consiste en debilitar al sindicalismo, desconocer la representatividad de los dirigentes de las centrales sindicales, acentuar más aun las divisiones entre las diversas tendencias internas y las existentes entre CGT, las dos CTA, y los sindicatos de izquierda. Para lograr el acuerdo de los sindicatos con estas políticas trata de seducir a dirigentes de segunda línea organizando viajes para visitar países que han implementado recientemente reformas laborales flexibilizadoras como las que se intentan introducir en el país. Por otra parte, para contener reivindicaciones de los dirigentes y aprovechando los casos de sindicalistas corruptos, diputados del partido gobernante presentaron un proyecto de ley para juzgar a los sindicalistas acusados por corrupción y enriquecimiento ilícito, obligarlos a hacer declaraciones juradas todos los años con las mismas penas que a los funcionarios. Para reducir los costos laborales el Ministerio de Trabajo trata de eliminar las "ventajas adquiridas" y limitar las horas extras, el pago de viáticos, la autorización de carpetas psiquiátricas prolongadas, dejando sin efecto la facultad del sindicato para elegir a los empleados que cubrirán las vacantes producidas y la obligación de la patronal de hacer aportes extraordinarios a fondos gestionados por el sindicato para sus obras sociales. La Corte Suprema de Justicia legalizó la precariedad, contrariando fallos de tribunales del fuero laboral, y acordó recientemente que la prestación de servicios de un particular a una empresa no constituye inexorablemente una relación de dependencia laboral, revalorizado la vigencia de la figura del contrato de locación de servicios. Este cambio se inscribe en la propuesta de flexibilización de las relaciones de trabajo y la reducción de los costos laborales para promover un nuevo tipo de contrataciones que "reduzca la litigiosidad", por ese medio aumentar las ganancias y las inversiones dando por sentado que aumentarían el empleo y la competitividad. Pero eso se refiere sólo a una subordinación jurídica regulada por la Ley de Contrato de Trabajo, mientras que el trabajador autónomo puede estar sometido a una real subordinación económica o "para-subordinación" (como explica Alain Supiot). El recurso al trabajo autónomo o de monotributistas busca "deslaboralizar" el trabajo, sacarlo de la órbita del derecho del trabajo. El empleador podrá entonces argumentar que en realidad se está en presencia de una "locación de servicios. El intento de adoptar esta reforma laboral va en perjuicio de los asalariados, aumentando la conflictividad social.

Una falta de precisiones o lagunas en la Ley de Contrato de Trabajo reformada por el gobierno militar en 1976 permite al Ministro de Trabajo proponer reformas hacia abajo del cálculo de las indemnizaciones por despidos (cuyo porcentaje previsiblemente aumentará desde este año). Según dicha Ley debe hacerse "tomando como base la mejor remuneración mensual, normal y habitual devengada durante el último año o durante el tiempo de prestación de servicios si éste fuera menor". El ministro propuso que no se tomen en cuenta ni aguinaldo, ni premios o compensaciones, ni el reconocimiento de gastos que las empresas hacen a sus empleados (teléfono, estacionamiento, comidas, etc. que en total puede representar más del 10%).

También se intentó autorizar el embargo de las cuentas sueldos si los trabajadores retrasan los pagos de sus deudas. Todo esto logró un rechazo unánime de los sindicatos, pero el ministro espera la ocasión para volver sobre el tema dado su impacto del preaviso y las indemnizaciones sobre los costos laborales y la litigiosidad, y de esa manera responder a la presión de las grandes centrales empresariales. En diciembre 2017 el Ministro de Trabajo anunció que luego de reuniones acordó un proyecto de reforma laboral con el aval de la CGT, que entre otras cosas contemplaba el establecimiento de beneficios para los empleadores que regularicen a los trabajadores. Otras modificaciones propuestas no pasaron el filtro de la CGT: la reducción del monto de las indemnizaciones por despido, la creación de un fondo para los desempleados en lugar del seguro por desempleo, negociar un "banco de horas" para computar anualmente y de manera flexible las jornadas de los trabajadores y evitar así el pago de horas extras, la eliminación del artículo que establecía la igualdad de derechos y obligaciones entre el empleador y el empleado contrariando la esencia del derecho del trabajo y la implementación de un sistema que promovía en las empresas las tercerizaciones sin tener en cuenta a los sindicatos.

Asimismo, el Gobierno propone facilitar el uso de los contratos temporales, incluidos el de aprendizaje (sin reconocerle el estatuto de asalariados) y los contratos de trabajo a tiempo parcial y hasta cuestiona las funciones tradicionales del Consejo Nacional del Salario Mínimo. Propone limitar la extensión de la cobertura de los convenios colectivos, más allá de los signatarios directos, pero como afirma Carlos Tomada, esto pretende eliminar el efecto *erga omnes* de los convenios colectivos y que solamente tendrían validez para las partes firmantes. Si eso sucede, las cámaras empresariales acreditarían las empresas afiliadas a cada cámara (que no son todas), y los convenios regirían solo para esas, es decir que se terminaría la negociación colectiva por actividad y se estimularía la negociación a nivel de cada empresa. Es la "descentralización" y el "desenganche" y "ofrecer un uso más amplio de las cláusulas de exclusión voluntaria de la negociación colectiva".

En el proyecto de Reforma Laboral se propone el "Blanqueo" de los trabajadores no registrados, que desde hace una década involucra a más de un tercio de los asalariados. Los empresarios que se acojan a la regularización verían condonada toda la deuda devengada con anterioridad a la sanción de la ley, produciéndose la extinción de la acción judicial y administrativa en caso de que la misma estuviera en curso, sin tener que justificar el origen del dinero con el que la empresa pagaba clandestinamente a sus dependientes y no figuraba en los balances. El proyecto no prevé severas sanciones a quienes no se sumen al blanqueo pues las multas no son significativas. Si se despide a un trabajador no registrado la indemnización no será más a favor del trabajador víctima, sino pagada a los Organismos de la Seguridad Social, previéndose quitas y planes de pago muy convenientes para los empleadores.

Enfrentados directamente al gobierno están las dos CTA y los sindicatos de izquierda. El triunvirato que conduce la CGT está cuestionado. Dentro de esta hay una fractura según matices y según sus relaciones con el gobierno. La CGT declaró en junio 2018 el tercer paro general en rechazo al plan económico del gobierno y al acuerdo con el FMI. La realización del mismo había quedado condicionado a los resultados de la discusión sobre varios reclamos puntuales (que no se tomaron en cuenta): que se regularicen los pagos del Ministerio de Salud para las Obras Sociales (tratamientos de alta complejidad), la eximición del impuesto a las ganancias del medio aguinaldo, el cese de despidos en la administración pública e impulsar un acuerdo similar en el sector privado hasta fin de año (similar a la Ley que hace un año fuera derogada) y la exclusión de la reforma laboral el proyecto que prevé modificar hacia abajo los cálculos en las indemnizaciones. Pero no tuvieron respuesta. La CGT declaró la huelga sin movilizaciones, con el apoyo de todos los gremios del transporte, pero la apoyaron las dos CTA, las comisiones internas y sindicatos clasistas. Para los organizadores era necesaria como una válvula de escape para rechazar el plan económico, previendo la recesión, el desempleo y la caída de los salarios reales que producirá durante varios trimestres la aplicación de las políticas de ajuste con el apoyo del FMI.

Por su parte el gobierno amenaza en respuesta con aplicar multas a quienes no aceptan la Conciliación Obligatoria, retrasar las transferencias de fondos para las obras sociales, quitar las personerías y descontar los días de paro a gremios que hacen huelgas; y por otra parte pagar premios o bonos a los trabajadores que no adhieren a las huelgas, desacreditando a los dirigentes que no firmen convenios colectivos que respeten las metas de inflación. Pero eso no excluye que haya negociaciones sobre temas vitales para los sindicatos. El gobierno les condonó en 2018 una deuda de las obras sociales por cerca de $3000 millones con la posibilidad de acceder a una asistencia de $4500 millones en casos con problemas. Otra política anunciada es la reducción a la mitad el número de obras sociales sindicales, porque las más pequeñas no son sustentables, concentrándolas para que sean gestionadas por los grandes sindicatos.

## 8.7. Los "Movimientos sociales"

La "Ley de Emergencia Social" adoptada en 2016 con el apoyo de la CGT, y que solo fue reglamentada en 2017 ante la presión de los movimientos sociales, instauró una suerte de "salario social" por varios años para compensar en primer lugar a miembros de las tres grandes centrales de movimientos sociales ("Barrios de Pie", "Corriente Clasista y Combativa", y "Confederación de los Trabajadores de la Economía Popular"). Esa Ley busca también contener a los movimientos sociales, censar a sus integrantes para otorgarles ese beneficio y ofrecer recursos para elaborar programas masivos de capacitación para aumentar la empleabilidad y que puedan acceder a un empleo.

Luego de masivas manifestaciones callejeras, el Gobierno acordó el 15 de marzo 2017 con las tres grandes organizaciones sociales concretar mejoras en los programas sociales y de empleo que estaban comprendidos en la "Ley de emergencia social". La reivindicación consistía en acelerar la ejecución de asistencia social, proveer de alimentos a los barrios donde hay comedores o merenderos y que comience a implementarse la asignación a esos trabajadores de un salario social complementario, pero que era inferior a la mitad del salario mínimo vital y móvil.

Estas organizaciones sociales presionan repetidamente para aumentar esos escasos beneficios que no iban en paralelo con la inflación y generar nuevos empleos en los cuales insertarse. Por otra parte, varios movimientos sociales "de izquierda" formularon por separado demandas similares, sin tener mucho éxito.

## 8.8. Empresas "recuperadas"

Desde la crisis de 2001-2002 numerosas empresas quebraron, fueron vaciadas de sus medios de producción o cerraron y sus trabajadores quedaron sin empleo, sin cobrar varios meses y sin aportes al sistema de seguridad social y obras sociales. Muchas de ellas fueron primero ocupadas, recuperadas y puestas en funcionamiento solicitando la expropiación o la transmisión de los bienes hacia los trabajadores para compensar las deudas. Surgen así las empresas recuperadas muchas de las cuales adoptaron la forma de cooperativas de trabajo.

Según el programa Universidad Abierta de la FFyL de la UBA, en 2016 las empresas recuperadas (ER) en la Argentina sumaban 411 en total, de las cuales 367 estaban en funcionamiento, en conflicto o hacia su puesta en marcha bajo autogestión en marzo de 2016. La mayoría de ellas fueron creadas después de la crisis de 2001. Las empresas recuperadas surgidas con posterioridad a diciembre de 2013 fueron un total de 43. Desde 2002 a principios de 2016 las ER que no habían logrado superar su etapa de consolidación, han debido cerrar o fueron desalojadas, suman 43.

Las mismas ocupaban en 2016 a 15.948 empleados. La mayoría se localizan en la Ciudad de Buenos Aires y la provincia de Buenos Aires. Por rama de actividad las más numerosas son las metalúrgicas (donde también hay más trabajadores), alimentación, gráficas, textiles gastronomía e industria de la Carne.

La creación y permanencia de las ER se relacionó con la evolución del PBI y se pueden delimitar cinco períodos: Los primeros casos surgieron en la década de los años cincuenta. El periodo de expansión y consolidación y cuando se hacen más visibles es entre 2001 y 2003, durante la crisis. La tercera etapa fue durante la consolidación de la recuperación económica en la posconvertibilidad, entre los años 2004 y 2008. Una cuarta etapa se desarrolla a partir de 2008 cuando el país experimenta la crisis financiera. La mayor parte del crecimiento del número de sus trabajadores se da entre 2013 y marzo de 2016.

Los efectos de la nueva política económica implementada las afectaron específicamente por el aumento generalizado de costos de los insumos, el descenso abrupto del consumo, la apertura de importaciones, la devaluación que encareció insumos tanto importados como nacionales, el encarecimiento del crédito y las dificultades para acceder al mismo y, principalmente, por los enormes aumentos tarifarios, especialmente en electricidad, gas y agua, recursos indispensables para el funcionamiento de cualquier unidad económica[9].

El factor decisivo para su permanencia en el mercado no es tanto el cuestionamiento de su calidad, sino el precio de sus productos o servicios, aunque traten de mantenerlo al mínimo indispensable. Esto cuestiona las condiciones de vida de sus trabajadores y la misma supervivencia de la fuente de trabajo. Frente a estas circunstancias, esas empresas por lo general PYMEs, deben tratar de bajar los costos en un contexto en el que el nivel de actividad y la demanda disminuyen.

A diferencia de las empresas privadas capitalistas, en las crisis, las ER y las cooperativas de trabajo autogestionado no recurren primero a la opción de reducir el plantel de trabajadores, sino a disminuir el volumen de producción, de los ingresos de los trabajadores o de la calidad, por lo que comprometen la existencia de la empresa.

La vida económica de esas empresas enfrenta ahora el estancamiento y la caída de la demanda, la imposibilidad de lograr ayuda financiera y apoyo técnico para mejorar e incrementar la producción. La mayoría de ellas subsisten de manera precaria con un gran sacrificio de los trabajadores que cobran salarios por debajo del mínimo, y han reducido sus jornadas de trabajo. Pero a pesar de ello un grupo importante no abandonó la empresa, no solo por su compromiso y razones ideológicas y políticas, sino porque "afuera" la demanda de fuerza de trabajo es muy escasa.

## 9. Ganadores y perdedores del nuevo modelo hasta la crisis cambiaria

A mediados de 2018, cuando se firma el acuerdo con el FMI, ya se puede tener una idea sintética de los grandes perdedores y ganadores del modelo económico implementado desde diciembre de 2015.

Los sectores y grupos sociales perdedores cuando se firmó el acuerdo con el FMI:

1) Los sectores productivos que son poco competitivos frente a las importaciones; en particular las ramas industriales trabajo-intensivas del cuero, marroquinería, calzados, textiles, confección, con altos costos y baja productividad. Recientemente la industria automotriz y la electrónica atraviesan la misma

---

9  Numerosas empresas privadas tienen actualmente problemas porque han constituido elevados stocks debido a la caída de la demanda, con dificultades para hacer frente a las deudas, interrumpiendo la cadena de pagos. Algunas estudian la posibilidad de presentarse a un concurso de acreedores, antes de quebrar.

situación. La incidencia de la industria en el PBI se redujo del 16,9% en 2015 al 15,4% en 2017.

2) Las PyMES de varias ramas de actividad, que entraron en dificultades por dichas causas y con poco acceso a créditos convenientes.

3) Los pequeños comercios de proximidad, en desventaja respecto de los hipermercados, porque además de la caída de la demanda, han visto aumentar sus costos directos de producción, los alquileres, así como las tarifas de los servicios públicos y deben pagar elevadas tasas de interés si acceden al crédito.

4) Los sectores de pequeños productores agrícolas de las economías regionales (frutas, yerba, te, tabaco, vino, lácteos).

5) El conjunto de los asalariados registrados que debido a los problemas del mercado de trabajo no están libres de las amenazas de despido, desempleo, subempleo, precariedad, y de caer en un trabajo no registrado, sufren la reducción del salario real por el impacto inflacionario y el aumento de las tarifas.

6) Los trabajadores precarios que tienen empleos no registrados sean informales o monotributistas, sin cobertura de la seguridad social, dado que se han reducido las posibilidades de trabajos temporarios (en microempresas, trabajo doméstico, trabajadores rurales estacionales, cuentapropistas, etc.).

7) Los jubilados y pensionados donde el 75% recibe la jubilación mínima. Además de la reducción de la jubilación en términos reales, se deterioró el servicio público de salud, aumentó mucho el precio de los medicamentos y de los bienes de su canasta familiar específica.

8) La situación es dramática en el caso de los desocupados incluso de los pocos que cobran el insuficiente subsidio por desempleo (especialmente a los de larga duración, de mayor edad, con bajas calificaciones, con una salud deteriorada por las malas condiciones de trabajo), así como los beneficiarios de los planes sociales, porque el monto de los subsidios está lejos de cubrir la canasta básica de alimentos y muchos de los cuales desde hace décadas sobreviven en situaciones de extrema pobreza e indigencia prácticamente excluidos socialmente.

Los sectores ganadores del modelo hasta la crisis cambiaria y cuando se gestionó el acuerdo con el FMI:

1) Los sectores mineros e hidrocarburíferos con precios dolarizados en boca de pozo, la pesca y la agroindustria exportadora (cuando hubo buenas cosechas de soja y de granos, a pesar de las inundaciones y sequías extraordinarias) debido a la baja o eliminación de las retenciones, y su libertad para decidir el momento para ingresar las divisas.

2) El sector financiero, hacia donde se canaliza la mayor parte de entradas de divisas con fines especulativos, aprovechando las altas tasas de interés y un tipo de cambio apreciado. La consolidación de este sector se consolida con el acuerdo con el FMI.

3) Las empresas privadas de servicios públicos (electricidad, agua, gas, transporte) de carácter oligopólico, gracias a los fuertes aumentos recientes de las tarifas luego de años de congelamiento.

4) Las empresas de telecomunicaciones (sector oligopólico y cada vez más concentrado).

5) Las grandes empresas del sector construcción (partiendo desde un piso muy bajo) fueron estimulados por los programas públicos de infraestructura (ferrocarril, autorutas, energía) y en menor medida los nuevos créditos para vivienda para los sectores medios y altos y desde 2018 las que ejecutarán los PPP.

6) Los grandes hipermercados, mayoristas y cadenas de electrodomésticos que tienen la posibilidad de modificar los precios y que, invocando la caída de la demanda, negocian con sus proveedores descuentos, hacer efectivo el pago en cuotas y con varios meses de retraso.

## 10. Reflexiones y perspectivas

De acuerdo con la Teoría de la Regulación, el resultado previsible del funcionamiento de este modelo es un aumento de la fragmentación social deformando la estructura socio-productiva. Crecerá la proporción de personas desocupadas, subocupadas, involuntariamente que no tienen empleo estable. Así como los trabajadores no registrados, cuentapropistas, monotributistas y los del sector informal, incluyendo trabajadores municipales que ganan por debajo del salario mínimo legal. Sus tareas consisten en "changas", contratos temporarios, por ejemplo, en la construcción, las casas particulares, actividades de servicio y la industria textil clandestina. En sus familias es frecuente la prematura deserción escolar de la escuela pública, abundan los jóvenes NI. NI. NI. Otro grupo importante tiene empleos registrados, pero con ingresos muy bajos, "son pobres, aunque trabajen". Una amplia capa de clase media con trabajo registrado y por tiempo indeterminado, público o privado, sufre el deterioro de sus ingresos, pero aún puede cubrir sus gastos, contratar servicios privados de salud y educación, gozar de vacaciones y renovar sus bienes durables. Finalmente, un grupo pequeño, tal vez de 5% de la población compuesto por empleadores, ejecutivos, cuadros gerenciales y rentistas de grandes empresas con altos niveles de ingresos, que viven en *countries*, barrios privados o en barrios "exclusivos", consumen productos de lujo, viajan frecuentemente, disponen de excedentes para especular financieramente.

## 10.1. Un intento de prospectiva

La inflación no ha podido ser controlada, se mantiene elevada e incluso crecerá en 2018 por los ajustes de tarifas de servicios y el comportamiento concentrado y oligopólico de los mercados de bienes-salario.

Las tasas de interés altas desalientan la inversión e incentivan la especulación financiera; el dólar apreciado genera déficit del comercio exterior, los altos niveles de endeudamiento público externo para cubrir gastos corrientes son considerables y será difícil de pagar en el futuro si no hay un fuerte crecimiento del PBI y de las exportaciones. Se busca la reducción del déficit fiscal, disminuyendo o eliminando subsidios y bajando el gasto público, pero con aumentos sensibles de tarifas que impactan no solo sobre los más pobres y excluidos, sino también sobre los ingresos de asalariados de ingresos fijos medios y bajos y aún más sobre costos de las pequeñas empresas. Todo esto finalmente impacta negativamente sobre el empleo y los salarios.

Si perdura el comportamiento negativo de estas variables, se volverá inviable tratar de proseguir el nuevo rumbo económico propuesto.

Pero si estas tendencias se confirman y aunque crezca el PBI a tasas bajas o moderadas, se prevé que desde que se aplique el acuerdo con el FMI y por un tiempo incierto la estructura productiva será más heterogénea y desequilibrada entre sectores y ramas de actividad. Para lograr en 2020 el déficit cero acordado en el Memorándum, las tarifas seguirán subiendo por la reducción planeada de subsidios, aumentarán los despidos en el sector privado y cese de contratos en el sector público y caerán los salarios reales, disminuirán las transferencias de recursos a las provincias, la obra pública a cargo del Estado nacional será reducida impactando sobre la actividad económica y el empleo, los PPP darán lugar a mayores peajes, tarifas con ganancias avaladas por el Estado en caso de imprevistos y cobrarán con bonos cuando concluyan. El acuerdo con el Fondo Monetario implica soportar una auditoría externa y una reducción del margen de autonomía de la política económica y de las funciones del BCRA. La flexibilidad cambiaria no frenará las devaluaciones, la inflación, ni la concentración de la riqueza de los sectores ganadores del modelo. Continuarán estancados o se deteriorarán el nivel de actividad, el empleo, los salarios reales y la protección social.

Los sectores altamente concentrados y transnacionalizados mencionados crecerán, pero no arrastrarán la dinámica del conjunto, las tasas de inversión seguirán bajas dado que existen inmensos recursos de argentinos en el exterior: este proceso tendrá un impacto positivo marginal o nulo sobre el empleo estable y los salarios reales, no cambiará la distribución del ingreso para hacerla más equitativa, ni permitirá eliminar o reducir la pobreza, la indigencia y la precariedad. En esas condiciones es de prever un aumento de la conflictividad laboral y social.

Sin un modelo alternativo , a la espera de resultados de la implementación de las políticas de ajuste propuestas por el gobierno o derivadas del acuerdo con el FMI, la crisis seguirá latente, recesión o débil crecimiento del PBI, sistema productivo desequilibrado, déficit fiscal inédito, elevada tasa de inflación, volatilidad cambiaria alimentada por las tasas de interés de los bonos norteamericanos, la especulación financiera y las divisas fugadas, histórico déficit estructural del comercio exterior, caída de los salarios reales y de las prestaciones del sistema de seguridad social, elevado y estable desempleo, persistencia del trabajo no registrado, de la precariedad, de la pobreza y la exclusión.

### Referencias bibliográficas

Neffa, J.C. (2017a) "El contexto socio económico argentino actual. Dossier Argentina durante la posconvertibilidad". *Cuadernos del CENDES* año 34, n° 95 mayo-agosto. Disponible en: <http://www.ucv.ve/organizacion/vrac/gerencia-de- investigacion-cientifica-y-humanistica/cendes/publicaciones/ediciones-revista-cuadernos-del-cendes.html>.

Neffa, J.C. (2017b) "Modos de desarrollo, trabajo y empleo en la Argentina (2002-2017)". *Revista Estado y Políticas Públicas* n° 9, Año V. Disponible en: <http://politicaspublicas.flacso.org.ar/revista/numero-9_27>.

Neffa, J.C. (coord.) (2017) *Una reforma que no resuelve los problemas de los riesgos del trabajo en Argentina*. Buenos Aires: Universidad Metropolitana para la Educación y el Trabajo. Disponible en: <http://www.relats.org/documentos/SST.ALC.Arg.Neffa.LRT2017.pdf>.

Neffa, J.C. (2012) "La evolución de la relación salarial durante la post convertibilidad". *Revue de la régulation. Capitalisme, institutions, pouvoirs,* n° 11.

Neffa, J.C. y De la Garza Toledo, E. (comps.) (2010) *Trabajo y modelos productivos en América Latina. Argentina, Brasil, Colombia, México y Venezuela luego de las crisis del modo de desarrollo neoliberal*. Buenos Aires: CLACSO.

Neffa, J.C. (2006) "Evolución conceptual de la Teoría de la Regulación". En: De la Garza Toledo, E. (coord.), *Teorías sociales y estudios del trabajo: nuevos enfoques* (pp. 183-206). Barcelona: Anthropos.

# 9/ Las finanzas y las cosas. Una etnografía del endeudamiento popular[1]

*Verónica Gago[2] y Alexandre Roig[3]*

*¿Qué es imposible pensar y de qué imposibilidad se trata?*
Michel Foucault

## 1. Introducción

22 de mayo de 2015. Banco Central de la República Argentina.

No es la primera vez que nos reunimos con uno de los directores del Banco Central y también a cargo de la Vice Superintendencia de Entidades Financieras y Cambiarias (Sefyc), de quien uno de nosotros es amigo hace tiempo. Nuestras citas suelen ser a la tarde cuando el cierre de la puerta principal implica pasar por un dédalo de controles a contracorriente de los funcionarios que terminan su jornada laboral. Algunos llevan ahí décadas. La "línea", como nombran a los agentes estables del Estado, desfila ante nosotros mientras nos acercamos a los ascensores del edificio anexo a la sede original. Subimos a los pisos altos de la institución, varios metros por encima de la inscripción de mármol que versa la antigua función del banco: "proteger el valor de la moneda". La modificación de la carta magna en 2012 –que pluraliza los objetivos de política monetaria– no ha tenido tiempo de reescribir las paredes. Sabemos hoy, después del cambio de gobierno en diciembre 2015, que tampoco ocurrirá en los años venideros.

La estética no se ha trastocado tampoco desde principio de los años 2000, cuando transitábamos estos pasillos para entender la crisis que conocía entonces la Argentina. El mobiliario bien conservado no ha fluctuado con los cambios de tiempos. Sigue teniendo un aire de los noventa. Pero lo que hoy venimos a

---

1 Una primera versión de este trabajo fue presentada en el workshop "Real Economy: Ethnographic Inquiries into the Reality and the Realization of Economic Life", *Núcleo de Pesquisas em Economia e Cultura*, IFCS-UFRJ, junio 2016, Río de Janeiro.

2 IDAES-UNSAM

3 IDAES-UNSAM.

discutir no tiene nada que ver con las agendas tradicionales de un banco central. Hace tiempo que compartimos preocupaciones comunes sobre la financierización de la economía popular, preocupaciones que ni la "línea" que cruzamos al subir ni muchas autoridades comparten o inclusive admiten como posible.

Fueron tantas las veces que escuchamos decir que los sectores populares no se endeudaban, no ahorraban –o sea, que no tenían una vida financiera– que nos sorprende la paradoja de estar, al fin, discutiendo estos temas entre estas paredes. Hasta ahora nos enfrentábamos a argumentos recurrentes, sintetizados por referentes del mismo banco cuando nos decían, frente a nuestra insistencia por incluir en las encuestas financieras que realizaba periódicamente el Banco, "los sectores populares están excluidos del mundo financiero". Esa denegación redunda en una falta de datos cuantitativos nacionales sobre las prácticas financieras de los sectores populares que contribuye a invisibilizar un fenómeno o, mejor dicho, una lógica social.

Pero también, y sobre todo, abreva y consolida la idea que la economía de los sectores populares es solamente una economía de trabajo y de subsidios, sin lugar para las complejidades de una economía completa que contemplaría, entre otras, las dimensiones financieras.

* * *

Septiembre 2015.

Esta vez la cita es en el Ministerio de la Agricultura, más específicamente en la Secretaría de agricultura familiar. Las discusiones avanzaron y se concretaron mucho desde que el candidato oficialista propuso crear un ministerio de la economía popular, retomando la reivindicación de la Confederación de los trabajadores de la economía popular (CTEP). Esta vez la reunión es de día y, de hecho, a diferencia de lo ocurrido con la agenda del Banco Central, la discusión sobre la economía popular está vigente y desde este espacio se lidera la conformación de una propuesta de creación de una cartera dedicada a ella.

El encuentro es con un dirigente social y político nacional para aportar ideas y propuestas en la conformación de esta deseada entidad estatal. Ya habíamos tenido una reunión previa, en una pequeña sala de un local de la organización en la ciudad de Buenos Aires. Con un grupo de compañerxs con los que realizamos encuestas sobre finanzas populares y frente a simbologías políticas de los años setenta, ya nos había adelantado su desacuerdo: "los compañeros no se endeudan, esto no es el problema de la economía popular. El problema es la producción". También le habíamos adelantado nuestra posición: "el problema es la producción y las finanzas". Esta diferencia sería el punto de partida de nuestro diálogo en el Ministerio y su punto de llegada. A pesar de los datos cuantitativos que mostraban un 75% de endeudamiento de los trabajadores del programa Argentina Trabaja, un 94% de tasa de interés anual promedio que pagan y de los argumentos sobre la explotación financiera que de ahí surgían, también a pesar de los argumentos extraídos de los trabajos etnográficos, la cuestión financiera de los sectores populares no formaría parte del proyecto del ministerio.

Más allá del derrotero posterior de este proyecto o del estado actual de las discusiones con el Banco Central, estas dos escenas objetivan una doble denegación. El hecho que los sectores populares están financierizados y que tal financierización implica un tipo de relación de poder que llamaremos "explotación financiera". A su vez, estas denegaciones tienen para nosotros un valor metodológico. Permiten interrogarnos, por la negativa, por aquello que es excluido sobre la dicotomía entre "economía financiera" y "economía real". Es decir, tanto en la discusión sobre un ministerio de economía popular, como en la discusión sobre la financierización de los sectores populares en el seno del Banco Central de la República Argentina, la denegación de la relación financiera nos permitirá mostrar y profundizar el análisis de las formas de la dicotomía entre la economía "financiera" y "real", como obstáculo y como síntoma político de una imposibilidad de atribuir a lo financiero un carácter real, no ficticio.

## 2. Una doble denegación: ni incluidos ni explotados

En esta reunión en el Banco Central nos acompañan dos asesores del director interesados en la problemática que trabajamos. La motivación esgrimida por todxs ellxs, más allá de las evidentes convergencias ideológicas, es poder discutir en el directorio del banco las temáticas vinculadas a los sectores populares, en particular con lo que tienen que ver con las "entidades no financieras". La categoría nos sorprende hace tiempo y nunca logramos entender por qué el sistema financiero tiene un conjunto de entidades que no son justamente financieras. Uno de los asesores, en forma muy pedagógica, traza sobre un papel un esquema mientras nos cuenta que todo tiene que ver con la ley de entidades financieras de 1977, legislación de la dictadura, que aún sigue vigente (ver también Biscay 2015 <http://www.bcra.gov.ar/Pdfs/Publicaciones/EntidadesNo/enf012013.pdf>).

En el centro del dispositivo legal estaría el ahorrista que el sistema financiero supuestamente debe proteger. El asesor dibuja arriba del papel la característica silueta de un baño para varones para simbolizar al individuo que deposita sus ahorros en los bancos. Estos últimos están divididos en dos grupos según el tamaño de sus carteras que nuestro interlocutor traza en rectángulos. "no son más de 10 entidades los del grupo 1". Y "los del grupo 2 son bancos como Banco Columbia por ejemplo". Más abajo, en un tercer rectángulo dibuja las entidades no financieras que separa de los dos primeros rectángulos con un línea discontinua: pueden prestar, pero no captar ahorro. Entre ellos, dibuja flechas descendientes y nos cuenta. En el grupo 1 pueden prestar hasta 48%. En el grupo 2 pueden eventualmente pedir aplicar un 20% más de tasa de interés si no les cierran las cuentas. "Para ello solicitan una excepción al banco", interviene el director que preside la mesa atiborrada de sanguchitos, cafés y gaseosas que un mozo, que evidentemente trabaja más tarde que "la línea", nos sirvió en vajilla estampada con las siglas doradas del BCRA. "Esta excepción casi siempre el Banco se la otorga –prosigue– porque confía en los balances que presentan, pero nosotros sabemos que hay abusos y ahí es donde queremos intervenir. Por ejemplo muchos de los bancos del grupo 2 le piden prestado a bancos del grupo 1 de los cuales son una emanación. Se endeudan a tasas muy elevadas y así pueden mostrar balances negativos que los habilitan a pedir una sobre tasa de 20%". Las conexiones entre los niveles empiezan a aparecer. A partir de este mapeo, la reunión representaba una instancia para pensar estrategias orientadas a revertir esa abusiva situación. De hecho, tal proyecto fue presentado en un plan por escrito por el director del Banco con el que trabajamos al entonces presidente del directorio, dos meses antes de las elecciones.

En este esquema, que es el que aún sigue vigente, las entidades no financieras no están reguladas, pero pueden inscribirse en un "Registro voluntario de proveedores de crédito" que se abrió para este tipo de entidades, como primer instancia de regulación, incitadas por la posibilidad de poder tomar préstamos bancarios. Estas son justamente las entidades que prestan a los sectores populares y que a su vez no tienen límites de aplicación de tasa de interés.

En esta categorización nativa lo no-financiero remite a aquello que está por fuera de la lógica de la protección al ahorrista. En relación a la problemática que nos ocupa, esto tiene varias implicancias.

La primera es evidente. Forja la posibilidad –la infraestructura concreta– de un negocio muy rentable a través de una tasa de interés más alta hacia los sectores populares. Desde un punto de vista del sistema de argumentación movilizado por los actores del sistema financiero tenemos una aporía interesante. Se aplican a los sectores populares los principios de riesgo y solvencia del crédito prendario que se funda, según la ley de entidades financieras, en la protección del ahorrista. Sin embargo, estadísticamente sabemos que los sectores populares devuelven mejor los créditos prestados (de hecho en la Argentina la tasa de morosidad es muy baja, menos de 4%), pero se les aplica un principio de garantía fundada en los activos materiales que tienen. Dicho en otros términos, la lógica de garantía del crédito es material (los bienes que posee el deudor) pero estadísticamente los mejores pagadores provienen de los sectores populares. Ahí tenemos un primer punto sobre la incidencia del saber experto financiero sobre las tasas de interés que se les aplica a lxs endeudadxs de los sectores populares. Para aportar una reflexión tal vez contrafáctica, podríamos decir que si se aplicara el saber actuarial del mundo de los seguros a las lógicas del crédito (sabemos que los seguros saben de riesgos) los sectores populares deberían pagar una tasa menor por ser mejores reembolsantes de la misma forma que las mujeres pagan menos por su seguro de auto por tener menos accidentes.

Esta teoría del riesgo fundada sobre la solvencia presenta una tensión interesante ya que supuestamente es el fundamento del negocio financiero pero se resuelve con una garantía material en este caso. Es decir que la materialidad no es dominio exclusivo de la "economía real" (a su vez en el caso de las entidades no-financieras, lo que "ponen en riesgo" es su capital y no el de los ahorristas, con lo cual apelaría también a otra lógica del riesgo).

En segundo lugar, podemos notar que lo no-financiero sustrae el conjunto de prácticas de consumo vía crédito de los sectores populares en particular, aunque no exclusivamente, del mundo financiero. Es tan fuerte esta convicción que nuestros interlocutores se sorprendían cuando en operativos para identificar delitos financieros, veían muchísima colaboración por parte de las entidades indagadas. A su vez, estas tasas de interés diferenciales dibujan un mapa poblado de pasadizos que median entre entidades financieras y no financieras y que tejen una trama compleja de un sistema diferenciado pero integrado.

Este último punto se constata en un trabajo de campo realizado en la ciudad de Resistencia en la provincia argentina del Chaco, donde en cualquier vidriera de tiendas de electrodomésticos se pueden apreciar las promociones financieras y la venta en cuotas. Una de ellas es Cetrogar. Estos negocios (al igual que las cadenas más conocidas como Garbarino, Frávega y algunos supermercados[4]), dejaron de ser *comercios de venta* solamente, para sacar su mayor ganancia de convertirse en *negocios financieros*. La cuestión común es vender electrodomésticos o ropa en cuotas, por un lado, y por otro, tener empresas *primas* que hacen préstamos en efectivo (Cetrogar se desdobla en Credil y CARSA se desdobla en Credinea, por ejemplo). En la venta comercial, las tasas son 100%. En el préstamo de dinero, la tasa es de 200%. En la provincia del Chaco en particular el endeudamiento por consumo se refleja también en un altísimo porcentaje en los salarios de los empleados estatales a través de toda una legislación dedicada

---

4   CARSA, dueña parcial de Musimundo, también es otra de las que aparece en nuestro relevo.

a regular "los códigos de descuento" (lo que se permite captar de salario por deuda). Una ley reciente propone un tope del 50% sobre el bruto o sea cerca del 70% del neto . Antes de estas limitaciones, y según los propios datos oficiales, varios empleados públicos comprometen hasta el 94% de su sueldo en pago de deuda. De todos modos, estamos en niveles de deuda que sobrepasan los criterios del mundo bancario donde se considera como deuda razonable aquella que no excede el 30% de los ingresos mensuales.

Las formas societarias de las que hablamos son proveedores no financieros de crédito, donde se registran quienes se dedican a prestar dinero y quieren acceder a créditos de bancos. Esas empresas que, como dijimos, son a la vez de venta de electrodomésticos y se desdoblan en préstamo de efectivo, lo hacen aprovechando el diferencial de tasa entre ambas actividades. Pero registrarse voluntariamente, además de dar acceso a tomar préstamo del sistema financiero, tiene otro objetivo: securitizar carteras (de cuotas de electrodomésticos) y que las pueda comprar el sistema financiero.

¿Cómo se logra esto? Los requisitos están impuestos de forma indirecta para los bancos: se les prohíbe a los bancos prestarle a empresas de préstamo no registrado y se les prohíbe comprar cartera de entidades cuya tasa sea más alta que la que ellos tienen autorización a aplicar. Estas entidades que se registran, con los créditos que tienen por la venta en cuotas, los *securitizan a través del armado de fideicomisos*. La norma que crea el registro de proveedores habilita a los bancos a comprar estas carteras, permitiendo el desplazamiento de estas cuotas que originariamente son deudas de consumo de electrodomésticos.

Sin embargo, dentro de la securitización se incluyen préstamos dados por encima de la tasa autorizada (simplemente porque no se sabe a la tasa que se dieron una vez que se descomponen en partes). Si lo securitizado no contiene la tasa, no se sabe si eso es comprable por el sistema financiero que tiene ese límite legal (así funciona entre Garbarino y Banco Santander, entre Frávega y BVVA, por ejemplo). El fideicomiso funciona como una cascada: securitiza y objetiva una tasa, vende pedazos de deuda (compromisos de pago a futuro). *Revolving* es el término: es un tipo de centrifugado de dinero, de forma de poner ese dinero a trabajar. El diferencial de tasa de interés se sustenta *en el cálculo que arma la lógica de evaluación financiera.* Si la tesis es que el cliente financia, ¿se puede decir que Garbarino financia con fondos de terceros (pero sin ser un banco)? En realidad, Garbarino no se financia con la venta de la heladera, sino crea ganancias desde un instrumento financiero, creando *fronteras financieras* que permiten esos diferenciales de tasas al interior de un sistema integrado.

En este proceso el sujeto comercial se convierte en sujeto financiero, pero sin nombrarlo como tal: es de hecho un sujeto no-financiero pero financierizado.

Una de las hipótesis que manejamos es que este procedimiento tiene implicancias desde un punto de vista de la relación política que se establece a través de la relación financiera. Concretamente: desde el punto de vista de las subjetivaciones que se ponen en juego a través de las finanzas; por ende, también desde el punto de vista político por lo menos en el sentido que disimula una relación que sin embargo tiene una materialidad concreta. Esta podría ser también una arista interesante para pensar lo "real" en la economía, en el sentido de ver cómo los saberes financieros contribuyen a construir y significar relaciones por fuera de lo "real" pero también por fuera de lo financiero, en esta categoría de "no-financiero" que no termina de ser lo "real". Lo "no-financiero" aparece como una categoría en sí, que expresa esta doble denegación: la manifiesta en el mundo del consumo donde las lógicas de las tasas altas y de la securitización van de la mano, fundadas sobre una "ontología" de un sujeto riesgoso.

### 3. Las economías populares como perspectiva

Elegimos entrar a la cuestión de las economías populares desde el Banco Central justamente para enfatizar los vínculos entre finanzas y economías populares. Es un modo de desplazar la topología habitual que proyecta como mundos separados al universo financiero bancario y a las transacciones cotidianas, informales, intermitentes, de las economías más difundidas en los barrios periféricos. Sabemos que este debate tiene su genealogía y que los años 70 son un punto clave (Hart, 1973); así como el debate subsiguiente sobre los intentos de "normalización" de las economías informales (Denning, 2011); y, en particular, su relación con el llamado Sur Global (James, 2015). En América Latina, estas perspectivas toman una nueva centralidad vinculadas a la crisis de legitimidad política del neoliberalismo y al posterior ascenso de los llamados "gobiernos progresistas" (Arbona *et al.*, 2013).

Un segundo paso, luego de marcar esta relación, es caracterizarla. Lo hacemos a partir de una constatación: el creciente endeudamiento de los sectores populares en Argentina en los últimos años. Se trata de un tipo de endeudamiento particular ya que se hace más generalizado en la población beneficiaria de subsidios sociales y donde el salario deja de ser la garantía y la mediación fundamental para devenir sujeto de crédito (Gago, 2015; Roig, 2015). Aun así, quisimos marcar tanto la imposibilidad desde el discurso dominante del Banco Central en un momento histórico particular como de la organización que pretende sindicalizar a las economías populares de asumir el carácter fuertemente financierizado de los sujetos que las protagonizan. Toda una cierta imagen sobre la "pobreza" obtura comprender su vinculación con lo financiero.

Esta realidad abre a muchas preguntas porque, proponemos, constituye un prisma estratégico para algunas preguntas que hacen a definiciones económicas y políticas de la época. ¿Con qué instrumentos se producen esos endeudamientos? ¿Qué dinámica de consumo las motoriza? ¿Cuál es el negocio financiero que nutren? Y aún más: ¿qué modalidad de inclusión política está en juego? ¿Cómo se combina esta expansión de la deuda para consumo de bienes no durables con aspiraciones neodesarrollistas que embanderaron a los gobiernos "progresistas" de la región? Y, yendo al centro de nuestra preocupación: ¿cuál es la relación entre deuda y economías populares?

Este modo de preguntar nos permite re-discutir las formas de denegación y expulsión de lo financiero de las economías populares en una topología doble: desde arriba y desde abajo. Pero también nos muestra que lo financiero (como categoría de análisis) se expresa como "no-financiero" (como categoría nativa) y se propone como sinónimo de "lo no-real", desdibujando y desvalorizando tanto los espacios concretos en que las finanzas se aterrizan en los territorios periféricos (poniendo en cuestión justamente la definición clásica de "periférico") como las formas en que la explotación financiera afecta a las economías populares y organiza nuevas tramas de negocio.

Dos puntos más –a modo de claves a seguir desarrollando– vinculados a esta manera en que lo financiero queda asociado a la economía no-real. Por un lado, creemos que es justamente la producción de las economías populares como indefinidas e inconmensurables lo que construye una determinado afinidad para la dinámica financiera que, sin embargo, queda invisibilizada o no reconocida. Por otro, estas economías están conectadas fuertemente y tienen su mayor nivel de publicidad en los momentos de crisis: *otro modo para pensar lo real como temporalidad*. Desde este punto de vista, su calendario tiene que ver con esos momentos de incertidumbre en los cuales se convierten en un espacio de mayorías, con elasticidad para alojar a quienes sufren las consecuencias de la restricción monetaria que conllevan estos períodos. Sin embargo, su persistencia en el tiempo nos obliga a pensar su carácter *no transitorio*, *no episódico* y, a la vez, anudados a la temporalidad de la crisis que también alarga sus tiempos y ensancha su definición.

## 4. Inclusión financiera y explotación financiera

Pero para entender las formas prácticas de estas relaciones y denominaciones debemos ahondar en la pregunta: ¿cómo las finanzas se aterrizan en los territorios? Proponemos pensar y entrelazar problemáticamente dos categorías: *la inclusión financiera como inclusión diferencial y la explotación financiera*. Ambas implican una lectura del mundo pos-salarial (es decir, cuando las mayorías no pueden contar con el "privilegio" del salario para garantizar su reproducción) más allá de sus términos clásicamente negativos.

Intentamos construir una noción de explotación financiera capaz de dar cuenta de estos procesos que tienen una expansividad creciente. La tasa de interés diferencial puede ser entendida como la medida de la "explotación financiera" a la que cada clase queda sometida. Una de nuestras reuniones con el Banco Central tuvo como motivo discutir la implementación de tarjetas de consumo a tasa cero que pudieran permitir a los trabajadores de la economía popular acceder a productos similares a aquellos de las clases medias y altas. La propuesta se venía gestando desde hace tiempo en el marco de un grupo de investigación del Banco Provincia, del cual uno de nosotros formaba parte. La posibilidad de este tipo de producto se confrontaba a un solo problema sobre el que insistía uno de nuestros interlocutores, para él esencial: "Si los sectores populares no pagan más tasa de interés, ¿dónde está el negocio? Corrés el riesgo de que las empresas de electrodomésticos no se orienten más a los sectores populares y que por ende queden excluidos del acceso a bienes de consumo". El comentario revela la forma de inclusión por explotación financiera que implica exclusión si deja de haber explotación. La explotación es una forma de relación social que se disimula por la figura de la relación "no-financiera" que señalábamos anteriormente o por los pagos en cuotas que se fijan en el objeto y no muestran el proceso de securitización. Pero en el momento de proponer su supresión, los propios actores visibilizan la lógica de explotación financiera que es una de las especificidades de la economía popular.

La explotación financiera por el endeudamiento masivo de sectores a los que se consideraba tradicionalmente "excluidos" produce varias novedades (Chena y Roig, 2018). Por un lado, que muchas veces se deben conseguir actividades "extra" para pagar esas deudas, lo cual habilita una proliferación de economías ilegales, truchas y/o informales para solventar las obligaciones y una consecuente y progresiva violencia territorial ligada al modo en que las finanzas "aterrizan" en los barrios. Como ya señalamos, el nivel de baja morosidad demuestra ese esfuerzo múltiple por no retrasarse en los pagos. Por otro lado, que una buena porción de la transferencia de dinero del Estado por medio de subsidios y planes sociales es absorbida por instituciones financieras y no financieras, transformando al Estado como garantía de un paradigma de préstamos "sin garantía".

Varios líderes territoriales sostienen que se trata de educar financieramente a estos sectores, en una moral más ligada a la producción y a la responsabilidad microemprendedora. Pero esa pedagogía posible está más vinculada al uso productivo del endeudamiento que a su desarrollo impulsado directamente por el consumo que es, sin dudas, uno de sus motores insoslayables.

Es justamente esa modalidad de consumo por deuda la que ha permitido el discurso y el imaginario de una "inclusión financiera" pero al costo de pagar unas tasas de interés que inscriben a este segmento de endeudadxs en una relación esencialmente desventajosa, especialmente en los créditos dedicados al consumo. La expansión de las finanzas tiene una doble vía: un polo abstracto por medio de la securitización como técnica de producción; y otro polo, indisociable, concreto: las múltiples formas de trabajo que se articulan bajo la unidad del código financiero.

## 5. El corset del desarrollo

En la campaña, el candidato oficialista prometió "Más saladitas y sustitución de importaciones"[5], ya en el marco del debate de un ministerio dedicado a la Economía Popular[6] pero, al mismo tiempo, intentando compatibilizarla con la idea de desarrollo. La frase textual que citamos pretendía anudar dos imaginarios tradicionalmente contrapuestos: la época dorada del desarrollo por sustitución de importaciones con la proliferación de las ferias informales, cuyo epicentro es la megaferia La Salada, catalogada como la feria ilegal más grande de América latina y emblema del crecimiento de la economía informal-popular (Gago, 2014). La propuesta de creación de un Ministerio de Economía Popular intentaba dar cuenta de ese desplazamiento: una serie de economías, labores y circuitos que no caben en los encuadres institucionales que dividen competencias entre el Ministerio de Trabajo y el Ministerio de Desarrollo Social. De hecho, ni siquiera son contemplados en los imaginarios tradicionales del mundo del trabajo. Cuando el Ministerio del Trabajo organizó en su edificio una muestra sobre la historia del trabajo dejó deliberadamente afuera al movimiento piquetero (que representaba desde 1995 a los trabajadores desocupados) y tampoco incorporó a los trabajadores de la economía popular. Preguntando a uno de los altos funcionarios el porqué de esta omisión la respuesta fue rotunda "incorporarlos sería admitir la derrota".

Las economías populares son impensables sin una genealogía que conecta la politización de la desocupación (determinando la relación entre dinero y Estado y entre dinero y territorio) con los movimientos sociales que surgieron como actores de primer orden en la crisis. Una vez más la denegación de este sector que conecta con una no inscripción dentro de lo "real", en este caso lo que se

---

5    &lt;http://www.perfil.com/economia/En-campana-el-candidato-K-promete-mas-Saladitas-y-sustitucion-de-importaciones-20150628-0057.html&gt;.

6    &lt;http://www.telam.com.ar/notas/201507/114200-scioli-creara-el-ministerio-de-economia-popular-si-es-elegido-presidente.html&gt;.

considera como el mundo considerado legítimo de la producción formal. Están simplemente excluidos del orden de la representación, justamente quienes desde la práctica pusieron en cuestión el par exclusión/inclusión para dar lugar a un más allá de la desocupación como sinónimo de exclusión.

Lo que queda en claro es que la conceptualización de la economía popular está en pugna: ligada a un debate que es a la vez epistemológico, conceptual y político y a una genealogía histórica de las luchas recientes.

## 6. ¿Otro modo de conceptualizar "lo real"?

Alrededor de la economía popular hay una diversidad de nombres y conceptos que se asocian difusamente. *Informal, popular, ilegal* es un primer conjunto. Aun si se sabe que no significan lo mismo, se comprende que aluden a una zona de por sí *borrosa*, de límites móviles. Cuando se quiere despejar tal área de penumbra, se suele echar mano a la estadística y así dar número a realidades que parecen, de por sí, *inconmensurables*. En Argentina, las estadísticas hablan de un 40% de una economía "en negro" (una denominación que no oculta su racismo).

Este problema metodológico ya es rico en sí mismo. Primero, nos pone sin vueltas en la *indefinición* de una economía que es masiva (es decir, *no marginal*). Segundo, nos exige problematizar por qué una realidad tan extendida sólo puede ser caracterizada en términos negativos: por lo que no es, por lo que le *falta* (no es formal, no es *blanca*, no es delimitada, etc.). Y, finalmente, por qué el sistema financiero es, por el contrario, hábil y veloz en captar en términos positivos tal inconmensurabilidad y proponerle un modo de medida.

Avancemos en el razonamiento: proponemos llamar lo "real" de las economías populares justamente a su carácter intensamente *heterogéneo*. Esa *heterogeneidad*, tanto en términos de formas, dinámicas, ocupación de espacios y actividades, transacciones y relación con las instituciones, lleva a que las economías populares tengan como atributo experiencial una capacidad particular para lidiar con el *desborde*, tanto práctico como conceptual, de las nociones políticas y económicas asociadas al mundo del trabajo. La inestabilidad de sus rutinas, formas de medida, instancias de negociación y marcos de referencia suelen ser vistos, como dijimos, en términos estrictamente negativos: subrayando su debilidad y su incapacidad de síntesis en términos de identidades. Proponemos lo contrario: ver en esa disposición "inestable" un saber-hacer que hace de la precariedad un tipo de subjetivación que no es puramente pasivo y que, por el contrario, nos desafía a pensar nuevas modalidades de materialismo puesto en juego en la resolución práctica de la vida colectiva.

Es esa indefinición que está a la base del problema de su inconmensurabilidad lo que permite pensar a las economías populares como *agenciamientos*, es decir, un tipo de composición práctica caracterizada por una versatilidad que es a la vez de adaptación y de invención y que despliega en los territorios una serie de estrategias concretas de producción material e inmaterial. En este núcleo ubicamos su capacidad de saber-hacer así como de interpelar políticamente al mundo de las prácticas económicas en general

## 7. Derechos y finanzas

Finalmente, queremos dejar planteado un punto más: las dinámicas de las economías populares implican un desafío a la *producción de derechos* que no se inscribe en un horizonte ideal de re-proletarización, sino que se traman en una realidad donde se multiplican las experiencias que se conciben y practican "sin patrón", envolviendo toda una serie de nuevas dificultades y tensiones en la definición misma del mundo del trabajo (salario, jornada laboral, etc.).

Volvamos al Banco Central. Tras la elección de la Alianza Cambiemos, parte de su directorio se ha renovado y ahora es presidido por Federico Sturzenegger (emblema del liberalismo y con vínculos precisos con la banca privada, además de recordado por ocupar la Secretaría de Política Económica en la crisis de 2001). Una de sus medidas fue convertir en tarjeta de débito a los plásticos mediante los cuales se cobra la Asignación Universal por Hijo (AUH) y los planes o programas de ayuda social. La disposición, que fue impulsada desde el ANSES, se conecta con la extensión del beneficio a monotributistas de bajos ingresos y también es el medio por el cual se hace operativa la devolución del IVA de la canasta básica para la población beneficiaria. Esa devolución, claro, se concreta "en la medida que las compras se hagan con tarjeta de débito de las cuentas en las que se acreditan beneficios laborales, asistenciales o de seguridad social" (Resolución de Directorio N° 165).

Los efectos de esa modificación, según los argumentos del propio Sturzenegger, corresponden a una idea más estricta y radical de extender la "inclusión financiera" para los sectores populares. La argumentación oral se quiere desprejuiciada: ¿por qué una cuenta de subsidio social no debiera permitir a sus beneficiarios usar y contratar otros servicios financieros? De este modo, se trata de convertir a los beneficiarios (un término que remite a cierta pasividad) en una categoría más dinámica y afín con la nueva época: clientes. Para eso se habilitó a las cajas de ahorro por las cuales se cobran los planes sociales, para que en ellas se puedan depositar fondos de otras proveniencias (con un límite del importe de dos salarios mínimos por mes) y para que se adhieran a pagos automáticos (esto sí sin límites de ningún tipo).

Se quiere dar lugar así a una bancarización *stricto sensu*. Expandiendo y completando un proceso que se inició hace ya varios años por medio de la bancarización compulsiva de los beneficios sociales, se escribe un nuevo capítulo que conecta financierización y derechos. Esto significa que los derechos sociales son mediados por instrumentos financieros que, por supuesto, nunca son gratis. Las finanzas exhiben así su capacidad constitucionalizante: es decir, de producir derechos, enlazarse con la producción jurídica y anudar, de un modo que antes era insospechado, inclusión social y negocio financiero, consagrando nuevas modalidades de explotación que no dejan a nadie afuera.

¿Qué implica que alguien que cobra 1400 pesos aproximadamente por AUH –según el último aumento– pueda en esa misma cuenta ingresar otros fondos? En primer lugar, permite la extracción de dinero en cualquier cajero pero también "el retiro en efectivo en los comercios adheridos". Fiesta de intereses, se escucha detrás de bambalinas. En segundo lugar, esas cuentas que estaban exentas de chequeo por el origen de sus fondos (mientras reciben sólo dinero del Estado, se supone que es en blanco y por tanto operan bajo un "régimen simplificado" de control), ahora podrían entrar en colisión con otras normativas ya que se desconocería el origen de su capital. Sin embargo, y a pesar de las advertencias, la modificación no tuvo observaciones legales.

Esas miles de cuentas podrían convertirse en canales de blanqueo para ingresos provenientes de las llamadas economías informales, algunas en zonas lindantes con lo ilegal, todas en un tembladeral de rebusques que se calientan y aceleran mientras suben los precios. De este modo, tendrían la chance de ingresar al sistema financiero bancario flujos de efectivo que provienen de los miles de empleos, emprendimientos, changas y negocios de diversa escala de ese famoso 40% de la economía "en negro", que hoy representa uno de los puntos más sensibles del mapa político y económico de Argentina. Así, el sistema financiero consigue sangre nueva: se alimenta de un flujo de trabajo producido en condiciones completamente precarias, de fuerte dinamismo en su capacidad de articulación territorial y muy desiguales en términos tributarios y de ingresos. Por eso no es tan importante controlar de dónde vienen los fondos, sino que se les pueda sacar provecho a través de los bancos y las famosas organizaciones no financieras.

Ante el primer semestre del año 2017, los préstamos al consumo habían aumentado un 57%. Hubo récord de solicitudes (el cronograma de anuncios tiene un tempo acompasado al electoral y se implementó por decreto) desde el primer día, cuando entregaron 10 mil créditos y 360 mil turnos en la primera semana.[7]

Este endeudamiento popular y masivo, a diferencia del momento del kirchnerismo, se produce en un contexto de ajuste y de crisis. La inflación creciente convierte los subsidios del estado en un ingreso con cada vez menos capacidad

---

7    Ver *Clarín*, "Por decreto, Mauricio Macri lanza créditos para beneficiarios de AUH y mejorar el consumo", Ignacio Miri, 15/07/17.

adquisitiva pero con mayor utilidad en términos de garantía estatal para operar frente a los bancos. En la misma saga, hay que notar la profundización de la bancarización compulsiva[8] en términos de "inclusión financiera", que tiene como contrapartida la criminalización de ciertas economías populares que no se bancaricen. La acreditación de los planes sociales es parte de proyectos que planean su acreditación en los teléfonos celulares, devenidos "billeteras digitales". Las compras luego se harían por el mismo circuito. Es una app llamada PIM que por ahora es opcional pero con la perspectiva de ser obligatoria. La idea es que con una clave de cinco números del teléfono se puede pagar… especialmente alimentos. Se supone, desde sus impulsores, que este método ayudará a ampliar beneficios porque "Uno de los problemas que se observa con quienes cobran planes sociales es que el primer día de la acreditación del dinero concurren al banco con su tarjeta de débito y retiran el 100% del efectivo. En el camino se pierden la devolución del IVA con tope de 300 pesos que está vigente para la compra de alimentos con tarjeta de débito".

La tendencia a destinar los ingresos e incluso los préstamos a la compra de alimentos[9] es mayoritaria, siendo clave del nuevo ciclo de endeudamiento. La financierización se profundiza al punto que el endeudamiento es la forma privada de gestión de la pobreza y el ajuste, ofreciéndose el crédito como plataforma individual de resolución del consumo de alimentos y los servicios esenciales.

* * *

*Excursus temporal. Mayo de 2018.*

El Ministerio de la economía popular no fue creado. Nuestros interlocutores del Banco Central ya no trabajan, como seguramente sí lo debe hacer la "línea" que nos cruzábamos regularmente. El crédito al consumo se sostiene más que el propio consumo que bajó mientras aumentaron las tarifas. Pero hoy en día se agregó una nueva lógica de deuda: el crédito hipotecario. Los ciclos de 1 o 2 años de deuda por cuotas, son ahora procesos de 20 o 30 años. A las tasas de interés usureras de los créditos al consumo, se suman las tasas de interés inciertas de los créditos UVA que representan a la fecha cerca del 50% del cré-

---

8  O, como le dicen algunos diarios, "El gobierno le declara la guerra al uso del 'cash', cf. *Infobae*, Pablo Wende, 3/9/17.

9  Es algo que acaba de refrendar un estudio del Centro de Estudios Metropolitanos (CEM), donde se asegura que el 39% de los encuestados que tomaron préstamos destinó el dinero de la deuda para "pagar gastos de todos los días", mientras que otro 9% lo usó con el objetivo de "pagar cuentas de servicios" (*Tiempo Argentino*, Randy Stagnaro, 21/10/17).

dito otorgado por los bancos en la Argentina. La deuda externa volvió a tomar su protagonismo disciplinador mientras el gobierno decide recurrir al Fondo Monetario Internacional para garantizar su "único camino" de desarrollo. La denegación de la financierización tiene la potencia de habilitar.

## 8. Conclusiones

Dejamos abierto a un problema político que quisimos plantear desde el inicio: ¿qué significa poner a jugar otra relación de fuerza –y por tanto otros actores– dentro del sistema financiero? ¿Cómo aparecen las economías populares a la vez como economías reales que no tienen nada que ver con lo financiero y, al mismo tiempo, en el centro de una nueva dinámica de explotación financiera? ¿Qué debates en torno a la democratización por medio del consumo quedan planteados en América latina? Sabemos que estas preguntas implican un balance teórico y prácticos con las influyentes teorías de la dependencia y de las políticas de inclusión social para pensar también su relación con las teorías críticas de la marginalidad y las ciudadanías insurgentes.

Sin embargo, el punto en que nos interesa es otro: pensar cómo las finanzas, bajo el modo en que incluyen en su dinámica heterogénea a las economías populares, protagonizan una dinámica extractiva de nuevo tipo (Gago y Mezzadra, 2015), capaz de proveer un código abstracto y moralizador para la acumulación contemporánea. Estas cuestiones las trabajamos concretamente para afinar un concepto de "explotación financiera", a partir de investigaciones empíricas en las economías populares que constituyen el espacio *real* de aterrizaje de las finanzas en los territorios. Nos interesa además detectar qué tipo de antagonismo puede surgir frente a las renovadas formas de explotación financiera. En concreto: ¿en qué sentido "lo real" del antagonismo es lo que se pretende permanentemente conjurar y sintomáticamente regresa? ¿Hay un realismo que se asumen las economías populares capaz de lidiar con las finanzas como pura máquina de captura y abstracción del valor? ¿Por qué "lo real" es imposible de ser conmensurado y definido?

Este trabajo pretende a su vez abogar por una antropología donde lo financiero no escapa a lo material, a pesar de todas las categorías nativas, expertas o no, que procuran hacer de la abstracción una inmaterialidad o de construir categorías límbicas como lo "no-financiero". Desde un punto de vista etnográfico, permite por ende identificar los territorios, los cuerpos, los objetos, los lenguajes que conforman la heterogeneidad de la economía popular. A diferencia de las utopías, que consuelan, las heterotopías, decía Foucault, inquietan: minan el lenguaje y arruinan la sintaxis. Las finanzas son un nuevo lenguaje que se propone intervenir anudando un nuevo orden entre las palabras y las cosas.

# Referencias bibliográficas

Biscay, P. (2015) "Democracia, finanzas y dictadura". Disponible en: <http://anarquiacoronada.blogspot.com/2015/04/dictadura-democracia-finanzas.html>.

Chena, P. y Roig, A. (2018) "L'exploitation financière des secteurs populaires argentins". *Revue de la régulation. Capitalisme, institutions, pouvoirs*, *22*, segundo semestre otoño 2017. Disponible en: <http://journals.openedition.org/regulation/12409>.

Denning, M. (2011) "La vida sin salario". *New Left Review, 66*, pp. 77-94.

Foucault, M. (1968) *Las palabras y las cosas*. Buenos Aires: Editorial Siglo XXI.

Gago, V. (2014) *La razón neoliberal. Economías barrocas y pragmática popular*. Buenos Aires: Tinta Limón.

Gago, V. (2015) "Financialization of popular life and the extractive operations of capital: A perspective from Argentina". Trad. L. Mason-Deese. *South Atlantic Quarterly*, *114* (1), pp. 11-28.

Gago, V. y Mezzadra, S. (2015) "Para una crítica de las operaciones extractivas del capital, Patrón de acumulación y luchas sociales en el tiempo de la financierización". *Nueva Sociedad* n° 255, enero- febrero de 2015. Disponible en: <http://nuso.org/media/articles/downloads/4091_1.pdf>.

Hart, K. (1973) "Informal Income Opportunities and Urban Employment in Ghana". *The Journal of Modern African Studies*, *11* (1), pp. 61-89.

James, D. (2015) *Money from nothing: indebtedness and aspiration in South Africa*. Stanford, CA: Stanford University Press.

Roig, A. (2014) "Financierización y derechos de los trabajadores de la economía popular". *Documento de trabajo del Programa de Desigualdad y Democracia*, con apoyo de la Fundación Heinrich Böll. Disponible en: <http://www.idaes.edu.ar/pdf_papeles/Financiarizacion%20y%20derechos%20BOLL.pdf>.

Roig, A. (2016) *La moneda imposible. La convertibilidad argentina de 1991*. Buenos Aires: Fondo de Cultura Económica.

Tassi, N.; Medeiros, C.; Rodríguez-Carmona, A. y Ferrufino, G. (2013) *Hacer plata sin plata: el desborde de los comerciantes populares en Bolivia*. La Paz: PIEB.

# 10/ Políticas estatales y estrategias financieras en el mundo popular: una interpretación desde la sociología moral del dinero

*Ariel Wilkis[1] y Martín Hornes[2]*

## 1. Introducción

Julieta tiene alrededor de 50 años. Oriunda de la Ciudad de Asunción en la República del Paraguay, Julieta migró hacia Argentina a mediados de los años 90 atraída por la paridad cambiaria (un peso argentino – un dólar estadounidense) que caracterizó a dicho período en nuestro país. Desde los últimos diez años vive en una villa de la zona sur de la Ciudad Autónoma de Buenos Aires (CABA) denominada "Los Alerces", en una vivienda de paredes de material y con techo de chapa.

*"A veces hay que andar por el piso"* menciona Julieta. Cuando le preguntamos qué significaba "andar por el piso", señalo: *"a veces viene la gente del gobierno, los asistentes sociales, y hay que decir que uno no tiene nada: que es pobre, que mire lo que es mi casita, que mi marido no llega a fin de mes... así te dan"*. De esa manera, Julieta sintetizaba el vínculo con algunos de los agentes locales estatales vinculados a los programas sociales de entrega de dinero en efectivo que, frecuentemente, visitan los hogares de los sectores populares:

uno sabe que es así, muchos vecinos lo saben... ¿o de donde saco la plata para los créditos de la televisión, de la heladera y mi horno eléctrico? Después vienen las peleas con mi marido porque págale esto o aquello, que vos no sabes cuidar tu plata... pero si yo no me meto con lo de su trabajo. Cada cual con lo suyo.

---

1   Doctor en Sociología por la Universidad de Buenos Aires y la Ecole de Hautes Etudes en Sciences Sociales. Investigador adjunto CONICET por el Centro de Estudios Sociales de la Economía (CESE) y Decano del Instituto de Altos Estudios Sociales (IDAES) de la Universidad Nacional de San Martín (UNSAM).

2   Doctor en Sociología por el IDAES/UNSAM. Becario Postdoctoral del CONICET por el CESE, IDAES/UNSAM.

A partir de la asunción de Néstor Kirchner en el año 2003, la República Argentina asistió a un viraje en la orientación de la política económica, que se caracterizó por el crecimiento económico sostenido acompañado de amplias políticas de transferencias de recursos hacia los sectores más pobres (Kessler, 2014). Dicho proceso encontró continuidad en los gobiernos presididos por Cristina Fernández de Kirchner (2007-2011 y 2011-2015).

Las presidencias de los Kirchner impusieron una nueva interpretación sobre el dinero público que circulaba hacia los sectores populares en Argentina: lejos de las miradas centradas en las consecuencias negativas del neoliberalismo, las políticas del gobierno impulsaron la rehabilitación de los pobres en el mercado con eje del consumo y el crecimiento económico con inclusión social. Junto a sus pares de Bolivia (Evo Morales), Venezuela (Hugo Chavez), Brasil (Luiz Inácio "Lula" da Silva y Dilma Rousseff), Ecuador (Rafael Correa) y Uruguay (José Mujica), definieron la "inclusión al mercado" como un paradigma de bienestar para los más pobres[3].

Las narrativas políticas de inclusión social tuvieron su correlato en el campo de las estadísticas. Algunos datos precisos sobre el crecimiento de los programas sociales y las formas de acceso al crédito reflejan el impacto de las medidas en el período señalado. Para el año 2005, las políticas de transferencias monetarias no contributivas alcanzaban a 1,6 millones de personas mientras que, para el año 2015, dicha cifra se encontraba próxima a los 8 millones de personas (Hornes, 2017). Cuando nos aproximamos a la expansión del mercado del crédito observamos que, para el año 2014, Argentina registraba un crecimiento exponencial en el mercado de créditos personales: 2433 millones de pesos se destinaban al crédito al consumo, superando en cinco y seis veces los créditos hipotecarios y prendarios, respectivamente. Según la Encuesta Nacional de la Estructura Social del Programa de investigación sobre Sociedad Argentina Contemporánea (ENES-PISAC), los hogares cuyos miembros son beneficiarios de las transferencias monetarias (TM) se encuentran mejor posicionados en el sistema bancario y financiero que aquellos hogares cuyos jefes y jefas de hogar se encuentran empleados en condiciones precarias e inestables. Los hogares cuyo principal sostén tiene una ocupación temporaria, sólo el 17% obtuvo algún tipo de crédito en los últimos cinco años. El 24% de los hogares que perciben ingresos por estos programas o que incluyen niños o embarazadas beneficiarios de la AUH o de la Asignación Universal por Embarazo (AUE) ha obtenido

---

3    Diferentes trabajos señalan que dichos gobiernos formaban parte del "giro hacia la izquierda" que experimentaron los países de la región en los años 2000 (Cameron y Herschberg, 2010; Levitisky y Roberts, 2011).

algún tipo de crédito en los últimos cinco años. Cuando tomamos en cuenta los hogares que perciben ingresos por programas sociales o que incluyen miembros beneficiarios de la AUH o AUE, encontramos que un 37% participa del mercado de tarjetas de crédito. En cambio, sólo el 28% de los hogares con jefes y jefas de hogar con ocupaciones temporarias posee alguna tarjeta de crédito y/o de cadenas comerciales (Luzzi y Wilkis, 2018).

En este capítulo nos proponemos explorar dichas transformaciones macro-sociales e institucionales aproximándonos a experiencias como la relatada por Julieta. La narración que abre el capítulo nos permite advertir la proximidad existente entre el dinero transferido a partir de los programas sociales de TM y las formas de "inclusión al mercado de consumo". Nuestro propósito es comprender lo que las narrativas políticas y las estadísticas no llegan a captar, aportando a la construcción de otro punto de interpretación respecto de la representación estadística y los números públicos: mostrando la contigüidad que existe entre los programas sociales estatales y las estrategias financieras de los hogares más pobres, observaremos también que dichos procesos están atravesados por negociaciones y disputas entre los integrantes de las familias pertenecientes a los sectores populares.

Durante los últimos años, y a partir de la realización de diferentes investiga-ciones sobre el dinero en el mundo popular, hemos desarrollado una sociología que analiza la dimensión moral del dinero como una entrada privilegiada para comprender las relaciones de poder (Wilkis, 2017). A lo largo de este capítulo demostraremos que la dimensión moral del dinero puede expandir las formas de interpretación sobre las TM estatales y, al mismo tiempo, resultar un punto de vista novedoso para interpretar las lógicas de "consumo e inclusión social". Desplegaremos la articulación entre una sociología plural y heterogénea del dinero con la sociología del poder de Pierre Bourdieu para aproximarnos a la noción de capital moral. El concepto de capital moral nos servirá como caja de herramientas para pensar las conexiones entre dinero, moral y poder que se ponen en juego en los entramados familiares que deben lidiar con la presencia de dineros estatales y múltiples estrategias financieras.

A lo largo del capítulo seguiremos la clave analítica de la sociología moral del dinero para explorar las nuevas relaciones de poder que configuran los vín-culos familiares, demostrando que las TM están transformando las relaciones sociales al interior de los hogares. Analizaremos cómo el orden social familiar (la autoridad y el estatus de sus miembros) está enraizado en una dinámica monetaria conectada con el dinero de los programas de TM y las lógicas de acceso al mercado de consumo. El concepto de capital moral nos va a permitir observar cómo el dinero jerarquiza moralmente a las personas y circula produciendo relaciones de poder entre maridos y esposas, padres e hijos.

Este capítulo expone hallazgos de distintos trabajos de investigación que hemos realizado en barrios populares de la zona sur de la CABA, y de los partidos de La Matanza y Avellaneda, dentro del primer cordón del Área Metropolitana de Buenos Aires. La extensión de nuestros trabajos de campo abarca el período 2008-2015, y expone hallazgos de etnografías de prácticas monetarias en los sectores populares, encuestas sobre consumo y créditos entre estos sectores, y la reconstrucción de presupuestos domésticos de familias titulares de programas sociales de TM.

La exposición del capítulo se organizará de la siguiente manera. En un primer apartado, desarrollaremos nuestra perspectiva teórica sobre la sociología moral del dinero. En un segundo apartado, haremos mención a los programas de TM como nuevas tecnologías de inclusión social señalando el recorrido de la experiencia argentina. En un tercer apartado, nos detendremos en la reconstrucción etnográfica de dos hogares titulares de TM para describir cómo se organizan los dineros de la ayuda estatal, y demostrar cómo distintas piezas de dinero establecen jerarquías morales y relaciones de poder entre sus miembros al momento de afrontar diferentes estrategias financieras. Para finalizar, reflexionaremos en torno a la expansión de los programas de TM y el arraigo de estas nuevas tecnologías monetarias en la vida cotidiana de las familias titulares, en tanto instrumentos para lidiar con la inclusión en el mercado de consumo.

## 2. Una aproximación a la sociología moral del dinero

Desde la década del ochenta asistimos a una renovada agencia de investigación sobre el dinero en la vida social. Desde diferentes disciplinas como la historia (Kuroda, 2008), la economía (Theret, 2007), la antropología (Guyer, 2012; Neiburg, 2013) y la sociología (Blanc 2008; Zelizer, 1994) se elaboró una narrativa centrada en la multiplicidad de monedas que pone en cuestión la noción moderna de dinero pensado como "equivalente general" (Marx, 1976), como "medio de todos los medios" (Simmel, 1977) o como "moneda de propósitos generales" (Polanyi, 2001). Así, un nuevo conjunto de exploraciones cuestiona las narrativas que describían al dinero como universal y homogéneo.

Como señala la obra reciente de Nigel Dodd (2014), la sociología contemporánea propone una nueva teoría sobre el dinero: la cultura y la moral producen el dinero desde adentro. Se trata de interpretar a la cultura o la moral como propiedades intrínsecas al dinero y no como atributos accidentales que pueden ser prescindibles al momento de comprender cómo actúa en la vida social. Desde esta propuesta, el desafío es realizar un desplazamiento analítico desde una interpretación de la cultura o la moral como contextos de las prácticas monetarias a una perspectiva que muestre cómo ellas producen internamente al dinero. El mayor aporte de esta socióloga es mostrar que el dinero es un poderoso agente socializador y, en ese sentido, el trabajo de Viviana Zelizer (1994) ha sido pionero a la hora de invertir la imagen del dinero. Mientras que, los sociólogos clásicos representaban al dinero como un "ácido social" que disuelve los vínculos sociales, Zelizer muestra la positividad del dinero para mantenerlos y recrearlos.

En *The Social Meaning of Money* (1994), Zelizer narra cómo las personas están comprometidas en atribuir medios de pagos específicos (monedas especiales) a diferentes categorías de vinculo social. También hizo hincapié en este aspecto cuando elaboró el concepto de circuito de comercio (Zelizer 2010): la existencia y permanencia de los circuitos dependen del trazado de fronteras entre sus miembros y las personas que no pertenecen, y el uso de monedas especiales juega un rol crucial para establecer estas fronteras. Más recientemente, la socióloga (2012) propuso el término "trabajo relacional" para designar este esfuerzo de las personas para hacer coincidir ("*to match*") significados morales y medios pagos de tal forma de hacer viable una interacción o relación social prolongada. Podemos identificar una constante en el trabajo de Zelizer: el dinero siempre funciona midiendo, evaluando y comparando moralmente a las personas y sus vínculos sociales.

Entonces, la sociología zelizeriana nos invita a repensar al dinero desde una propiedad muy especial: las monedas no solo funcionan como medios de pago, de intercambio, reserva de valor y unidad de cuenta abstracta sino que, también, operan como unidades de cuenta moral. Si la sociología clásica (Marx y Simmel) encontraba en la conmensurabilidad abstracta del dinero la posibilidad para que este sea el "gran nexo" entre las personas, esta nueva propiedad del dinero produce este nexo a través de una especie de conmensurabilidad moral. Las personas son medidas, evaluadas y jerarquizadas moralmente a través del tipo de dinero que se les asocia.

La sociología del dinero de Zelizer puede expandirse y aproximarse a una preocupación más sistemática por las cuestiones del poder (Wilkis, 2017): articulando la sociología de los dineros múltiples de Zelizer con la sociología del poder de Pierre Bourdieu identificamos que las dinámicas de jerarquización moral del dinero se movilizaban a partir del concepto de capital moral.

### 2.1. Capital moral: unidad de cuenta del dinero

Este párrafo de *La distinción*, donde Pierre Bourdieu (1979) caracteriza a la pequeña-burguesía, resulta sugerente para pensar en el concepto de capital moral:

*La pequeña burguesía ascendente rehace permanentemente la historia de los orígenes del capitalismo: como los puritanos no pueden contar más que con su ascetismo. En los intercambios sociales donde otros pueden avanzar garantías reales de dinero, cultura o relaciones, ella no puede ofrecer más que garantías morales: pobres (relativamente) en capital económico, cultural y social, ella no puede 'justificar sus pretensiones' como (se) dice, y de darse las chances para realizarlas, que a condición de pagar en sacrificios, en privaciones, en renuncias, en buena voluntad, en reconocimiento, en síntesis, en virtud.* (Bourdieu, 1979, p. 388, resaltado por el autor)

Este párrafo es rico por varias razones. En primer lugar, porque Bourdieu ilumina cómo una posición social se sostiene sobre el reconocimiento de virtudes morales. Las virtudes morales tienen un valor de distinción. En segundo lugar, estas virtudes funcionan sustituyendo a otros tipos de capital (económico, cultural y social). La apreciación de una persona (su adhesión a determinados valores, el reconocimiento de su buena voluntad) sustenta la conversión de actos y palabras en garantías morales –que sustituyen a las "garantías verdaderas: dinero, cultura, relaciones"–. En esta reflexión identificamos el reconocimiento de virtudes como una fuente de poder.

Como señalamos en otros trabajos (Wilkis, 2014), el desarrollo del concepto de capital simbólico de Bourdieu derivó en un programa de investigación en torno a todas las formas de reconocimiento que otorgan poder y legitimidad. Las diferentes sub-especies de capital simbólico especifican diferentes tipos de reconocimiento. Por ejemplo, el capital agónistico (Mauger, 2006) reconoce la habilidad en el uso de la violencia física. El capital erótico (Hakim, 2011) reconoce las destrezas de la seducción. Entendemos el concepto de capital moral como una subespecie de capital simbólico y, en una extensión de la propuesta de Bourdieu, esgrimimos su capacidad para ayudar a comprender la dinámica de reconocimiento y sus efectos de distinción moral.

Las personas miden, comparan y evalúan todo el tiempo sus virtudes morales. Poseer capital moral es ser reconocido a través de estas virtudes. A través de las obligaciones se hace legible las virtudes de las personas, y estas virtudes funcionan como poderes. Por este motivo el componente moral del capital moral está definido por el reconocimiento de virtudes evaluadas y juzgadas a través de ideas de obligación social. Las personas son jerarquizadas en función del cumplimiento de obligaciones. Las obligaciones son vectores de legitimación de status sociales. Acumular capital moral es acumular legitimidad en una posición dentro de la jerarquía social. Por lo tanto, a través de la moral se despliegan posicionamientos agonísticos y jerárquicos de las personas en el espacio social.

Para ilustrar este punto podemos recordar las ideas principales del clásico estudio de Norbert Elias sobre las dinámicas de poder entre los "establecidos" y los "marginados" en el barrio obrero de Winston Parva en los años sesenta. Escribe Elías junto a Scottson: *"(este estudio) muestra que no se recibe el aval del grupo sino se pliegan (las personas) a las normas. Toda desviación, real o supuesta, se salda con una pérdida de poder y un rebajamiento del estatus."* El centro de atención de estos autores son las luchas morales que producen relaciones de poder. Nuestra sociología supone expandir a través del concepto de capital moral la preocupación de Elías sobre la conexión entre moral y poder para producir desigualdades sociales.

El dinero pone a prueba (Boltanski y Thevenot, 1991) a las personas y sus vínculos sociales. La sociología moral del dinero que esbozamos analiza cómo este circula o deja de circular, a la par que se prueban virtudes morales y se acumula el capital moral. Por lo tanto, consideramos que las jerarquías morales son definidas monetariamente. El dinero es un gran clasificador social, a través del cual se juzgan las virtudes y defectos que jerarquizan a las personas. El uso del dinero distribuye reconocimientos, guarda recuerdos, transportan virtudes, en definitiva, prueba a las personas.[4]

De esta manera, retornamos a la premisa de Nigel Dodd (2014) para proponer un viraje conceptual similar: entender el capital moral no como un atributo externo del dinero sino como una de sus propiedades intrínsecas. Este desplazamiento nos permite ensamblar las perspectivas sobre el poder de Pierre Bourdieu con el concepto de dineros múltiples presente en la sociología de Viviana Zelizer.

## 3. Nuevas tecnologías de inclusión social: la monetarización de las políticas sociales

El surgimiento de los programas de TM en la región de América Latina data del año 1997 y refieren al lanzamiento del programa "Progresa" (Programa de Educación, Salud y Alimentación) dirigido a las comunidades rurales pobres de México. Considerado en los documentos de los organismos internacionales y por los saberes expertos como un programa destinado a invertir en el capital humano de las familias pobres, el programa "Progresa" introduce en la región la noción de transferencias de dinero en efectivo bajo la premisa del cumplimiento de tres condicionalidades: 1) sobre la asistencia escolar de los menores pertene-

---

4    La extensión de este trabajo no nos permite desarrollar con mayor precisión las diferencias analíticas entre la noción de capital moral y economía moral. Consultar: Wilkis, 2017.

cientes al hogar, 2) sobre la atención primaria de la salud (controles sanitarios y de vacunación), y 3) sobre aspectos referidos a la nutrición.

Como veremos a lo largo de las páginas que siguen, dichas premisas se constituirán como los ejes fundamentales de las TM – "*a dual policy*" siguiendo la denominación experta– con efectos de corto plazo ("*short time*") y largo plazo ("*long time*"): proveer ingresos a los hogares más necesitados incentivando el consumo de bienes básicos e invirtiendo en el capital humano de los menores para quebrar la pobreza que se transmite de forma intergeneracional (Currie, 2004).

"Progresa" se transforma en "uno de los casos más analizados y mejor evaluados en el ámbito de las transferencias monetarias condicionadas de América Latina" (Villatoro, 2005, p. 96). Su implementación pone en movimiento una infinidad de evaluaciones de impacto –tanto cuantitativas como cualitativas– llevadas a cabo por expertos en políticas sociales vinculados a organismos internacionales como el BID o el BM. En una multiplicidad de informes, *reports* y *papers*, se resaltarán los alcances en materia de los atributos más importantes de las transferencias monetarias: la focalización, la intersectorialidad, el empoderamiento de las mujeres, y la corresponsabilidad (Skoufias y Parker, 2001).

Durante el año 2001, y bajo la presidencia de Vicente Fox, el "Progresa" pasó a llamarse programa "Desarrollo Humano Oportunidades" y amplió su alcance a las poblaciones urbanas. Se trató de una transformación sustancial cuando observamos que, de un contexto rural donde la cobertura alcanzaba a 300 mil familias, a principios de 2002, la intervención social llegaba a más de 2 millones de hogares de todo el país. Durante el transcurso del año 2014, la política de transferencias de ingreso mexicana recibió una nueva denominación: "PROSPERA Programa de Inclusión Social", incorporando en sus líneas de intervención una batería de transferencias diferenciadas y específicas según grupo etario y género de los distintos miembros de las familias beneficiarias.[5]

El programa emblema mexicano inició lo que los expertos en la temática señalan como "la oleada latinoamericana" (Cecchini y Madariaga, 2011) o la denominada "revolución silenciosa" en la lucha contra la pobreza en América Latina (Barrientos, Hulme y Hanlon, 2008). Durante el año 2002 se originó en la República de Chile el programa "Chile Solidario", compuesto por una transferencia de dinero focalizada en hogares de extrema pobreza. En el año 2003, el Gobierno Federal del Brasil lanzó el programa "Bolsa Familia". A lo largo de los años 2005 y 2006, surgieron y se consolidaron en la región otros programas

---

5   Para más información sobre aspectos programáticos se puede consultar la página web del programa: <https://www.prospera.gob.mx/swb/es/PROSPERA2015/Quees_ PROSPERA>.

con características similares. Desde el año 2005 se destacan la presencia del "Programa Juntos" de Perú, en la República del Paraguay la implementación del programa Tekoporá destinado a familias pertenecientes a las comunidades rurales. Por su parte, la República de Bolivia inició un ciclo de transferencias con el Bono Juancito Pinto en el año 2006, y actualmente implementa el Bono Madre Niña-Niño Juana Azurduy, los cuales intervenían en las áreas de educación y salud respectivamente. A partir del año 2008, la República Oriental del Uruguay puso en funcionamiento el programa de TM "Asignaciones familiares", con características similares a los anteriores.

Al abordar el caso de la República Argentina, observamos una conversión similar a la señalada en la región. En un escenario de crisis económica/ financiera y, con un nivel de desocupación que alcanzaba a más del 20% de la población del país, durante el año 2001 surge el primer programa de TM destinado a las poblaciones vulnerables desocupadas bajo la denominación "Plan Jefes y Jefas de Hogar Desocupados". En sintonía con los cambios acontecidos en la región, a partir del año 2004 se despliegan una serie de intervenciones que dan lugar al surgimiento de distintos programas: el Plan Familias por la Inclusión Social, el Plan Manos a la Obra, y el Plan de Seguro de Capacitación y Empleo. Incluso a inicios de 2008, el emblemático Plan Vida radicado en la Provincia de Buenos Aires e impulsado desde el año 1994, transforma su estrategia de intervención suplantando la entrega de alimentos por una suma de dinero según la cantidad de hijos por beneficiario.

Durante el año 2009 asistimos al surgimiento de dos programas de envergadura en términos de TM. Nos referimos al Programa Ingreso Social con Trabajo "Argentina Trabaja" bajo la dependencia del Ministerio de Desarrollo Social de la Nación, y a la Asignación Universal Por Hijo para la Protección Social (AUH) bajo la dirección de la Administración Nacional de la Seguridad Social (ANSES). Desde 2014, el Ministerio de Trabajo implementa el Programa de Respaldo a Estudiantes Argentinos ("PROGRESAR"), dirigido a jóvenes de 18 a 24 años que no trabajen o lo hagan de forma informal, con el objetivo de que finalicen sus estudios o se formen en oficios u orientación laboral.

Podríamos seguir enumerando una serie de programas de TM que se encuentran en ejecución y bajo otras dependencias estatales. Sin embargo, nos interesa resaltar el grado de institucionalidad y el nivel de cobertura que estas políticas han alcanzado. Sólo contemplando algunas de las prestaciones monetarias de mayor magnitud, podemos apreciar un número de titulares que supera los 5 millones de personas. Si contemplamos el crecimiento exponencial que mostraron un en la última década los programas de pensiones de tipo no contributivas (invalidez, vejez, leyes especiales, etc.), el número podría ascender a más de 6 millones de beneficiarios (CEPAL, 2016).

En el escenario global actual, el dinero transferido a partir de las TM se ha convertido en una de las principales líneas de acción de las políticas sociales de los diferentes estados, configurándose como una tecnología monetaria de inclusión social. El dinero transferido en calidad de "asistencia directa", "promoción" y/o premisas de "desarrollo" de los sectores populares ha innovado el campo de las políticas sociales e introdujo nuevas nociones acerca de la "inclusión social" y los "derechos sociales" (Hornes, 2018).

En las próximas páginas desplegaremos un análisis sobre la sociología moral del dinero de las TM. Nos proponemos desarrollar una mirada cualitativa que demuestre no sólo, cómo el dinero estatal se ha enraizado en las economías de los hogares populares sino, también, como se constituye en una entrada privilegiada para comprender las relaciones de poder que se ponen en juego en los ámbitos familiares a la hora de definir las estrategias financieras y las formas de acceso al mercado del consumo.

## 3.1. Rompecabezas financieros

Miriam tiene 45 de edad y hace más de veinte años está en pareja con Ernesto, sólo unos años mayor que ella. La familia se completa con dos hijas mujeres de 17 y 13 años y dos varones de 7 y 5 años. Desde hace aproximadamente diez años les adjudicaron una vivienda social en la zona de reubicación en el barrio "Santo Domingo", próximo al límite entre los Municipios de Avellaneda y Lanús, ambas localidades lindantes con la Ciudad Autónoma de Buenos Aires (CABA).

La vivienda de la familia cuenta con un living-comedor diario de unos nueve metros cuadrados, un patio en la parte trasera, una cocina emplazada como pasillo sobre la pared contigua al patio y una habitación de unos diez metros cuadrados que da al frente de la casa. En el centro del living-comedor hay una mesa para seis personas y con sillas de distintos modelos que lucen bastante viejas. Frente a la mesa y sobre la pared que linda con el patio trasero se encuentra la cocina. Miriam tiene una heladera último modelo de un tamaño realmente considerable: *"otra cosa que saque con crédito…"*, no demoraría en comentarnos.

Compartimos tardes de largas conversaciones con Miriam. Ella se mostraba sumamente espontánea y parecía agradarle mucho el hecho de poder dialogar sobre la economía del hogar. Más de una vez mencionamos que parecía "una calculadora científica", ya que recordaba hasta en detalle cada uno de los gastos que había realizado en forma diaria. *"Nunca dejo de hacer mis cuen-*

*titas"* contestaba ella. Con el tiempo entenderíamos que aquellas *"cuentitas"* a las que refería Miriam estaban compuestas por un complejo entramado de administración de los escasos ingresos del hogar donde, el dinero de las TM y las estrategias financieras, tenían un lugar central respecto de las lógicas de organización familiar.

Actualmente, Miriam se encuentra desocupada y percibiendo la AUH por sus cuatro hijos. Ernesto trabaja en un lavadero de autos desde las 7 de la mañana hasta las 8 de la noche en el barrio Recoleta de la CABA. Miriam asegura que el sueldo de su marido ronda *"entre los 70 o 80 pesos por día, dependiendo de si le pide al jefe algún adelanto en la semana o si tiene alguna deuda por algo"*. Ella se refiere al sueldo de Ernesto como *"la plata gorda": "esa es la plata que usamos para comprar todas las cosas de acá por día, para comer, para pagar los gastos, todo"*. Miriam lleva un registro detallado de lo que gasta por día y resulta increíble escucharla enumerar cada uno de los ingredientes de las comidas que va a hacer con su respectivo monto: *"es que somos muchos, acá tenés que cocinar para seis. Decí que Ernesto me trae, y yo armo y desarmo"*.

El *"armo y desarmo"* de Miriam engloba todo un conjunto de prácticas económicas sobre las cuales ella se hace responsable. Como muchos de los hogares pertenecientes a los sectores populares,[6] Miriam y su familia deben recurrir a distintas prácticas económicas asociadas a líneas de crédito personales, por ejemplo, para acceder a la compra de un bien mueble o elementos de necesidad. Las estrategias para poder acceder a ciertos bienes muebles o de consumo recaen constantemente sobre Miriam y en consecuencia ella debe armonizar las posibilidades objetivas con las necesidades de la familia: *"de los 800 (pesos) que cobré de los créditos, tengo que pagar 200 (pesos) de la zapatilla y tengo que pagar 300 (pesos) que había sacado de ropa para las fiestas que le compré a una señora que va a La Salada"*. Estas apreciaciones revelan como Miriam debe destinar el dinero procedente de la AUH para cubrir ciertos gastos.

Cuando se trata de los gastos que pertenecen al hogar o involucran a todos los miembros del grupo familiar, Miriam prefiere hablar en singular: *"ahora tengo que juntar porque ya la asignación (AUH) que viene no lo puedo usar para pagar créditos, porque ya tengo que comprar las cosas para la escuela*

---

6   Costas Lapavitzas (2009) sostiene que ante la crisis económica mundial acaecida entre los años 2008- 2009, la banca desplegó nuevas estrategias de búsqueda de ganancia a través de la proliferación de medios de créditos (difusión de tarjetas y créditos personales) destinados principalmente al consumo de los hogares. Para trabajos etnográficos que retoman esta perspectiva en relación con los hogares de sectores populares, se puede consultar: Wilkis, A. (2014), Ossandón, J. (2012) Alves Muller, L. y Vicente, S. (2012) y Alves Muller, L. (2009).

*entonces y yo tengo que tratar de no tener el crédito, tratar de pagar y juntar".*
Esta forma se asienta sobre la división que traza Miriam entre ella y su marido, y que obedece a la condición de principal responsable del sustento económico que tiene este último: *"porque mi marido trabaja y él no sale a ningún lado, no compra nada, él se dedica a trabajar. Como él dice: 'para lo único que sirvo es para trabajar'. Él es un hombre que trabaja, trae la plata, me la pone acá, en la mesa, y me dice vos arréglate y yo me arreglo".*

Además de los créditos personales que recaen sobre Miriam, la práctica del *"fiado"* en los almacenes del barrio, es otra de las habituales deudas que contrae para comprar alimentos o *"salir del paso"*: *"¿ves? Ahora, hasta lo último, ayer se nos acabó la última caja de té y el último paquete de condimentos que era la última mercadería que había en casa. El fiado también, ¿viste?, por ahí yo saco, saco y saco pero después por ahí yo tengo para pagar, pero en vez de pagar esa cuenta sería plata que yo puedo ahorrar. Es vivir día a día. Ahora debo estar debiéndole unos 70 pesos por semana, y eso trato de ir pagándoselo todos los sábados, cuando llega Ernesto con lo de la semana".*

En las charlas que tuvimos con Miriam, nos llamó poderosamente la atención su referencia constante a la relación entre el presupuesto del hogar, la temporalidad de la organización de los gastos y una calculabilidad detallada y permanente[7]. En más de una oportunidad, Miriam aseguró que *"es un presupuesto, entre que las cosas de la escuela que la comida y mi cabeza de noche no duerme, calcula"*. Cuando le preguntábamos si realmente perdía el sueño por tal organización del presupuesto del hogar, Miriam respondía: *"Hay días que calculo todo y mi marido me dice... ¿qué le digo, no? 'Estoy pensando en mañana'. Claro, lo que voy a gastar mañana, y voy pensando, bueno, a ver, para que mañana no me levante embolada y diga 'andá comprar esto y lo otro', entonces me pongo a pensar 'bueno, tengo esta plata'".*

---

7   La noción de calculabilidad ha sido introducida por Michel Callon (1998) para discutir con aquellas nociones económicas referidas a los mecanismos de cálculos como estrictamente racionales. En contraposición, el autor afirma que los marcos de calculabilidad se generan y reproducen en las relaciones sociales de acuerdo con la interrelación de una serie de elementos: la información que poseen los agentes, sus esquemas de percepción y apreciación, y las herramientas o recursos con los que cuentan. Magdalena Villareal retoma dichas conceptualizaciones para aplicarlas al análisis de la economía desde una perspectiva de género en las comunidades rurales mexicanas. Véase: Callon, Michel (1998). *The law of the markets*. Oxford: Blackwell Publishers. y Villareal, Magdalena. (2010). Cálculos financieros y fronteras sociales en una economía de deuda y morralla. *Revista Civitas. Universidad de Porto Alegre*. N° 3, *10*, pp. 392- 409. septiembre-diciembre.

Un claro ejemplo de la situación anteriormente mencionada es la previsibilidad que muestra Miriam para calcular el ingreso del dinero proveniente de la ayuda escolar[8] con casi cuatro meses de anticipación: *"ahora lo que me va a favorecer mucho es la ayuda escolar pero la ayuda escolar la cobro recién en abril"*. Restando casi cuatro meses para el mes de abril, compartimos con ellas las inquietudes respecto de la forma en que podía llegar a favorecerle la ayuda escolar y el monto que percibiría: *"es una vez al año, cuando empieza la escuela. No, todavía no sé nada, porque el año pasado lo habían pagado 750 (pesos) por cada chico y yo estaba cobrando 180 (pesos) el salario... así que este año no sé. Ahí es como que yo... si ahora en febrero me meto en crédito por las cosas del colegio, yo sé que en abril yo ya cobro eso y cubro todo, eso a mí no es que me va a... tengo que pagar, ya sé que esa plata me va a venir toda junta"*.

En esta compleja tarea de organizar los gastos del hogar, Miriam tiene una aliada incondicional, su hija mayor, Milagros: *"Claro ¿viste?, por ahí le digo a ella '¿Cuánto dejó tu papá? Fijate y dejá algo para la noche'. Por suerte con ella siempre hacemos todas las cuentas"*. Esta alianza para organizar el dinero demuestra también una socialización de la construcción social del género que la madre transfiere a la hija. En oposición, Miriam debe lidiar con las prácticas económicas de Ernesto y la apreciación del resto de sus hijos que se refleja en comentarios del tipo *"es una rata mamá"*: *"Como me dicen ellos 'es una rata', no es que soy rata... economizo lo que tengo que tener. Porque Ernesto no piensa en el mañana, él piensa en hoy. Si tiene 100 (pesos) se los gasta porque no piensa en mañana, yo sí, por ahí le digo tengo 100 (pesos) gastamos 50 (pesos) y quedan 50 (pesos) para mañana, por ahí él tiene y los chicos le piden y él gasta y gasta y no se da cuenta y mañana cuando te levantás no tenés nada"*.

La situación de Miriam nos permite observar cómo se organiza el dinero de la ayuda estatal en los hogares titulares de TM frente a otras piezas de dinero. Como señala gran parte de su relato, el dinero proveniente del trabajo de Ernesto es percibido por Miriam como *"la plata gorda"*: se trata de una afirmación que no solo, remite a la diferencia cuantitativa de este ingreso con otros existentes en el hogar, sino que además delimita un origen diferenciado de esos dineros. Ambas dimensiones dejan huellas sobre los significados sociales del dinero y producen jerarquías monetarias en el orden familiar: Ernesto, como principal

---

8   Nos referimos al Programa de Becas extraordinarias, financiadas por el Fondo Provincial de Becas Extraordinarias, de la Dirección General de Cultura y Educación- Ministerio de Educación de la Nación Argentina. Para más información, se puede consultar la guía de programas sociales en: <http://servicios2.abc.gov.ar/lainstitucion/default.cfm>.

proveedor del hogar –*"el trae la plata y me la pone arriba de la mesa"*– dispone del dinero sin ser cuestionado sobre sus usos mientras que, Miriam, debe lidiar con un conjunto de prácticas económicas que incluye múltiples créditos para el consumo familiar (créditos personales, barriales y fiado).

Visualizar la existencia de dineros diferenciados es también enunciar la existencia de una articulación entre significados asociados a un dinero de los hombres –proveniente del trabajo– y un dinero a ser gestionado por las mujeres a causa de su condición de titulares de los programas de TM y administradoras de los ingresos que conforman los presupuestos de los hogares. Podemos apreciar aquí lo que Isabelle Guérin (2008) y Absi Pascale (2009) denominan la dimensión sexuada de la moneda: un conjunto de derechos y obligaciones que recaen sobre los usos del dinero que se sustentan sobre construcciones sociales que naturalizan cualidades altruistas de la mujer.

La escena etnográfica de Miriam devela que el dinero de la ayuda estatal queda mutualizado a ciertas obligaciones generizadas de reproducción del ámbito doméstico sumándose, además, ciertas estrategias de acceso al mercado del consumo que garanticen el bienestar y el progreso familiar. En resumidas cuentas, *"Ernesto no piensa en el mañana"* porque delega esa responsabilidad social y moral familiar a Miriam, quien no pude ofrecer demasiadas disputas al poseer un dinero desjerarquizado en el orden monetario familiar.

## 3.2. Financiar los esfuerzos de todos

Otilia tiene 51 años y es oriunda de la Provincia del Chaco. Dejó su provincia natal y su familia de origen con sólo 15 años de edad para trasladarse a Buenos Aires en busca de un futuro más próspero. A los 20 años conoció a Carlitos, su esposo, de 52 años de edad. La familia la completan sus cuatro hijos: Ezequiel (22), Erick (18) Richard (11) y Tiziana (6). Los principales ingresos de la familia provienen del trabajo de Carlitos quien, desde hace unos diecisiete años, trabaja en la misma fábrica de plásticos a unas diez cuadras del barrio. Otilia forma parte del programa de TM "Argentina Trabaja" dependiente del Ministerio de Desarrollo Social de la Nación: *"ahora que empecé a trabajar mi sueldito es una ayuda… tantos créditos que estamos pagando"*, suele decir Otilia.

Otilia y su familia, al igual que el caso relatado de Miriam, residen en el barrio de viviendas sociales denominado "Santo Domingo". Cada vez que conversamos con ella, recuerda el pasado familiar en la villa marcado por la pobreza y la privación material: *"no, yo les digo a los chicos que hay que cuidar la casita: ¿Sabés cómo vivíamos allá? Dormíamos todos en un cuarto, con colchones, que después a la mañana se levantaban para armar el comedor, ni para un mueble teníamos. Y hubo épocas, como en el 2001, que a Carlitos lo suspendían constantemente en la fábrica y tenía que ir al mercado central donde cirujeaba fruta y verdura".*

El pasado reciente de la vida en la villa y las historias relacionadas con su infancia en la provincia del Chaco, están mediando constantemente entre las preocupaciones de Otilia por la situación económica actual de la familia y el futuro más próximo de sus hijos: *"no puedo dejar de preocuparme nunca: yo les digo que ellos tienen que estudiar, tener su futuro. Yo allá en el Chaco no pude seguir estudiando, no sabes cuánto me duele. Tuve que trabajar desde muy chiquita con la caña de azúcar, me vine a trabajar jovencita a casa de familia a Buenos Aires".*

Forjamos una relación de estrecha intimidad con Otilia y pudimos apreciar que, al igual que muchos de los hogares con los cuales establecimos contacto en nuestros trabajos de campo, el acceso a la vivienda social significaba un acontecimiento significativo en la historia familiar: *"tengo un agradecimiento constante a Dios por mi casita que la vamos haciendo. Gracias a Dios en tres años tengo cosas que por más que hubiese querido tenerlas, no hubiese podido tenerlas. Porque somos una familia unida y por el esfuerzo de todos"*, remarcaba Otila.

*"El esfuerzo de todos"* que señalaba Otilia, también hace alusión a las diferentes estrategias financieras con las que debe lidiar todo el grupo familiar para acceder a distintos bienes muebles o materiales de construcción para mejorar las condiciones de la vivienda. En nuestras conversaciones solía mencionar una frase significativa: *"los pobres vivimos encuentados"*. Otilia resumía con estas palabras las estrategias financieras del hogar: *"no tenemos otra manera de tener que recurrir a los créditos... aunque resulten muy costosos. Eso es encuentarse".*

Palabras como *"encuentarse"* utilizada por Otilia –o similares, tales como: *"andar endeudado"* o *"tener cuentitas"*– son diferentes categorías que utilizan los hogares populares para dar cuenta de la adquisición de un crédito personal, generalmente destinado a la compra de algún bien mueble o mobiliario para el hogar. Entre dichos créditos se destacan tanto, los préstamos de las casas de ventas más reconocidas de las localidades o de los circuitos comerciales (por ejemplo: Credifácil, Corefín, Efectivo Sí, etc.) como, así también, las deudas asumidas por el uso de tarjetas de crédito propias o facilitadas por amigos y/o familiares.

Pero *"el esfuerzo de todos"* al que refiere Otilia señala, a su vez, las distintas conversaciones y negociaciones que emprende con sus hijos sobre los diferentes dineros y sus respectivos usos financieros: *"nosotros somos una familia unida y mis hijos saben que tienen que aportar... así pudimos tener una cama, mesas, sillas, una cocina, heladera, todo eso llegamos a tener"*. Los créditos representan para Otilia no sólo, un progreso económico y social para toda la familia sino, también, la posibilidad de inculcarles valores morales a sus hijos los cuales se correspondan con un futuro económico más próspero y que *"puedan disfrutar"*:

> Ahora, acá, con la plata hay que invertir. Ahora, como les digo, esto es todo para ustedes. Acá hay muchos pibes que no tienen nada en la casa para comer, pero andan re facheros. Yo siempre les digo, cuando terminamos de comer: vayan guardando, vayan encanutando, el día de mañana se pueden comprar un terreno y pueden también edificar su casita, y ya no tienen que vivir más conmigo. Para cuando ya tengan su marido y mujer, cuando ya estén en lo suyo. Ayer estaba hablando con ellos: vayan saliendo de las cuentas ahora.

*"Por eso también vienen las discusiones"*, señalaba Otilia en otras ocasiones para referirse a distintas situaciones en las cuales confronta con sus hijos acerca de las decisiones crediticias. De la siguiente manera se refería a ciertos créditos personales que asume Erick, uno de sus hijos varones, recurriendo al dinero transferido en el marco de su participación en un programa de TM provincial[9]:

> Con ellos es siempre más difícil porque tienen su plata... y, entonces, me cuesta un poco más porque vienen las diferencias. El otro día Erick llega del programa con unas llantas (zapatillas) Adidas que compró en cuotas con la Tarjeta Shopping... la cara del padre, imagínate... con todas las cosas que estamos pagando de la casita y él gastando en el shopping de Avellaneda.

La situación de Otilia complementa nuestra mirada sobre la relación entre el dinero de los programas de TM y las estrategias de acceso al mercado del consumo. Al igual que Miriam, Otilia también es la responsable de administrar los escasos ingresos del hogar y garantizar las inversiones en el bienestar de todo el grupo familiar. En su relato, el acceso a la vivienda es un claro indicador del ascenso social de la familia: se trata de realizar *"inversiones"*, *"aprovechar el momento"* y *"disfrutar"* aunque el costo sea *"vivir encuentados"*.

Pero el relato de Otilia aporta, también, un detalle distintivo: nos permite aproximarnos a algunas de las tensiones morales existentes en torno a las disputas intergeneracionales sobre los sentidos asociados al dinero de los programas estatales y las estrategias de acceso a los créditos personales. *"Las discusiones"* que menciona tener con sus hijos y la escena que sitúa a uno de sus hijos varones –Erick– como protagonista, da cuenta de las negociaciones que emprende con sus hijos sobre los significados y usos del dinero destinado a las estrategias y/o

---

9   Nos referimos al programa de TM Envión dirigido a adolescentes y jóvenes en situación de vulnerabilidad social, dependiente del Ministerio de Desarrollo Social de la Provincia de Buenos Aires. Se puede consultar, Hornes 2014a.

servicios financieros. Desde la perspectiva de Otilia pareciera haber significados y usos correctos del dinero y los créditos –"*pagando la casita*"– versus usos incorrectos –"*el gasto en el shopping*"–.

Entonces, las "*situaciones*" con sus hijos develan dos tensiones entrelazadas con las que debe lidiar Otilia: la jerarquía de diferentes dineros y el orden moral familiar. El crédito personal asumido por Erick a través de la "*Tarjeta Shopping*" demuestra cómo el dinero comienza a forjar en sus hijos cierta idea de autonomía económica que se plasma en la posibilidad de acceder a ciertos bienes –"*llantas (zapatillas) Adidas*"–. El dinero estatal que recibe Erick y utiliza "*gastando en el shopping*" pone a prueba los valores morales familiares que incesantemente intenta transmitir Otilia. Frente a la noción de "*gasto*", Otilia se preocupa por jerarquizar los significados asociados al dinero como "*inversiones*": "*pagar la casita*" significa rejerarquizar ciertos valores morales (la unidad familiar) como condición necesaria para conseguir el bienestar familiar y la prosperidad económica.

## 4. Reflexiones finales

La propuesta de este capítulo sintetiza el encuentro de dos agendas de investigación que, dentro del área de estudios sociales del dinero, aparecen muchas veces de forma separada: por un lado, la expansión de las TM y, por otro lado, las estrategias financieras de los sectores populares. Nos aproximamos a la intersección de estas agendas de investigación observando que el dinero estatal se enraíza en la economía de los hogares pertenecientes a los sectores populares, demostrando cierta inclinación a los servicios financieros de acceso al consumo.

La conexión de dichas agendas señala la emergencia de una nueva infraestructura monetaria de pago en los sectores populares: los hogares titulares de TM reacomodoran sus relaciones sociales y sus prácticas monetarias para adaptarse de forma activa y creativa a las nuevas posibilidades de inclusión al mercado del consumo. Las TM no contributivas jugaron un rol central en el desarrollo de esta nueva infraestructura monetaria –considerando el ingreso de un dinero regular, la estabilidad del beneficio y la posibilidad del pago a través de un sistema bancario– que conecta familias, mercado y estado.

De forma reciente, se destacan dos trabajos que han llamado la atención sobre la expansión de las TM. En primer lugar, el antropólogo James Ferguson (2015) advirtió sobre el desafío político que conlleva la expansión del dinero estatal de las TM, marcando el inicio de una era de protección social que vincula al mercado y al consumo como formas de acceso al bienestar. En segundo lugar, la economista Lena Lavinas (2017) señalo la proliferación de TM en Brasil no sólo, como una serie de nuevas políticas redistributivas llevadas adelante por los gobiernos progresistas sino, también, como instrumentos paradójicos que promueven los procesos de financierización hacia todos los grupos sociales. Sin embargo, ambos trabajos le prestan poca atención a cómo el dinero existe realmente en la vida de los hogares pobres.

A través de este capítulo observamos como el dinero estatal redefine las lógicas familiares y las formas de regulación de acceso al mercado del consumo. Las escenas etnográficas analizadas nos permitieron explorar la dimensión moral del dinero y prestar atención a los efectos cualitativos de las políticas redistributivas: el enraizamiento de los programas de TM en los hogares de los sectores populares promueve oportunidades de consumo que producen nuevas relaciones sociales de género e intergeneracionales. El concepto de capital moral ilumina esta interpretación dado que, nos permite vincular dinero, moral y poder, para observar como el dinero jerarquiza moralmente a los diferentes miembros del hogar y, por lo tanto, circula produciendo negociaciones y relaciones de poder entre cónyuges, padres e hijos.

Nuestra sociología moral del dinero resulta innovadora porque ilumina un universo en permanente crecimiento y creciente complejidad: las dinámicas de poder y las relaciones de desigualdad que se dan en los hogares populares, a partir de la intersección de las transferencias de dinero estatal y su incidencia en las finanzas de la vida cotidiana familiar. Entonces, aportamos también a construir una interpretación plural del dinero que, no sólo trasciende las definiciones monolíticas (estatales, estadísticas, programáticas, etc.) sino que, además, permite observar como el dinero produce jerarquías y antagonismos morales en diferentes transacciones y en múltiples relaciones sociales (Wilkis, 2018).

Como vemos, los pobres y asistidos no solo dependen de las "ventanillas" de las secretarías de Acción Social de los municipios, sino también a las "ventanillas" de las agencias de crédito personal, de las cadenas de tiendas de electrodomésticos. Las condiciones de vida de estos sectores dependen de ambas "ventanillas". Ellos las articulan en el manejo de sus economías domésticas, pagando un crédito con el dinero de un plan o adquiriendo una tarjeta presentando un papel que certifique su condición de beneficiario. Sin embargo, la articulación en la práctica cotidiana contrasta con la desarticulación entre las políticas sociales y financieras. Los implementadores de las políticas sociales tienen pocos instrumentos para pensar la dimensión financiera de las condiciones de vida de los sectores populares; y los implementadores de las políticas financieras tienen pocos instrumentos para pensar la dimensión social de sus regulaciones. Las intervenciones de los primeros llegan hasta las puertas del mercado. Entre sus preocupaciones por aliviar las condiciones de vida de los sectores populares no se encuentran la preocupación por las tasas de interés que pagan en el uso de tarjetas o por el sobrecosto en las cuotas de los bienes que retiran de los comercios barriales. Las intervenciones de los segundos no consideran que los pobres estén insertos en el sistema financiero. Los economistas y los ejecutores de políticas económicas suelen pensar a los pobres como desmonetizados y fuera del sistema bancario y financiero.

Una política de rehabilitación económica de los sectores populares tiene que asumir como parte de su agenda la preocupación por las condiciones actuales del financiamiento del consumo popular. Hasta ahora, la agenda progresista relativa a las políticas financieras se centró en el crédito a la producción. Esta agenda no se agota en demandar financiamiento a sectores productivos medianos y pequeños, también debe asumir que el consumo tiene un rol político crucial, y alterar las condiciones de su financiamiento es abrir una agenda más completa sobre la incidencia de las finanzas en una política igualitarista.

## Referencias bibliográficas

Absi, P. (2009) "Trabajo, género e ingresos entre las comerciantes minoristas de Potosí". *Revista T'inkazos, 26,* 69-90.

ANSES (2012) "La asignación universal por hijo para protección social. Documento del Observatorio de la Seguridad Social, 2012". Disponible en: <http://observatorio.anses.gob.ar/documentos-trabajo.php>.

Banco Mundial (2009) "Transferencias monetarias condicionadas: reduciendo la pobreza actual y futura". *Documento de trabajo Banco Mundial,* Washington, DC.

Blanc, J. (2009) "Usages de l'argent et pratiques monétaires". En: Steiner, P. y Vatin, F., *Traité de sociologie économique.* París: Presses Universitaries de France, 649-688.

Bloch, M. & Parry, J. (eds.) (1989) *Money and morality of exchange.* Cambridge: Cambridge University Press.

Bohannan, P. (1967) "The impact of money on an african subsistence economy". En: Dalton, G. (ed.) *Tribal and peasant economies. Readings in economic anthropology* (pp. 123-135). New York: The Natural History Press.

Bourdieu, P. (2003) *Méditations pascaliennes.* Paris: Seuil.

Cecchini, S. y Madariaga, A. (2011) "Programas de transferencias condicionadas: balance de la experiencia reciente en América Latina y El Caribe". *Cuadernos de la CEPAL* n° 95.

COMISIÓN ECONÓMICA PARA AMÉRICA LATINA Y EL CARIBE (2016) "Base de datos de programas de protección social no contributiva en América Latina y el Caribe". *Informe para el Centro de Estudios Sociales de la Economía sobre datos de Encuesta Nacional de Gastos de Hogar.* Disponible en: <http://dds.cepal.org/bdptc/#esCESE>.

CRUCES, G.; MORENO, J.M.; RINGOLD, D.; ROFMAN, R. (eds) (2008) *Los programas sociales en Argentina hacia el bicentenario.* Buenos Aires: Banco Mundial.

DALTON, G. (1965) "Primitive money". *American Anthropologist, 67*, 44-65.

DODD, N. (2014) *The Social Life Of Money.* Nueva Jersey: Princeton University Press.

EGER, T.J. & DAMO, A.S. (2014) "Money and morality in the Bolsa Familiar". *Vibrant – Virtual brazilian anthropology, 11* (1), 250-284.

FERGUSON, J. (2015) *Give a man a fish. Reflections on the new politics of distribution.* New York: Duke University Press.

GONZÁLEZ DE LA ROCHA, M. (2006) *Familias y política social en México. El caso de Oportunidades.* Texas: University of Texas.

GUERÍN, I. (2010) "Las mujeres pobres y su dinero: entre la supervivencia cotidiana, la vida privada, las obligaciones familiares y las normas sociales". *Revista de estudios de género. La ventana, 4* (32), 7-51.

GUYER, J. (ed.) (1994) *Money matters: instability, values and social payments in the modern history of west african communities.* London: Elsevier.

GUYER, J. (2012) "Soft currencies, cash economies, new monies: Past and present". *PNAS* n° 109, 2214-2221.

HANLON, J.; BARRIENTOS, A. y HULME, D. (2010) *Just give money to the Poor. The Development Revolution from the Global South.* Sterling, Virginia, USA: Kumarian Press.

HART, K. (2004) "Money: one anthropologist's view". En: Carrier, J. (ed.), *Handbook of economic anthropology.* Massachussetts: Edward Elgar Plubishing Limited.

HORNES, M. (2017) "Políticas sociales y significados plurales del dinero: la producción social de las transferencias monetarias". Tesis de Doctorado en Sociología. IDAES/UNSAM.

HORNES, M. (2015) "Controversias en torno a la construcción pública del dinero". *Cuadernos de antropología social, 42*, 55-71. Disponible en: <http://revistascientificas.filo.uba.ar/index.php/CAS/article/view/2301>.

HORNES, M. (2016) "Entre condiciones expertas y negociaciones prácticas: la generización del dinero proveniente de las transferencias monetarias condicionadas". *Horizontes antropológicos, 22* (45), 77-104. Disponible en: <http://www.ufrgs.br/ppgas/ha/>.

HORNES, M. (2014b) "Etnografiar políticas sociales. Reflexiones de una conversión disciplinar". *Anuario de antropología social y cultural en Uruguay, 12*, 215-228.

HORNES, M. (2014a) "Transferencias condicionadas y sentidos plurales: el dinero estatal en la economía de los hogares argentinos". *Revista Antípoda* n° 18 - Antropología y economía II, 61-83.

KREUTZER, S (2004) "Una mujer con dinero es peligrosa. Cuestiones de género en el manejo del dinero y la deuda a nivel familiar". En: VILLAREAL, M. (org.), *Antropología de la deuda. Crédito, ahorro, fiado y prestado en las finanzas cotidianas*. México: CIESAS/Miguel Ángel Porrúa.

KURODA, A. (2008) "Concurrent but non-integrable currency circuits: complementary relationships among monies in modern China and other regions". *Financial History Review, 15*, 17-36.

LAVINAS, L. (2017) *The Takeover of Social Policy by Financialization. The Brazilian Paradox*. Nueva York: Palgrave Macmillan.

LEBITSKY, S. & KENNTH, R. (eds.) (2011) *The resurgence of the Latin American left*. Baltimore: John Hopkins University Press.

LUZZI, M. & WILKIS, A. (2018) "La bancarización y acceso al crédito". En: PIOVANI, J. y SALVIA, A. (eds.), *La Argentina en el Siglo XXI. Cómo somos, vivimos y convivimos en una sociedad desigual*. Buenos Aires: Editorial Siglo XXI.

MARX, K. (1976) *Capital: A Critique of Political Economy*. Penguin London.

OLIVEN, R. & PINHEIRO MACHADO, R. (2012) "From "Country of the future" to Emergent country: popular consuption in Brazil". En: SINCLIAR, J. & PERTIERRA, A.C., *Consumer Culture in Latin America* (pp. 53-65). Palgrave McMillan.

POLANYI, K. (2001) *The Great Transformation: The Political and Economic Origins of Our Time*. Boston: Beacon Press.

SAMPINI, M. & TORARILLI, L. (2012) "The growth of conditionals cash transfers in Latin America end the Caribbean: did they go too far?". En: Neri, A. (ed.), *IDB Policy Brief. UNICEF, (2010) Asignación universal por hijo - Ciclo de conferencias*. Buenos Aires: Asociación Argentina de Políticas Sociales.

SIMMEL, G. (1996) *Philosophie de l'argent*. París: Presses Universitaires de France.

SKOUFIAS, E. & PARKER, S. (2001) "Conditional Cash Transfers and Their Impacts on Child Work and Schooling: Evidence from the Progresa Programa in Mexico, FCND". *Discussion Paper* n° 123, *Instituto Internacional de In-*

*vestigación de las Políticas Alimentarias (IFPRI)*. Washington, D.C. Disponible en: <http://www.ifpri.org/>.

THERET, B. (ed.) (2007) *La monnaie dévoilée par ses crises*. Paris: Éditions de l'EHESS.

VILLATORO, P. (2005) "Programas de transferencias monetarias condicionadas. Experiencias en América Latina". *Revista de la CEPAL* n° 86. Santiago de Chile.

WEBER, F. & DUFY, C. (2009) *Más allá de la gran división. Sociología, economía y etnografía*. Buenos Aires: Antropofagia.

WEBER, F. (2002) "Práticas económicas e formas ordinárias de cálculo". *Mana. Estudos de antropologia social*, 8 (2), 151-182.

WILKIS, A. (2018) "Quand l'argent vient de l'État Hiérarchies monétaires et antagonismes moraux dans la politique d'assistance aux classes populaires argentines". *Revue Raisons Pratiques, 26*, État et société politique. Approches sociologiques et philosophiques, coordinado por Bruno Karsenti & Dominique Linhardt (pp 9-34).

WILKIS, A. (2017) *The Moral Power of Money. Morality and Economy in the poor people life*. Standford: Standord University Press.

WILKIS, A. (2014) "Sociología del crédito y economía de las clases populares". *Revista Mexicana de Sociología, 76* (2), 225-252.

ZELIZER, V. (2009) *La negociación de la intimidad*. Buenos Aires: Fondo de Cultura Económica.

ZELIZER, V. (2011) *El significado social del dinero*. Buenos Aires: Fondo de Cultura Económica.

# 11 / Perspectivas de la seguridad social en economías financierizadas. El caso argentino

*Roberto Arias¹ y Rodrigo Ruete²*

## 1. Introducción³

La seguridad social en las últimas dos décadas en Argentina se ha convertido en una de las herramientas fundamentales para lograr la inclusión social, reducir las desigualdades y, al mismo tiempo, un instrumento de política económica desde donde apalancar el consumo y el crecimiento económico. Pero desde otra perspectiva, también se escuchan voces que promueven el recorte de las prestaciones esgrimiendo el argumento de su insustentabilidad actual, de su excesiva presión fiscal y promoviendo la incorporación de herramientas financieras privadas para generar un mercado de capitales basado nuevamente en los fondos privados de pensión.

Estas miradas antagónicas parten de una interpretación distinta del concepto de protección, pero también de una disputa sobre las posibilidades que la seguridad social otorga como herramienta de política económica. A nuestro juicio, este debate está también muy vinculado con el de la financierización del desarrollo.

Desde una perspectiva más expansiva de la seguridad social, se sostiene que en tiempos de crisis del trabajo una nueva cuestión social exige *"un Estado capaz de garantizar un conjunto coherente de protecciones en el marco geográfico y simbólico de la Nación porque conserva el control de los parámetros*

---

1   Doctor en Economía (UNLP) y Master en Administración Pública (Columbia University). Profesor Maestría en Finanzas FCE-UBA. rjarias91@gmail.com

2   Master en Acción Política (UFV, UFJC). Profesor de Políticas Públicas UNAHUR. rruete@gmail.com

3   Agradecemos los valiosos comentarios del profesor Arturo Trinelli y de Miguel Fernández Pastor a versiones preliminares de este capítulo. Errores y omisión son responsabilidad de los autores.

*económicos y su desarrollo social con vistas al mantenimiento de la cohesión social"* (Castel, 2008, p. 55).

Desde esta perspectiva, podríamos definir seguridad social como el conjunto de recursos, organizados y sistematizados por el Estado, tendientes a satisfacer las necesidades esenciales generadas a las personas que conviven en una sociedad, en función de una serie de contingencias sociales que las afectan, creadas por la desigualdad, la pobreza, la enfermedad y la vejez (Fernández Pastor y Marasco, 2009).

La historia de la seguridad social propone enfoques antagónicos para fundar regímenes de bienestar que determinan, según la perspectiva en que se funden, un alcance diferente de sus protecciones y de sus formas de financiamiento. En una primera aproximación, podemos distinguir entre regímenes de tipo liberal, conservador bismarckiano y socialdemócrata beveridgiano (Esping-Andersen, 1993).

En el modelo liberal, el sistema de protecciones se fundamenta en las opciones de mercado y se legitima la intervención estatal sólo en forma de asistencia, con un sentido compensador focalizado para aquellos desprotegidos que requieran un acompañamiento hasta tanto logren un equilibrio económico. La propuesta bismarckiana, en cambio, establece el sistema de protecciones a partir de la lógica del seguro social obligatorio, en donde las prestaciones se financian por aportes y contribuciones de los trabajadores asalariados y sus patrones, enraizando la seguridad social en el derecho del trabajo. En una tercera postura, la propuesta de Beveridge se basa en ampliar la cobertura de la seguridad social a prestaciones universales que se financian desde los impuestos y presupuestos generales del Estado, legitimando la seguridad social a la condición de derecho humano y estableciendo un piso de protección relacionado a la mera condición de ciudadano.

La seguridad social argentina se construyó con elementos de las tres visiones. Su historia se inicia en 1904, mediante la Ley 4.349, de creación de la primera Caja Nacional de Jubilaciones y Pensiones, que reconoció el beneficio jubilatorio a funcionarios, empleados y agentes civiles del Estado. En las décadas siguientes se crearon más cajas, por rama de actividad.

En 1943, tomando como hito el nombramiento del Coronel Juan Domingo Perón en la Secretaría de Trabajo y Previsión, comenzó un proceso de reforma, ampliación del alcance y fortalecimiento del sistema. La propia ampliación del sector asalariado generó un fortalecimiento de las cajas previsionales de cada sector ocupacional, de un fuerte carácter redistributivo de tipo "vertical" (o sea dentro del sector). En 1946 se dictó el Decreto Ley 9316 de "reciprocidad", que dio inicio al proceso de unificación del sistema y que continuó los años siguientes, con una mayor progresividad "horizontal". Sin embargo, la evolución del sistema de seguridad social en Argentina también exhibió una serie de fracasos sucesivos con recurrentes crisis económicas que de forma reiterada se iniciaron por la quiebra del sistema previsional.

En Argentina hoy, a 25 años de la reforma que creó el sistema de capitalización individual y a 10 años de su eliminación, se ha instalado nuevamente una discusión acerca de la necesidad de una reforma integral del sistema e incluso se crea con tal intención el Consejo de Sustentabilidad Previsional (art. 12 de la Ley de "Reparación Histórica", N° 27.260). En este capítulo analizaremos distintos criterios de evaluación de los sistemas de seguridad social y discutiremos las motivaciones, resultados y limitaciones que tuvieron las reformas de los últimos 25 años, a la luz del proceso financierización, a fin de aportar al debate sobre las características que debería tener una eventual reforma del sistema.

## 2. La teoría económica de los sistemas de seguridad social

Si se mira el sistema previsional en su relación con las cuentas nacionales, hay dos esquemas bien diferenciados respecto al financiamiento y la definición de las prestaciones. Uno es el *sistema de reparto*, donde la población activa y con empleo financia, mediante una contribución sobre su salario pero también mediante impuestos generales, a las personas inactivas o desempleadas. Cuando un sistema de reparto tiene superávit, esos fondos deberían ser destinados a un "fondo de garantía" a ser utilizado en períodos con déficit. Por el contrario, si el sistema no puede ser cubierto por el fondo de garantía, deberá ser financiado por el Tesoro mediante impuestos con destino específico o directamente con transferencias financiadas con rentas generales. Cuando el sistema tiene financiamiento contributivo (o sea, a partir de los aportes y contribuciones de los trabajadores registrados) pero también de rentas generales, se dice que es un sistema de reparto "asistido", que es el sistema que tiene hoy Argentina.

El sistema de reparto usualmente tiene un *beneficio definido*, la ley establece los requisitos de acceso al beneficio previsional y la forma de cálculo del mismo, el cual puede tener una mayor relación o no con los aportes realizados. Mientras mayor sea la relación, menos progresivo será el sistema, ya que la distribución de los beneficios seguirá una pauta muy similar a la distribución de los salarios. La discusión sobre el grado de progresividad es central en los regímenes de reparto e incluso se presenta un debate importante sobre el alcance que deberían tener las prestaciones universales, es decir, beneficios que pueden recibir personas que no aportaron durante la totalidad de los períodos que establecen las normas jubilatorias.

El esquema alternativo es el *régimen de capitalización*, el cual puede ser individual o colectivo (aunque nosotros aquí nos referiremos principalmente al de capitalización individual). En este sistema, los trabajadores activos ahorran parte de su salario en fondos que se invertirán en activos financieros. Cuando esas personas se retiren, o necesiten los ahorros por haberse quedado sin ingresos, podrán utilizar el capital originalmente invertido más los intereses. En un sistema de capitalización "maduro", los mismos activos financieros que adquieran los aportantes al sistema con sus contribuciones serán los que se estarían desprendiendo los jubilados para obtener una prestación previsional, ya que ambos grupos operan teóricamente dentro del mismo sistema financiero. O sea que aquí también hay una transferencia de ingresos entre la población activa y la inactiva, pero no a través de una agencia gubernamental sino mediante el sistema financiero y en particular el marcado de capitales. Los regímenes de capitalización, se espera tengan una *contribución definida*. El beneficio surgirá de un cálculo financiero y actuarial aplicado sobre los fondos ahorrados y en principio no hay espacio para prestaciones no contributivas.[4]

Algunos autores consideran que no hay una diferencia sustancial entre un sistema de reparto y uno de capitalización, al menos desde un punto de vista macroeconómico (Cesaratto, 2002). En ambos prevalece un segmento de la población que ahorra parte de sus ingresos (obligatoriamente) los cuales con destinados al sector de la población sin ingresos. La diferencia radica en que en el sistema de capitalización interviene el mercado de capitales mediando esa transferencia de ingresos, lo cual implica mayores costos e incertidumbre. Este no es un elemento menor, ya que permite observar los efectos de la financierización en la seguridad social, es decir, del cambio de eje de la protección social y el crecimiento económico hacia el interés de las corporaciones financieras y sus accionistas, bajo el supuesto de que el sistema de seguridad social puede ayudar a desarrollar los mercados de capitales y así promover el ahorro.

Un resultado usual de la teoría económica convencional es que los sistemas de capitalización individual promueven el ahorro más que los sistemas de reparto, los cuales generan un fuerte desincentivo al ahorro (Feldstein, 1974). Este es también uno de los fundamentos de los pilares de "ahorro voluntario" que se constituye en una variante de estos sistemas. Otra ventaja teórica de los sistemas de capitalización es que tienden a ajustar en forma automática ante

---

4   Estos son casos extremos, en el sistema chileno, por ejemplo, que fue un ejemplo de sistema de capitalización, luego se incorporaron durante el gobierno de Bachelet un pilar de inclusión solidario universal. Aun así la sociedad chilena sufre un fuerte debate en relación a la cobertura y la tasa de sustitución de sus prestaciones.

cambios demográficos y por lo tanto serían más sustentables que los sistemas de reparto. Por ejemplo, ante un aumento en la esperanza de vida las personas que ya están jubiladas utilizarán la misma cantidad de fondos para su retiro (su ahorro original más intereses), aunque deberán aplicarlos a más años, reduciendo así el monto del beneficio anual y sin afectar la sustentabilidad del sistema. Por otro lado, cuando la población joven se reduce, el sistema de capitalización también ajustará vía el rendimiento de los activos financieros, ya que menos jóvenes estarán dispuestos a adquirir los activos que se están desprendiendo los adultos mayores. El riesgo demográfico lo asume la población pasiva. Cambios demográficos de este tipo, por el contrario, ponen en jaque a los sistemas de reparto: cuando comienzan a escasear los fondos deberán reformarse las leyes que establecen los beneficios, o incrementar de alguna forma los recursos del sistema (con nuevos impuestos o aumentos de los existentes). Este cambio demográfico es uno de los principales argumentos esgrimidos desde la orto-doxia económica para promover reformas a los sistemas de reparto e ir hacia regímenes de capitalización.

Sin embargo, esta visión desde una teoría económica convencional deja de lado al menos dos aspectos muy relevantes. En primer lugar, debe reconocerse el impacto de la política fiscal en la demanda agregada y el crecimiento econó-mico, ya que un sistema de capitalización o uno de reparto funciona diferente al respecto. Desde una visión keynesiana-kaleckiana, se considera necesario llevar a cabo políticas fiscales para alcanzar cierta estabilidad y dinamismo en la demanda agregada ya que la economía, funcionando sin intervención, puede llevar a situaciones de bajo nivel de empleo y crecimiento (Kalecki, 1943).

La redistribución del ingreso se convierte en un instrumento ya que implica cobrar impuestos a personas con mayor capacidad de ahorro y transferir ese ingreso a personas que ahorran menos, generando un incremento en el consumo privado y en la demanda agregada. Entonces, el sistema previsional juega un rol central como sistema de redistribución ya que al promover un aumento autónomo de la demanda agregada es un factor endógeno de crecimiento eco-nómico. El mismo Beveridge con una visión claramente keynesiana establece la necesidad de que "*El consumo privado debe ser incrementado y estabilizado mediante una acción del Estado redistribuyendo el ingreso con medidas de la seguridad social con impuestos progresivos*" (citado en Cesaratto, 2002, p. 172, traducción propia).

Desde este punto de vista, un sistema de reparto, mientras más redistributivo sea, aún siendo deficitario, genera mayor ingreso nacional y por lo tanto mayor inversión y ahorro. La debilidad del sistema no pasa por promover un bajo ahorro, sino por las resistencias habituales que genera toda política de redistribución de ingresos. El grado en el cual se realice esa redistribución depende en última instancia de la relación de fuerzas entre los grupos que se ven perjudicados y beneficiados por la misma y la sustentabilidad del sistema también depende de esa relación (Kalecki, 1943).

El segundo aspecto en el debate asociado a las supuestas ventajas de un régimen de capitalización respecto a uno de reparto tiene que ver con los costos de transición. Mientras se iba dando la transición demográfica en los países desarrollados, se comenzó a discutir la necesidad de abandonar los sistemas de reparto (por la vulnerabilidad que tendrían respecto a los cambios demográficos) e ir hacia sistemas de capitalización. El problema surge al analizar la transición, porque implica un incremento importante en el ahorro, ya que los trabajadores activos deberán aportar para pagar los beneficios actuales y además también para ir conformando su cuenta de capitalización individual. En Argentina, como veremos, este fue uno de los problemas insalvables del sistema de capitalización. Mientras la mayor parte de los aportes de los trabajadores activos iban a fondos de inversión, el Estado debía hacerse cargo de los beneficios ya otorgados, para lo cual requería un financiamiento adicional (que en última instancia también surgía del ingreso de los trabajadores activos). Si a esto le sumamos los costos administrativos –mucho más altos que los del sistema de reparto– y el riesgo financiero, se produjo una situación donde los beneficios que recibían las clases pasivas no eran coherentes con el nivel de los aportes de los activos. Esta diferencia entre las expectativas y la realidad fue lo que llevó al fracaso al sistema de capitalización.

En conclusión, vemos que, a la luz de distintas teorías económicas y modos de acumulación de capital, los criterios para evaluar los sistemas previsionales son variados. En el marco de un modo de acumulación liderado por el salario y el consumo, uno de los principales factores para considerar el éxito del sistema previsional es su impacto en la distribución del ingreso y por lo tanto en el crecimiento económico. Eso supone, como veremos, que el sistema tenga una alta cobertura, pero también que la forma de financiarse y de definir los beneficios que se otorguen sean progresivos. Para esto es necesario, aunque no suficiente, que el sistema previsional sea de reparto.

## 3. La reforma argentina: la creación de las AFJP y el regreso al reparto

En los años noventa se aprueban en distintos países de la región reformas de los sistemas previsionales de reparto, inmersos en fuertes crisis de financiamiento. En Argentina, la reforma que se sanciona (en el año 1993, mediante la Ley 24.241) es congruente con lo que venía proponiendo el Banco Mundial en el marco de las políticas del "Consenso de Washington", orientadas a la privatización de empresas públicas, la desregulación económica y la apertura comercial. La propuesta de reforma del Banco Mundial quedó reflejada en el informe "Envejecimiento sin crisis" y puede resumirse en un sistema con tres pilares (Banco Mundial, 2004):

- Un sistema público de reparto orientado a reducir la pobreza y que debería cubrir las necesidades básicas de la población más vulnerable;
- Un sistema de capitalización individual administrado en forma privada, que debería promover la eficiencia del sistema mediante la participación del sector privado (superior, supuestamente, a la gestión pública), fomentar el ahorro y promover el crecimiento de los mercados de capitales;
- Un sistema de capitalización voluntario administrado en forma privada, que complemente los sistemas anteriores a fin de permitir un beneficio mayor para las personas que lo quieran hacer, permitiendo a la vez a las empresas brindar un beneficio adicional a sus trabajadores.

La reforma de 1993 efectivamente estableció un sistema mixto, con un componente público y de reparto (residual), creando la Administración Nacional de la Seguridad Social (ANSES) para su administración y uno de capitalización individual, en manos de las Administradoras de Fondos de Jubilaciones y Pensiones (AFJP) que también aceptaba aportes voluntarios, adicionales a los obligatorios. En definitiva, una reforma muy congruente con la propuesta del Banco Mundial.

La reforma tenía como objetivos aumentar la eficiencia del sistema mediante una mejor administración que brindaría el sector privado, al tiempo que también buscaba reducir la vulnerabilidad fiscal al funcionar principalmente mediante un esquema de capitalización individual. Asimismo, se proponía mejorar la "sustentabilidad" del sistema incrementando significativamente los requisitos para acceder a una prestación previsional. Esto último también se esperaba que redujese los costos de la transición, ya que menos personas podrían acceder a un beneficio contributivo.

Los objetivos no sólo no se cumplieron, sino que la situación a los diez años de implementada la reforma eran aún peores que al inicio. En primer lugar, el sistema de capitalización individual administrado en forma privada fue, por lejos, mucho más ineficiente en la administración de los fondos que el sistema público. Los costos de administración de los fondos fueron insólitamente altos, en el orden del 30% de los aportes, y a esto había que sumarles seguros por invalidez y de vida también muy costosos. En segundo lugar, la transición generó un esfuerzo fiscal muy grande, al punto de hacerse insostenible, especialmente en un escenario de alto desempleo e informalidad. La deuda que comenzó a emitir el Tesoro para cubrir ese déficit terminaba conformando el activo de las Administradoras de Fondos de Jubilaciones y Pensiones (AFJP). De este modo, el Tesoro financiaba el déficit previsional, pero a un costo altísimo, ya que tenía que emitir bonos a tasas altas, mientras que las AFJP cobraban además una comisión por esa administración. Eso también atentó con uno de los objetivos de la reforma, que era promover un mercado de capitales que canalice fondos frescos a la inversión productiva y de infraestructura, ya que finalmente la gran mayoría de los fondos eran invertidos en títulos públicos (en 2007, cerca del 60% de los fondos de las AFJP eran títulos del Tesoro Nacional). Por último, el incremento de los requisitos para acceder a una prestación, sumado a un mercado de trabajo con pésimos indicadores (alto desempleo, persistente informalidad y estancamiento del salario real) y un rendimiento muy pobre de los activos financieros administrados por las AFJP, generaron una situación de caída de la cobertura previsional y de reducción muy marcada en el valor real de las prestaciones (Bertranou y otros, 2012). Con la crisis económica del año 2001, el sistema entró en una crisis severa, incluso mucho más grave que la que había motivado su reforma de 1993.

## 4. La creación del SIPA y las reformas para desfinancierizar la seguridad social

A principios del nuevo siglo, encontramos en la Argentina altos niveles de pobreza y desocupación, pero además una situación de alta vulnerabilidad en los sectores más desprotegidos, especialmente los adultos mayores y la infancia. Para revertir esta situación se produjeron cambios fundamentales en la seguridad social a partir de políticas públicas orientadas a la ampliación de la cobertura de las prestaciones, la vuelta a un sistema de reparto y la desfinancierización del sistema.

Un paso importante fue la creación del Plan de Inclusión Previsional (Ley 25.994 y Decreto 1454/05), que estableció una moratoria para la adquisición de aportes para los trabajadores que, estando en edad de jubilarse, no alcanzaran los periodos que establece la norma. Vale destacar que esa incorporación al sistema generó, además de un ingreso estable mensual, la posibilidad de obtener una obra social con prestaciones de salud, entre otros beneficios adicionales. Si bien desde un punto de vista normativo estas moratorias mantenían una perspectiva bismarckiana e igualaba a los titulares de derecho en una sola categoría de jubilados, en los hechos significaron una muy importante ampliación de la cobertura previsional mediante el otorgamiento de prestaciones no contributivas.

Esta ampliación de la cobertura de las jubilaciones vino de la mano de un período de crecimiento sostenido de la economía que también se manifestó en la suba del empleo formal, del salario real y por lo tanto de los aportes y contribuciones a la seguridad social. En paralelo, se creó en julio de 2007 el Fondo de Garantía de Sustentabilidad (FGS) mediante el Decreto 897/07, con activos que provenían de las cuentas de capitalización de personas que volvieron voluntariamente al sistema de reparto, el cual jugaría un rol relevante en el futuro.

En 2008 la seguridad social se convirtió en una herramienta fundamental para responder a los impactos locales de la crisis financiera global que se desata con la caída de Lehman Brothers. En octubre de 2008 se sancionó la Ley 26.417 que establece un índice de actualización automático de las jubilaciones y pensiones a partir de la evolución de la recaudación y los indicadores salariales del sistema. En diciembre de 2008 se sanciona la ley 26.425 de creación del Sistema Integrado Previsional Argentino por la cual se vuelve definitivamente al sistema solidario de reparto y se da fin a las AFJP, cuyos activos financieros son transferidos y pasan a ser administradas por el FGS de la ANSES.

La ampliación de la cobertura de las prestaciones de la seguridad social tuvo un nuevo hito con el Decreto 1602 de octubre de 2009 que incorporó al sistema de asignaciones familiares a los hijos de los desocupados y trabajadores de la economía informal, creando la Asignación Universal por Hijo. Con este programa se incluyeron 3,5 millones de niños y niñas a la seguridad social. La AUH implicó un nuevo paradigma de protección de la niñez (Mazzola, 2015). La AUH rompe la barrera de las prestaciones no contributivas, pero enraizando esta nueva prestación en la legislación laboral y en una de sus prestaciones históricas, las asignaciones familiares. Es, a diferencia de los programas de transferencias monetarias condicionadas usuales en la región, una prestación universal que fue asumida como una política con perspectiva de derecho en el sistema de seguridad social (Zarazaga, 2015).

La expansión de la seguridad social tuvo otros saltos de crecimiento con los programas Conectar Igualdad por el que se distribuyeron computadoras personales para los alumnos de las escuelas secundarias públicas, el PROGRESAR que generó una prestación para jóvenes entre 18 y 24 años que se incorporen a la educación formal y de oficios, y el PROCREAR de créditos hipotecarios.

La expansión de las prestaciones de la seguridad social estableció un piso de protección social que posibilitó la formulación de otros programas a partir de la fortaleza de sus bases de datos de personas y de la posibilidad tecnológica y territorial de alcanzar un amplio universo de población. Sobre esta base se implementaron subsidios a los servicios públicos como el SUBE (transporte de pasajeros), la garrafa social o las tarifas sociales. También se convirtió en una herramienta para atender las necesidades económicas urgentes en catástrofes naturales como inundaciones o grandes incendios para asistir a familias damnificadas.

A continuación, presentamos algunos resultados de las reformas de los 2000 (fuente: Presidencia de la Nación, 2015):

i) Entre el año 2003 al 2015, se duplicaron el total de beneficios previsionales, pasando de 3,2 a 6,4 millones, lo cual incrementó sustancialmente la cobertura del sistema (de un promedio de 65% a más del 90%). Cerca de la mitad de los nuevos beneficios fueron incorporados gracias a los Planes de Inclusión Previsional.

ii) En el período 2003 al 2008, y con un contexto inflacionario, los aumentos en el haber nominal mínimo fueron superiores al resto de los haberes. Esto sumado a que la mayoría de las altas por moratoria previsional obtuvieron también un haber mínimo, implicó un "achatamiento" muy significativo de la pirámide de haberes, generando un impacto redistributivo mucho mayor del sistema.

iii) A partir del año 2009, se comienza a aplicar la nueva Ley de Movilidad Jubilatoria que permitió una recuperación gradual del poder adquisitivo de las prestaciones, ya que cada índice de movilidad semestral estuvo por arriba del incremento en el índice de precios.

iv) El financiamiento del sistema también tuvo una mejora muy significativa. Por un lado, gracias a un contexto macroeconómico muy favorable, se duplicaron la cantidad de trabajadores registrados aportantes, pasando de cerca de 4,5 a 9,4 millones (años 2002 a 2015). A esto hay que sumarle que, a partir de la eliminación del régimen de capitalización, la totalidad de los aportes y contribuciones sobre el salario pasaron a financiar el sistema público de reparto.

v) El gasto en seguridad social como porcentaje del PBI, pasó del 4,6 al 9,8%, mientras que los ingresos por aportes y contribuciones pasaron del 2% al 7,4% del PBI. En el año 2015, el gasto en seguridad social representaba casi el 17% del total del consumo privado.

En definitiva, la eliminación del régimen de capitalización, junto con un entorno macroeconómico favorable, generó nuevos recursos al sistema que permitieron brindar prestaciones no contributivas y ampliar la cobertura sin descuidar la sostenibilidad financiera del sistema. Esta ampliación en los recursos que entraron al sistema y que se redistribuyeron progresivamente, también tuvo que ver con el entorno macroeconómico favorable. Una porción significativa de la tasa del crecimiento económico en el período debe ser atribuido al impulso fiscal que generaron estas reformas (Amico, 2013). Se generó un círculo virtuoso de mejoras macroeconómicas y ampliación del sistema en forma sustentable.

## 5. La seguridad social y el financiamiento del desarrollo económico

### 5.1. Inversión de los activos financieros: oportunidades y limitaciones

Con la creación del nuevo sistema previsional en el 2008 se decide que los activos financieros acumulados en los casi 15 años de funcionamiento del régimen de capitalización individual formen parte del Fondo de Garantía de Sustentabilidad.

Esta decisión es central ya que el FGS tiene un objetivo muy distinto al que regía la política de inversiones de las administradoras privadas, vinculada con la maximización del rendimiento de largo plazo de los activos. Así, las normas que crearon el FGS establecen que el mismo debe:

a. Atenuar el impacto del ciclo económico sobre el sistema previsional, es decir, se trata de un fondo anticíclico.
b. Invertir los excedentes del sistema y preservar el valor de los activos financieros que lo conforman, constituyendo un fondo de reserva que garantice las prestaciones futuras.
c. Atender la eventual insuficiencia de recursos del sistema previsional, protegiendo el valor adquisitivo de las prestaciones en el corto plazo (y mientras el sistema vuelve a un sendero sustentable para el largo plazo).
d. Aplicar los recursos con un criterio de seguridad y rentabilidad, pero también mirando el desarrollo sustentable de la economía nacional y promoviendo el dinamismo del mercado de trabajo que genere a su vez más recursos al sistema previsional.

De este modo, a partir de la estatización de estos fondos, hubo un cambio significativo en la política de inversión. De hecho, se modifican los artículos 74° y 76° de la Ley 24.241, que establecen los criterios de seguridad y rentabilidad para la aplicación de las inversiones del sistema previsional. Entre otras modificaciones, se amplía el "inciso q", el cual establece que los fondos deben contribuir al desarrollo económico mediante su aplicación a proyectos productivos y de infraestructura.

Con la estatización de los fondos de las AFJP (que eran un total de $80.209 millones de pesos) más los fondos que ya tenía el FGS por el traspaso de activos del sistema de capitalización al de reparto (por un total de $17.873 millones de pesos), se conforma un activo total a ser administrado por la ANSES por un total de $98.082 millones de pesos, al 9 de diciembre del 2008 (un poco más de 28 mil millones de dólares).

De este total, el 57% eran títulos del Tesoro Nacional, el 9,3% eran plazos fijos en bancos privados y un 8,3% eran acciones en sociedades anónimas. Luego de la aplicación durante siete años de la nueva política de inversiones (con escasos aportes nuevos y sin retiro de activos durante los siete años) a fines del año 2015, el activo total contabilizaba cerca de 60 mil millones de dólares (casi el 12% del PBI y el doble de las reservas internacionales del BCRA). Además de obtener una importante rentabilidad, hay un cambio notable en la composición de la inversión: se sextuplicó la participación de la inversión productiva (del 2,2 al 12,9%), mientras se liquidaron la participación en acciones de empresas extranjeras y otros activos de nulo interés estratégico (ver gráfico 1).

Gráfico 1: Composición del FGS por tipo de activo (% del total del activo) en 2008 y 2015

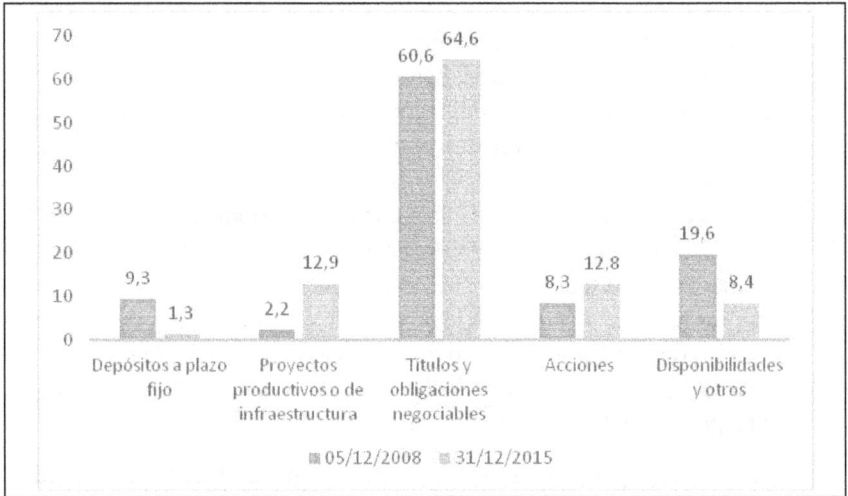

Fuente: Elaboración propia con datos de la ANSES (2016).

Respecto a la tenencia de acciones en sociedades anónimas que cotizan en el mercado de valores argentino, se destaca que los valores del FGS representaron en promedio un 8,92% del total de la capitalización del mercado (gráfico 2).

**Gráfico 2: Acciones del FGS como % del total de capitalización del mercado**

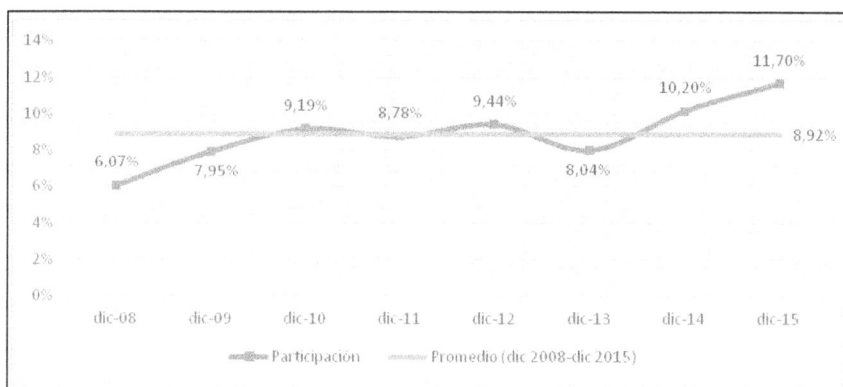

Fuente: Elaboración propia en base a la ANSES (2016).

Sin embargo, la política de inversiones también tuvo sus limitaciones. En primer lugar, se mantuvo, por necesidades del Tesoro, la participación de los títulos del Estado Nacional. Al ser el sistema previsional público y estando el Tesoro por lo tanto obligado a financiar los eventuales déficit que tuviese, esta es una deuda intraestado.[5] Una correcta contabilización por lo tanto indica que la transferencia de esos activos desde las AFJP al FGS significó una reducción de la deuda pública, pero estos activos no representan un valor de reserva del sistema previsional.

En segundo lugar, se destaca que se mantuvieron las principales participaciones en sociedades anónimas argentinas. Pero esta composición no reflejó necesariamente un vínculo con las prioridades del desarrollo nacional. De hecho, a fines del año 2015, si se toman las diez tenencias accionarias más importantes (representan casi el 80% del total de activos de este tipo que tiene el FGS) casi el 50% de este total está representado por bancos privados, mientras que también aparecen otros sectores de escaso interés para el desarrollo nacional (como servicios inmobiliarios y medios de comunicación) con importante participación. Esto es así porque las inversiones del FGS en sociedades anónimas fueron decididas por las AFJP, sin un interés en el financiamiento del desarrollo, sino, en el mejor de los casos, de maximización en el valor del activo financiero.

---

5    Ante un eventual déficit en el sistema previsional, la ANSES podría desprenderse de los títulos públicos o, por el contrario, solicitar fondos frescos al Tesoro Nacional, lo cual implica una emisión de deuda. Ambos caminos llevan a exactamente al mismo resultado.

Si bien se buscó que la ANSES ejerciera el derecho político en las sociedades, los resultados de esa iniciativa fueron escasos. Mediante el Decreto 441/11 se dejó sin efecto limitaciones en la designación de directores en representación del Estado y luego, con el Decreto 1278/12, se aprobó un reglamento para coordinar las actuaciones de los directores y establecer los objetivos generales de las mismas buscando el interés social y no exclusivamente el interés de valorización del capital de cada sociedad. Más allá de la judicialización de estas iniciativas, y la limitación por los sectores económicos representados, la participación minoritaria implicaba mayormente una actuación testimonial. De todas formas, la presencia de directores del estado en grandes empresas del país incorporó una nueva mirada en la relación del Estado y las empresas y mejoró el flujo de información y diálogo sobre problemáticas concretas. Esta experiencia, si bien no supone un cambio sustancial puede ser un antecedente para que las corporaciones tengan un contrapeso a la dinámica de financieriza-ción que describe este libro.

Por otro lado, las inversiones del "inciso q" (proyectos productivos y de infraestructura) sí estuvieron claramente vinculadas con las necesidades del desarrollo, ya que los principales proyectos financiados se centraron en vivienda, infraestructura vial y energía. Si bien se buscaron proyectos de alto impacto social, también se cuidó especialmente que sean rentables para el FGS. Este criterio, sumado a la propia restricción de liquidez (por la relevancia de los títulos públicos en el total del Fondo y porque casi no recibía fondos frescos), le puso un límite claro a la generación de líneas de crédito productivo o a la ampliación más rápida del crédito a la vivienda, sin duda ambos muy necesarios.

## 5.2 La seguridad social y el crédito popular como alternativa a la financierización

La ampliación de la cobertura de las prestaciones de la seguridad social en Argentina es una de las cuestiones más destacadas por los organismos inter-nacionales como una potencialidad para construir nuevas políticas públicas. Actualmente, la Administración Nacional de la Seguridad Social realiza men-sualmente más de 17 millones de pagos a titulares de derecho de jubilaciones, pensiones, asignaciones familiares, Asignaciones Universales por Hijo, des-empleo, escolaridad, etc.

De esta forma, se establece un piso de protección social que no solo sos-tiene un nivel de subsistencia de los sectores más vulnerables, sino también les garantiza un ingreso estable desde donde planificar un horizonte de vida con nuevas oportunidades.

Esta nueva realidad implicó la bancarización de amplios sectores de la población. Por otro lado, la extensión de la cobertura posibilitó la expansión del crédito de los sectores populares. En 2011, se crearon los créditos ARGENTA mediante el Decreto N° 246/11 donde se fijó un límite máximo al interés exigible por parte de las entidades privadas de financiamiento abocadas al crédito a los titulares de prestaciones del Sistema previsional.

De esta forma, se estableció un techo a las tasas usurarias que cooperativas y mutuales con código de descuento en la ANSES imponían sin riesgo a los jubilados y se estableció que la cuota mensual (incluidos todos los intereses) no podía superar el 30% de los ingresos netos mensuales. Así el decreto dispuso las bases para la creación de un sistema de crédito popular a jubilados y pensionados del SIPA de gestión puramente estatal y a cargo de la ANSES.

El acceso de las clases populares al crédito es materia de un amplio debate académico, discusión que se relaciona también con el rol de las instituciones de seguridad social en esta cuestión. Existen dos visiones en tensión sobre las consecuencias de la financierización de los titulares de transferencias (sean de la seguridad social o de programas de transferencias condicionadas): por un lado se promueve la "inclusión financiera" de los sectores más vulnerables como una herramienta para sostener a los trabajadores de la economía popular y para permitirles suavizar sus flujos de ingresos, su consumo y favorecer la acumulación de activos por parte de estos sectores, facilitándoles materializar inversiones productivas (Cabrera, 2014). Los programas que implican transferencias de ingresos generan entonces una "movilización financiera" que se convierte en un instrumento de inclusión social no solo para el aumento del consumo sino también para la acumulación de activos y la inversión en capital humano (Maldonado y otros, 2011).

Pero existe otra mirada, la de la crítica de los instrumentos financieros que castigan a los sectores más vulnerables especialmente con los préstamos de consumo del Sector Financiero Informal (SFI) al margen de las regulaciones impuestas por el BCRA como los requisitos de liquidez y el seguro de depósito (Migueltorena, 2013). Así es como se multiplican en los barrios populares los locales comerciales que ofrecen: "Crédito en una hora"; "¡Efectivo ya!"; "En el día", etc. En especial, motorizados por mutuales, prestamistas y empresas de electrodomésticos.

ARGENTA tuvo como objetivo inicial romper ese esquema usurario por el que los jubilados estaban expuestos a grandes excesos mediante a un programa de préstamos, siendo financiado con recursos provenientes del Fondo de Garantía de Sustentabilidad (FGS) de la ANSES. Al igual que con cualquier crédito otorgado por mutuales y otros organismos privados, las cuotas de los créditos del Programa

ARGENTA se descuentan mensualmente del haber previsional. Sin embargo, ARGENTA se distingue de otras instancias de crédito para adultos mayores porque está enteramente financiado por la ANSES, sin intervención de la banca privada y porque ofrece plazos y tasas mucho más ventajosas que los financistas privados. Del análisis del uso de los créditos ARGENTA en 2015 el 63,5% de los créditos se destinaron a mejoras o adquisiciones del hogar, destacándose la construcción (20%), los artículos del hogar (28%) y los gastos en supermercado (29%).

En 2016, la ANSES suspendió la emisión de Tarjetas Argenta convirtiendo el programa en un sistema de préstamos con código de descuento a depositar en la cuenta del jubilado. El siguiente paso fue extenderlo a todos los titulares de derecho de la ANSES. A partir de esta medida se generó una herramienta que impulsó el consumo en un contexto de ajuste en 2017 y 2018. A este nuevo giro del programa ARGENTA por su alto impacto electoral algunos periodistas económicos lo bautizaron el "chori financiero" como una expresión de clientelismo político del siglo XXI (Bercovich, 2017).

En diciembre de 2017 impulsado por el gobierno de Mauricio Macri se dictó la Ley 27.426 que modificó el índice de movilidad de las prestaciones de la seguridad social, que pasó a incorporar la evolución del Índice de Precios al Consumidor del INDEC y la variación de la Remuneración Imponible Promedio de los Trabajadores Estables (RIPTE) como componentes centrales. En los primeros seis meses de aplicación de la nueva fórmula, según distintas estimaciones, se puede aventurar que existió una pérdida del poder adquisitivo en orden del 10% en las prestaciones de la seguridad social, en relación a la movilidad anterior. Además, este ciclo de endeudamiento familiar se produjo en el marco de un proceso inflacionario, todo lo cual generó un retroceso de la protección social argentina en los últimos tres años.

## 6. Perspectivas de la seguridad social: entre la protección y la especulación

Para evaluar las reformas previsionales que se dieron en los últimos 25 años en Argentina, así como las iniciativas que están siendo analizadas para el futuro, volveremos brevemente a la discusión sobre los objetivos, desde un punto de vista del modo de acumulación, del sistema de seguridad social. La equidad en la distribución del ingreso es un objetivo en sí mismo, pero también ayuda a tener una economía más dinámica y permite una mayor cohesión social. Las economías modernas no tienen un instrumento más eficaz para mejorar la distribución del ingreso que la política fiscal y, dentro de la misma, el esquema de financiamiento y el alcance de las prestaciones de la seguridad social.

De hecho, un resultado usual es que mientras mayor es el tamaño del sistema de seguridad social, la equidad en la distribución del ingreso será mayor. Esto sucede porque la distribución de las prestaciones de la seguridad social es en general más igualitaria que los ingresos laborales, y éstos son, a su vez, más equitativos que los ingresos del capital. De este modo, la equidad en la distribución del ingreso aumenta mientras mayor es la importancia del sistema de seguridad social y disminuye mientras mayor relevancia tienen los ingresos del capital.

Este principio general puede ser estudiado en detalle analizando, por decil de ingreso familiar, la incidencia de los impuestos que financian el sistema y de las prestaciones que se pagan. Este ejercicio es realizado por Calabria y otros (2014), comparando la incidencia distributiva de la seguridad social para tres años: 1998 (o sea con el sistema de capitalización funcionando en régimen), 2004 (post crisis económica) y 2012 (post aplicación de las reformas 2006-2011).

**Gráfico 3: Transferencias Netas de la Seguridad Social por Decil de ingresos (como % del ingreso familiar)**

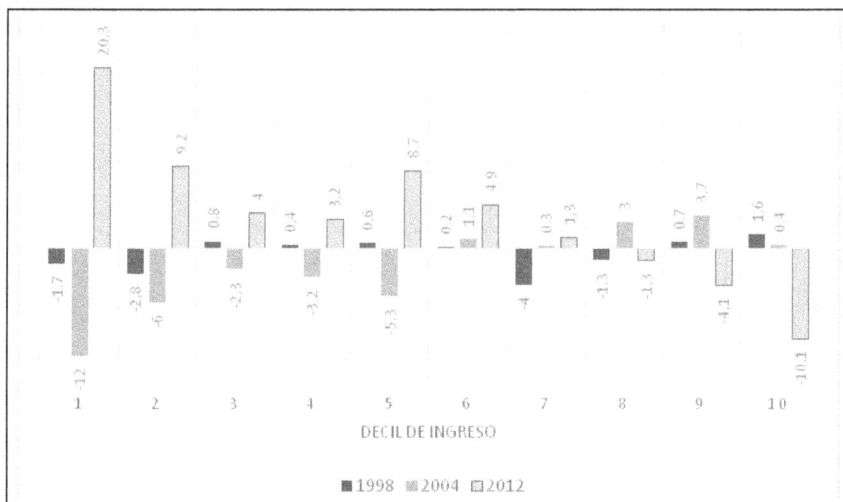

Fuente: Calabria y otros (2012)

El ejercicio que realizan les permite reconstruir mediante microsimulaciones una "transferencia neta" (o sea la diferencia entre lo que recibe cada familia respecto a lo que aporta) como porcentaje del ingreso familiar, utilizando la Encuesta Permanente de Hogares y los datos de ejecución presupuestaria del Estado Nacional. Una vez calculada esa transferencia neta y agrupando las familias por decil de ingreso, se puede analizar con detalle el impacto distributivo de la seguridad social, respecto a lo cual obtienen las siguientes conclusiones (ver gráfico 3):

- En 1998, el impacto distributivo era prácticamente neutro. Los deciles 1 y 2 (de menor ingreso) tenían un impacto de -1,7% y de -2,8% respectivamente, mientras que los deciles superiores (9 y 10) tenían un impacto positivo, pero también muy pequeño. Este resultado es notable porque en el año 1998 la gran mayoría de las prestaciones eran las heredadas del sistema de reparto (previas a la reforma del 1994). De hecho es el resultado de un sistema de reparto, pero con baja cobertura y con prestaciones contributivas que seguían una pirámide de ingresos similar a la de los ingresos en el mercado de trabajo, y prácticamente sin ningún tipo de prestación no contributiva.
- En 2004, por el impacto que tuvo la devaluación y la inflación luego de la crisis del 2001, especialmente en el valor de las jubilaciones mínimas, el sistema pasó a ser fuertemente regresivo. El decil de ingreso 1 tenía un impacto de -12% y el decil 2 de -6%. Esta es una situación anormal, que tuvo que ver con la fuerte crisis del 2001 que generó un pauperización general de todas las familias.
- En 2012, por el contrario, el sistema se convierte en fuertemente progresivo. El decil 1, tiene un impacto neto de la seguridad social en sus ingresos familiares del 20,3%, mientras que el decil 10 por el contrario tiene un impacto de -10,1%. Si vemos la diferencia con el año 1998 (y no tomamos el 2004 por la particularidad de ser un período post crisis macroeconómica) notamos que en un caso el sistema reproduce la distribución de ingresos del mercado (1998) mientras que en el otro se produce una fuerte redistribución (2012).

La metodología utilizada por Calabria y otros (2014) permite además discriminar el origen de este cambio tan grande en el impacto distributivo del sistema. Ellos afirman que fueron la ampliación de la cobertura y la aplicación de prestaciones no contributivas las que generan este efecto. De este modo, mientras que el gasto en la Asignación Universal por Hijo se aplica en un 73,5% en los primeros dos deciles de ingresos, los beneficios por el Plan de Inclusión Previsional se concentraron en el decil 5 y 6. Aquí se ve con claridad la importancia del otorgamiento de prestaciones no contributivas. Si todas las prestaciones son de tipo contributivo, las transferencias de la seguridad social tienden a replicar la distribución de ingresos que genera el mercado laboral, y el impacto distributivo es mínimo.

Si bien es muy reciente evaluar las reformas impulsadas desde diciembre del 2015 en adelante, está claro que las dos políticas más relevantes (la "Reparación Histórica" y la no renovación de los Planes de Inclusión Previsional, reemplazando esta política por la Prestación Universal a la Vejez que ha tenido muy pocos otorgamientos) tienen un fuerte impacto regresivo. Por ejemplo, si tomamos la relación entre el haber medio y el haber mínimo, pasamos de un valor de 1,96 en el año 1995, a 1,36 en 2017, pero de 1,51 en 2017 (ver gráfico 4).

**Gráfico 4: Relación entre el haber medio y el haber mínimo del SIPA (diciembre de cada año)**

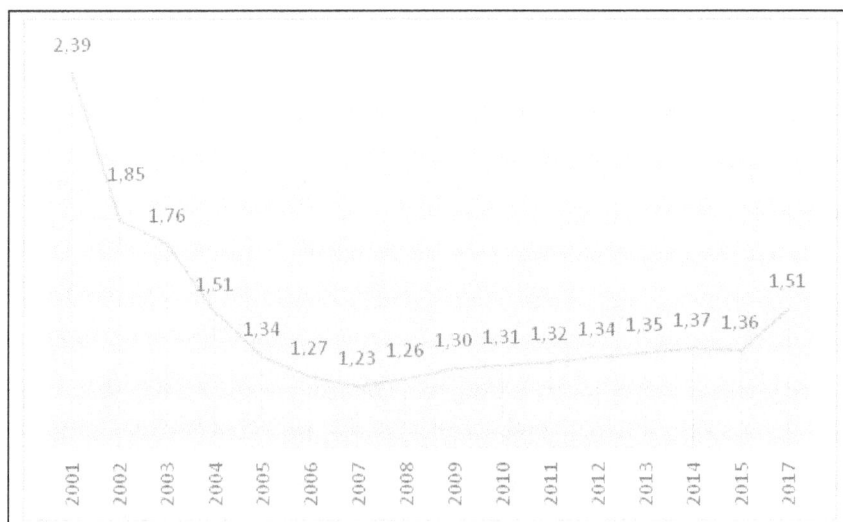

Fuente: Elaboración propia en base a Ministerio de Trabajo (2018).

De este modo, luego de un achatamiento generalizado de la pirámide de haberes a partir de la inclusión previsional, con las políticas que comenzaron a aplicarse en 2016 se vuelve a reducir el impacto distributivo, notando ya una diferencia significativa en sólo dos años. Si no se hacen cambios, esta tendencia continuará ya que los beneficios que hoy se están dando de alta son prácticamente todos de tipo contributivo. Es de esperar, por este último motivo, que la cobertura del sistema previsional nuevamente comience a caer, lo cual también reduce su impacto redistributivo.

Difícilmente se llegue a la situación del 2004 (salvo una crisis fiscal severa) pero sí es seguro que si continua esta tendencia en algunos años el sistema dejará de ser progresivo y volverá a ser neutro. Esto, además de poner límites a la reducción de la pobreza y la mejora en la equidad económica, hará desaparecer un componente autónomo de aumento de la demanda agregada, que genera crecimiento endógeno.

Otro elemento que genera preocupación, es el futuro de los activos del FGS en un marco donde se incrementó el gasto previsional (con impacto regresivo) mediante la "Reparación Histórica" y se redujeron los recursos de la seguridad social mediante una reforma fiscal. La propia Ley de Reparación Histórica estableció que el mayor gasto podría financiarse con el desarme de los activos del FGS. Es más, el acuerdo firmado con el Fondo Monetario Internacional en el año 2018 hace explícita esta política, al afirmar que el Gobierno se ha comprometido a *"Vender tierras y amortizar los activos de los fondos de pensiones que actualmente tiene el gobierno para financiar parcialmente el pago por parte del Gobierno de los reclamos previos referidos a jubilaciones"* (FMI, 2018, p. 11, traducción propia).

De este modo, el sistema de seguridad social hoy transita un camino hacia el desfinanciamiento, el desarme (o liquidación gradual) de los activos de reserva acumulados en el Fondo de Garantía de Sustentabilidad, la pérdida de cobertura y la reducción del impacto progresivo de la pirámide de haberes.

## 7. Reflexiones finales

Hoy crecen las voces en los organismos internacionales de crédito que proponen una reforma integral del sistema previsional argentino, al tiempo que una comisión de expertos fue convocada por el gobierno nacional para elaborar una propuesta legislativa. El sistema de seguridad social argentino en los últimos años fue receptor de reformas reiteradas que combinó parches con cambios sustanciales. Por eso creemos necesario en este debate establecer algunos parámetros para evaluar un sistema previsional y su rol en la economía.

En primer lugar, aunque en términos teóricos la elección entre un sistema de reparto y uno de capitalización puede llevar a comportarse en el laboratorio académico de forma similar, queremos señalar que el rol del sistema financiero en la opción de capitalización estableció en Argentina costos en comisiones y agregó incertidumbre en la cobertura de las prestaciones. El fracaso de las AFJP argentinas demuestra los inconvenientes que se producen por la financierización de la seguridad social.

En segundo lugar, la seguridad social es una herramienta desde donde se puede apalancar la demanda agregada, en un modo de acumulación liderado por el salario. Para ello, remarcamos la importancia de la ampliación de la cobertura a través de prestaciones universales y la importancia que el sistema tenga un impacto redistributivo. Hoy el mayor esfuerzo fiscal debe estar orientado en sostener la alta cobertura alcanzada con los planes de inclusión previsional y en aumentar el haber mínimo, especialmente los que reciben aquellos hogares con un único ingreso.

En tercer lugar, expusimos los efectos secundarios de la ampliación de la cobertura de la seguridad social en el acceso al sistema financiero por parte de la población más vulnerable, que dio paso a la bancarización y al acceso al crédito a millones de argentinos. Sin embargo, las condiciones de ese proceso también produjeron más endeudamiento familiar al diluirse el poder adquisitivo de las prestaciones de la seguridad social y al no desaparecer la oferta de crédito informal y usurario.

Por último, destacamos la necesidad de mantener al FGS como un fondo anticíclico, no solo para el sistema de seguridad social, sino también para suavizar el ciclo económico. Consideramos que la conformación y administración de los activos debe tener una mirada estratégica respecto a las prioridades de financiamiento del desarrollo económico, tanto en el debate sobre qué sectores se deben financiar, como así también replantear el rol de los directores estatales en las empresas privadas. La experiencia de los últimos años, con sus fortalezas y debilidades, es valiosa para rescatar lecciones aprendidas.

Estas cuestiones tienen plena vigencia en el debate político actual. Es necesario incorporar nuevas miradas acerca del rol de las instituciones de la seguridad social, sobre la relación entre las instituciones financieras con la seguridad social, y sobre el impacto que la redistribución del ingreso tiene en el desarrollo económico.

## Referencias bibliográficas

ANSES (2016) *Fondo de Garantía de Sustentabilidad del Sistema Integrado Previsional Argentino*. Informe Bimestral. Sexto Bimestre 2015.

AMICO, F. (2013) "La política fiscal en el enfoque de Haavelmo y Kalecki. El caso argentino reciente". *Documento de Trabajo CEFID-AR*, n° 51.

BANCO MUNDIAL (1994) *Envejecimiento sin crisis: informe de Banco Mundial sobre investigaciones relativas a políticas de desarrollo*. Washington DC: Banco Mundial.

BERCOVICH, A. (2017) "La victoria del Chori financiero". *Revista Crisis* n° 31. Disponible en: <https://www.revistacrisis.com.ar/notas/la-victoria-del-chori-financiero>.

BERTRANOU, F.; CETRÁNGOLO, O.; GRUSHKA, C. y CASANOVA, L. (2012) "Más allá de la privatización y la reestatización del sistema previsional de argentina: cobertura, fragmentación y sostenibilidad". *Desarrollo Económico 52*, n° 205, 3-30.

CABRERA, M.C. (2014) "Las memorias del 'plan' en el Conurbano Bonaerense: Reflexiones acerca de la implementación de la Asignación Universal por Hijo". *Postdata, 19* (1), 105-128. Disponible en: <http://www.scielo.org.ar/scielo. php?script=sci_arttext&pid=S1851-96012014000100004&lng=es&tlng=es>.

CALABRIA, A.; GAIADA, J. y ROTTENSCHWEILER, S. (2014) "Análisis del impacto distributivo de la seguridad social en Argentina". Presentado en la XLIX Reunión Anual de la Asociación Argentina de Economía Política (AAEP).

CASTEL, R. (2008) *La inseguridad social: ¿Qué es estar protegido?* Buenos Aires: Manantial.

CESARATTO, S. (2002) "The Economics of Pensions: A nonconventional approach". *Review of Political Economy, 14* (2), 149-177.

ESPING-ANDERSEN, G. (1993) *Los tres mundos del Estado de Bienestar.* Valencia: Edicions Alfons el Magnànim.

FELDSTEIN, M. (1974) "Social Security, Induced Retirement, and Aggregate Capital Accumulation". *The Journal of Political Economy, 82* (5), 905-926.

FERNÁNDEZ PASTOR, M. y MARASCO N. (2009) *La Solidaridad en la Seguridad Social, hacia una ciudadanía social.* México: CIESS.

FMI (2018) "Argentina: Request for stand-by arrangement- Press Release and Staff Report". *Country Report* n° 18/219. Washington DC: FMI.

KALECKI, M. (1943) "Political aspects of full employment". *Political Quarterly, 14*, 347-356.

MALDONADO, J.H.; MORENO S.R.; GIRALDO PÉREZ, I. y BARRERA ORJUELA, C.A. (2011) *Los Programas de Transferencias Condicionales: ¿hacia la inclusión financiera de los pobres en América Latina?* Lima: International Development Research Centre (IDRC) e Instituto de Estudios Peruanos (IEP). Serie Análisis Económico 26.

MAZZOLA, R. (2015) *Nuevo paradigma. La Asignación Universal por Hijo en la Argentina.* Buenos Aires: Prometeo.

MIGUELTORENA, A. (2013) "Circuitos de la economía urbana y sistema financiero de crédito: Un análisis en la ciudad de Olavarría, provincia de Buenos Aires, Argentina". *Estudios Socioterritoriales, 13.* Disponible en: <http://www.scielo.org.ar/scielo.php?script=sci_arttext&pid=S1853-43922013000100007&lng=es&tlng=es>.

MINISTERIO DE TRABAJO (2018) *Boletín Estadístico de la Seguridad Social. Primer trimestre 2018.* Disponible en: <http://trabajo.gob.ar/downloads/seguridadSoc/BESS_1trim_2018.pdf>.

PRESIDENCIA DE LA NACIÓN (2015) *Anuncio de la movilidad jubilatoria de setiembre del 2015.* Disponible en: <https://www.casarosada.gob.ar/pdf/Movilidadjulio2015.pdf>.

ZARAZAGA, R. (2015) *Los Programas de Transferencias Monetarias Condicionadas en Argentina. Análisis sobre el alcance, las condicionalidades y el clientelismo en la Asignación Universal por Hijo y el Programa Argentina Trabaja.* Disponible en: <http://www.fcias.org.ar/pub/los-programas-de-transferencias-monetarias-condicionadas-en-argentina-analisis-sobre-el-alcance-las-condicionalidades-y-el-clientelismo-en-la-asignacion-universal-por-hijo-y-el-programa-argentina-tr/>.

Esta edición se terminó de imprimir en enero de 2019,
en los talleres de Bibliografika, ubicados Carlos Tejedor 2815,
Munro, Provincia de Buenos Aires, Argentina.